最新版

U0005092

北九州深度之旅

福岡 ✿ 大分 ✿ 佐賀 ✿ 長崎 ✿ 熊本

作者・插畫─王彥涵（彥彥）

太雅

目錄

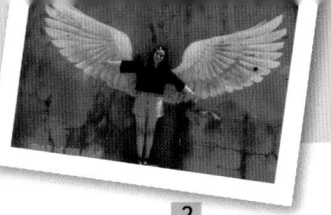

一起愛上「九州」這塊美好土地

當聊到美好的旅行回憶時，有人喜歡以對話分享、有人喜歡拍影片記錄，而我則熱衷於訴諸文字、攝影和插畫。

旅居九州福岡的每一天，豐富的自然風物詩、悠久的歷史物語、純樸的在地人情和當地人特有的親切開朗，都讓我的鏡頭與畫筆充滿靈感。每當我欲以鏡頭和畫筆抓住北九州的美好時，總是被這塊寶地深深地擁抱著我的靈魂。彷彿靈魂深處有個隱密而柔軟的地方，被好好地滋養了一番。

旅居福岡前，對於九州這塊與台灣幾乎一樣大的島嶼，腦中僅有粗略的博多拉麵、佐賀阿嬤和熊本熊還有長崎開港等印象，甚至還以為鹿兒島是一座島。初次身處入夜後的福岡機場，隨著飛機落地，我看向窗外城市的點點燈火閃爍，心中浮現無數對福岡面貌的想像。直到實際在福岡生活後，九州猶如璞玉般，閃現滿滿值得挖掘的自然美景與人文文化，促使我以照片、繪畫和文字深度記錄，也因此誕生了這本《北九州深度之旅》。

九州地理大致可分為北九州、南九州兩區域，北九州以縣而言是指福岡縣、佐賀縣、長崎縣、熊本縣與大分縣。但近年來因北九州機場成立，北九州市也廣為人知，大部分人會認為你說的是位在福岡縣的「北九州市」。

我居住的福岡市是日本第五大都市，擁有距離市區僅5分鐘地鐵車程的國際機場。與大多數造訪九州的人一樣，我也選擇以福岡縣為中心開始探索這座迷人的大島。在這本書中，可以跟著我的鏡頭走訪南北九州各縣，一起翻對各縣的既定印象，徹底認識福岡不是只有拉麵、佐賀更不是個日本最無聊的縣、長崎港旁的山城小鎮好美、大分旅行原來不只有由布院、熊本深山小城超迷人等等。

收穫滿懷在地之美

北九州的幅員遼闊，很難在寥寥數次的旅行中就探索完。當我們不再走馬看花，而是隨著本書中實地走訪的真實照片、小學堂的景點知識分享，以及各縣特色專題單元，便能穿越充滿歷史現代交錯面貌的福岡、熊本、長崎，或是融匯今昔變遷與自然美景的佐賀、大分。深度體驗北九州吃喝玩樂外的行程，遊人可以透過景點彷如穿梭時空，遊歷古時的北九州。愈深入，愈動人心弦。

相信我，你會發現北九州只來一次根本不夠，來過的人都會想將北九州各縣完全制霸！

翻開這本書，隨著我的旅行紀錄一起探尋你從未見過的北九州，希望這座大島所孕育、讓我著迷不已的獨特風情，也能透過我的鏡頭與畫筆一一捕捉與呈現，成為你們了解北九州風采的首選夥伴。

感謝我的先生 Thomas 陪伴我跋山涉水用雙腳走入「裏北九州」，並全力支持我創作出這本結晶。感謝編輯主任焙宜與「九州阿金姐」的阿金姐牽成，讓我得以和大家分享北九州的美。感謝寫書過程中所有幫助我的家人與朋友們，特別感謝摯友蝶的鞭子與筆桿。最後感謝九州這塊美麗的土地，每一步走過的足跡都將深藏於我心。

作者簡介

王彥涵（彥彥）

從小就喜歡塗塗畫畫，大學畢業於美術系。秉著藝術即生活的思想，目前是每天對著十指刻刻畫畫的美甲師。

長居日本以前，對日本的畫面只有繁華的東京。因緣際會搬到九州福岡生活後，一發不可收拾的愛上山海遼闊的九州。在日本遭遇疫情鎖國時，更是憑著雙腳與雙眼，收集了九州各地的美景。目前雖定居在東京，但深以為福岡是第二故鄉。變成對福岡有著強烈「地元愛」的旅日台灣人，夢想是退休的時候可以搬回福岡過隱居生活。

希望大家在每一段人生篇章，都有餘裕穿過人山人海，去看山河大海。

彥彥，日本沉潛中

FB 粉絲團
hikoinjapan

個人網站
https://yanyanw.tw

Instagram
@hikoimmersedinjapan

如何使用本書

北九州深度之旅實用旅遊導覽書設身處地為讀者設想可能會面對的問題，整理旅人需要知道與注意的情報，提供實用資訊：必吃必買、玩樂景點、交通工具比較分析，及深度的文化知識，方便遊客前往探索、旅行。

▲特色物產
專屬於當地的人氣特產或美食，提供採買參考。

▼地圖QR code
可下載離線地圖幫助前往目的地。

▼交通情報
前往各縣市的方式與交通工具，可挑選適合的旅行方法。

▲ 旅遊小學堂
景點背後的小知識，增加旅行趣味。

▲ 觀光案內所
旅行上的疑難雜症，這裡提供解法。

▼ 城市專題
不同城鎮的特殊活動，讓人更了解該城特色。

本書使用圖示說明

- ✉ 地址
- 📞 電話
- ⏰ 時間
- 💲 價錢
- ➡ 如何前往
- ⧗ 停留時間
- http 網址
- 注意事項
- IG Instagram
- 休 公休

臺灣太雅出版編輯室提醒

提供電子地圖 QR code，出發前先下載成離線地圖

手機讓旅行更便利，本書採用電子地圖，書中所介紹的景點、店家、餐廳、飯店，作者全標示於 Google Map 中，並提供地圖 QR code 供讀者快速掃描，找尋地圖上位置，並可結合手機上路線規劃、導航功能，幫助讀者安心前往目的地。

提醒您，出發前請先將本書提供的電子地圖下載成離線地圖，避免旅遊途中若網路不穩定或無網路狀態。若前往的旅行地，網路不發達，建議您還是將電子地圖印出以備不時之需。

出發前，請記得利用書上提供的通訊方式再一次確認

每一個城市都是有生命的，會隨著時間不斷成長，「改變」於是成為不可避免的常態，雖然本書的作者與編輯已經盡力，讓書中呈現最新的資訊，但是，仍請讀者利用作者提供的通訊方式，再次確認相關訊息。因應流行性傳染病疫情，商家可能歇業或調整營業時間，出發前請先行確認。

資訊不代表對服務品質的背書

本書作者所提供的飯店、餐廳、商店等等資訊，是作者個人經歷或採訪獲得的資訊，本書作者盡力介紹有特色與價值的旅遊資訊，但是過去有讀者因為店家或機構服務態度不佳，而產生對作者的誤解。敝社申明，「服務」是一種「人為」，作者無法為所有服務生或任何機構的職員背書他們的品行，甚或是費用與服務內容也會隨時間調動，所以，因時因地因人，可能會與作者的體會不同，這也是旅行的特質。

新版與舊版

太雅旅遊書中銷售穩定的書籍，會不斷修訂再版，修訂時，還區隔紙本與網路資訊的特性，在知識性、消費性、實用性、體驗性做不同比例的調整，太雅編輯部會不斷更新我們的策略，並在此園地說明。您也可以追蹤太雅 IG 跟上我們改變的腳步。

IG taiya.travel.club

票價震盪現象

越受歡迎的觀光城市，參觀門票和交通票券的價格，越容易調漲，特別 Covid-19 疫情後全球通膨影響，若出現跟書中的價格有落差，請以平常心接受。

謝謝眾多讀者的來信

過去太雅旅遊書，透過非常多讀者的來信，得知更多的資訊，甚至幫忙修訂，非常感謝你們幫忙的熱心與愛好旅遊的熱情。歡迎讀者將你所知道的變動後訊息，善用我們提供的「線上回函」或是直接寫信來 taiya@morningstar.com.tw，讓華文旅遊者在世界成為彼此的幫助。

太雅旅遊編輯部

世界主題之旅 139

北九州深度之旅

福岡、大分、佐賀、長崎、熊本（最新版）

作　　者	王彥涵（彥彥）
總 編 輯	張芳玲
發想企劃	taiya旅遊研究室
企劃編輯	張焙宜
主責編輯	張焙宜・劉怡靜
特約編輯	黃　琦
修訂主編	鄧鈺澐
修訂編輯	邱律婷
封面設計	何仙玲
美術設計	何仙玲

國家圖書館出版品預行編目(CIP)資料

北九州深度之旅：福岡、大分、佐賀、長崎、熊本 / 王彥涵(彥彥)作. -- 二版. -- 臺北市：太雅出版有限公司, 2024.06
　面；　公分. -- (世界主題之旅；139)
ISBN 978-986-336-507-5(平裝)

1.CST: 旅遊 2.CST: 日本九州
731.7809　　　　　　　　113004498

太雅出版社
TEL：(02)2368-7911　FAX：(02)2368-1531
E-mail：taiya@morningstar.com.tw
太雅網址：http://taiya.morningstar.com.tw
購書網址：http://www.morningstar.com.tw
讀者專線：(02)2367-2044、(02)2367-2047

出版者　　太雅出版有限公司
　　　　　106020台北市辛亥路一段30號9樓
　　　　　行政院新聞局局版台業字第五○○四號

讀者服務專線：(02)2367-2044／(04)2359-5819#230
讀者傳真專線：(02)2363-5741／(04)2359-5493
讀者專用信箱：service@morningstar.com.tw
網路書店：http://www.morningstar.com.tw
郵政劃撥：15060393(知己圖書股份有限公司)

法律顧問　　陳思成律師

印　　刷　　上好印刷股份有限公司 TEL：(04)2315-0280
裝　　訂　　大和精緻製訂股份有限公司 TEL：(04)2311-0221

二　　版　　西元2024年06月10日
定　　價　　480元
(本書如有破損或缺頁，退換書請寄至：
台中市西屯區工業30路1號 太雅出版倉儲部收)

ISBN 978-986-336-507-5
Published by TAIYA Publishing Co.,Ltd.
Printed in Taiwan

填線上回函
北九州深度之旅
（最新版）

https://reurl.cc/Rv7qxG

Google地圖
「離線地圖」下載教學

　　Google地圖提供「離線地圖」功能，讓使用者在沒有網路或者連線速度較慢的環境下也可以離線查看。此功能在2019年底開始支援日本地區，大家可以在當地旅館甚至是前往日本前下載完成，但需要注意有些功能如即時路況並無法離線使用。

　　以下使用福岡市為範例，示範如何下載福岡市的離線地圖。

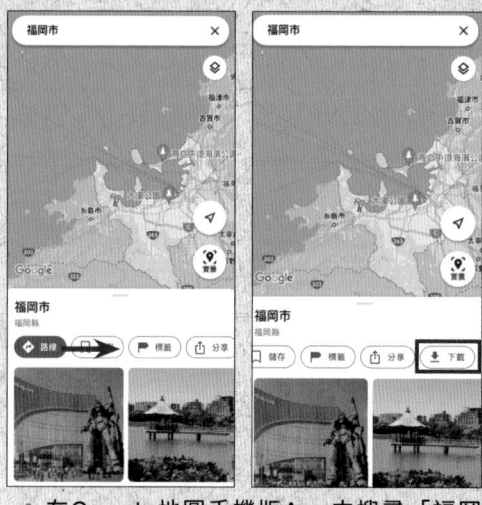

1　在Google地圖手機版App中搜尋「福岡市」，將畫面底部往右滑動標示並點擊「下載」圖示。

2　滑動地圖調整下載範圍，確定範圍後點擊右下角「下載」。

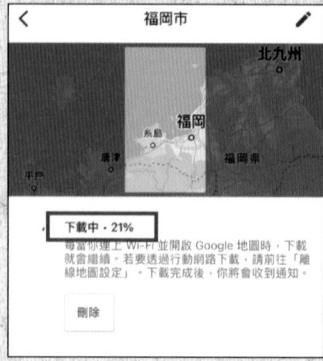

3　出現「下載中」字句後，等待下載完成即成功下載離線地圖。

各縣市Google地圖QR code

使用iOS、Android裝置如何掃描QR code

1 開啟「相機」App

2 選擇後置相機將「相機」App的觀景器對準QR code。若裝置能夠識別該QR code，就會顯示通知訊息

3 點一下該通知訊息，即可開啟QR code中的連結

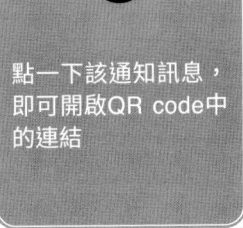

柳 川 市

糸 島 市

太 宰 府 市

福 岡 市

福 岡 縣

大 分 縣

山口縣下關市

門 司 區

北 九 州 市

宗像市＆福津市

熊 本 縣

長 崎 縣

佐 賀 縣

由 布 院

別 府 市

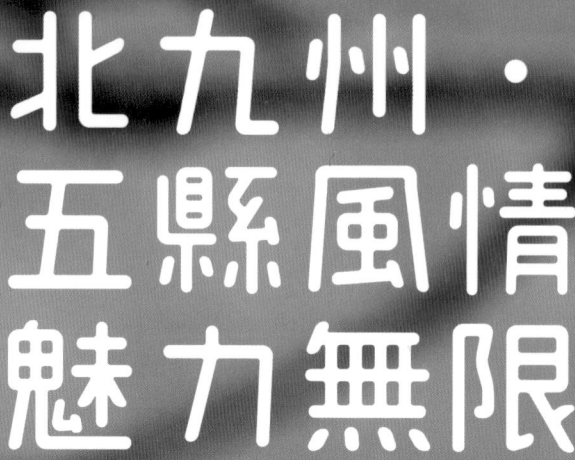

北九州・五縣風情魅力無限

　　從經典的人氣觀光景點到隱密的在地祕境，北九州處處都是殺盡底片的美好風光。坐擁山海美景與引領歷史的九州中心「福岡」；九州的大自然代名詞「熊本」；見證人類歷史的異域風情海港鎮「長崎」；隱藏千百年歷史的古王國「佐賀」；滿載獨特溫泉鄉氛圍的「大分」。這座稍比台灣略大的大島，蘊藏著無盡的自然能量。一起來北九州找尋在大都市觀光所沒有的那份返樸歸真之感吧！

第一繁華大城・福岡縣

日本的「亞洲玄關口」福岡縣位於九州北端，與朝鮮半島和中國距離甚近，是日本最早接觸東亞文化的所在，自古以來就擔當日本與東亞的重要交流口岸，且福岡在中世紀就是商人自治的自由城市。作為九州政治、經濟與文化的重心，該縣保留了許多歷史悠久、值得探訪的名勝古蹟。

(圖片提供／福岡県観光連盟)

在地最推薦
・太宰府：「令和」年號起源地
・宗像大社：日本新世界文化遺產
・沖之島和關連遺產群傳
・門司港與山口順遊

絕景溫泉天國・大分縣

擁有「日本第一溫泉縣」美稱的大分縣，有著日本第一多的泉眼與湧泉量，尤以由布院溫泉與別府溫泉最出名。坐擁群山環繞美景與溫泉的由布院小鎮，年年吸引無數遊客前往度假，別府地區因其龐大的湧泉數量而創造出終日蒸氣繚繞的夢幻景色。

在地最推薦
・別府八大地獄溫泉：奇特溫泉景觀
・竹瓦溫泉：百年溫泉
・海之卵水族館：親子共遊寓教於樂

咆哮壯闊火之國・熊本縣

在地最推薦
・熊本部長辦公室：親子同樂舞
・阿蘇火山：壯麗火之國中心
・黑川溫泉幽靜里山祕境

位在九州中央、古稱「火之國」的熊本縣，以阿蘇山獨特的火山口地形而聞名，擁有廣大自然公園、超人氣吉祥物熊本熊、雄偉壯闊的熊本城、豐沛自然資源與環繞壯麗山巒的阿蘇地區等，並蘊藏許多優質天然水泉。

認識北九州

快速了解北九州五縣各自的特色再出發，是讓旅程更深度的訣竅。本篇以各縣歷史自然特色添加深入介紹，讓你玩轉北九州更有意思！

文明歷史起源地‧佐賀縣

佐賀縣擁有豐富歷史文化、景點與特產。日本瓷器發源地有田、伊萬里地區有著獨特窯場小鎮風情；千年歷史溫泉街聚落嬉野、武雄地區充滿療癒氛圍；11月的「唐津宮日祭」與「佐賀國際熱氣球節」年年吸引數十萬人前往，北九州最多元的景點就在佐賀縣！

在地最推薦
‧大川內山：伊萬里祕窯之鄉
‧祐德稻荷神社：九州的清水舞台
‧武雄圖書館：隱身山林的人氣文青景點

福岡縣

佐賀縣

大分縣

長崎縣

熊本縣

異國風情港灣‧長崎縣

長崎縣作為江戶時期唯一對外貿易港口，為日本接受西方文化的首要關口，與眾多國家的往來交流，造就長崎獨特的風情、祭典與飲食文化，並擁有眾多異國風格建築。長崎市的地形宛如座圓形劇場，將長崎港廣闊的海面展現於舞台上，山頂交錯的民房也形成長崎市特有的景觀。

南九州

在地最推薦
‧大浦天主堂：日本現存最古老天主教堂
‧哥拉巴園：日本最古老木造洋式建築
‧軍艦島：世界遺產神祕失落之島

（圖片提供／張亦）

旅遊關鍵字

初次造訪或動念欲前往北九州的你，若想來趟深入未被觀光化的在地景點之旅，掌握以下5個「旅遊關鍵字」，讓你的北九州旅行豐富又有深度！

屋台・福岡特有的精彩夜生活

福

岡最富盛名的夜生活景色非「屋台文化」莫屬，在福岡的天神、中洲和長濱地區約有百家屋台店鋪，入夜時悄悄地出現在街頭，隨夜色漸濃，屋台散發出的溫暖黃暈、迷人的食物香氣，以及眾人吃食談天的快樂聲，宛如日劇《深夜食堂》裡的場景，邊享受著屋台的道地小吃，邊和老闆、朋友或萍水相逢的過路人一同度過美好的夜晚。

近距離體驗日本的庶民道地美食

擁擠但充滿人情氛圍的熱鬧屋台

YATAI

溫泉・來溫泉天國療癒身心

在

「溫泉天國」九州裡，每個縣都有知名溫泉與眾多溫泉旅館。你可以在日本溫泉湧泉數量第一的大分縣別府市，欣賞奇異的地獄溫泉；或至蟬聯日本溫泉百選前三名的大分由布院享受溫泉；或前往佐賀深山的「美人湯」嬉野溫泉當個溫泉美人；深入長崎雲仙地獄溫泉鄉，感受硫磺瀰漫的詭譎景象；到熊本黑川使用「黑川溫泉入湯手形」溫泉券，體驗不同泉質的特色溫泉。

絕美自然之中享受天然溫泉

瀰漫溫泉噴煙的大分街景(圖片提供／大分縣ツーリズムおおいた)

ONSEN

氣勢磅礡的博多祇園山笠祭典

博多「咚打鼓」祭典

祭典・感受日本熱鬧的特色傳統

外國遊客極具吸引力的日本祭典，不僅充滿著歷史意義與傳統文化，更讓人有「一期一會」的珍貴體驗。每年在日本各地都舉辦著各種歷史悠久祭典，其中又以九州的傳統祭典特別多，如福岡7月的「博多祇園山笠祭典」、佐賀11月的「唐津宮日祭」，以及熊本8月的「山鹿燈籠祭」等，在北九州全年都有各具特色的熱鬧祭典可以體驗。

對

MATSURI

世界遺產・探索九州深度的人文之美

「世界遺產」是指被聯合國教科文組織(UNESCO)列入公認最有價值及必須被保護的世界文化遺產。日本共擁有22項世界遺產，其中3個文化遺產就位在北九州，如福岡縣的「神宿之島」宗像・沖之島與關連遺產群、北九州市八幡區明治日本工業革命遺跡群，和長崎縣的「潛伏基督教」關連遺產都是近年新誕生的世界文化遺產。

世

長崎黑島天主堂(圖片提供／長崎ながさき旅ネット)

SEIKAIISAN

風景・盡覽依山傍海的絕佳景觀

九州島匯集了各種迷人的自然魅力，因位處地震帶上，造就了海岸線曲折破碎，而地形為多山丘、鮮少平地，有許多短促的河流與高聳的大山。在九州，你可以欣賞到熊本阿蘇山的壯闊高原景色，或登上長崎的南山手山崗，遠眺白日如希臘山城的海灣城市美景，福岡還有新日本三大夜景之一的皿倉山夜景。處處都充滿著大自然鬼斧神工的精湛手藝。

九

從別府湯霧展望台一覽白煙繚繞的別府景色(圖片提供／大分縣ツーリズムおおいた)

FUKEI

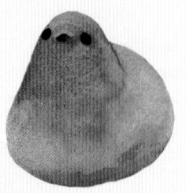

小雞蛋糕
ひよ子

福岡「吉野堂」的熱門和菓子

小雞蛋糕為小雞造形的蛋糕，其可愛圓潤的模樣成為人氣伴手禮，小巧玲瓏的小雞蛋糕放在手上，真的就像隻可愛的小雞，小雞蛋糕還從九州紅到了東京。福岡地區每年還會推出櫻花、八女抹茶、甘王草莓和熊本和栗等限定口味，其中草莓費南雪是福岡機場限定販賣的獨家口味，來到福岡絕對要好好把握地域限定呀！

吉野堂(博多駅 マイング店)
📧 福岡市博多区博多駅中央街1－11(博多車站內之マイング)
🕐 09:00～21:00；全年無休
🌐 hiyoko.co.jp
📷 @hiyokohonpoyoshinodo

明太子仙貝
めんべい

福岡在地仙貝老店名物

福太郎所販售的「明貝」是福岡伴手禮中的必買物，包裝上大大的「め」字代表明太子(めんたいこ)的意思，而「明貝」就是明太子與仙貝所結合的點心。福太郎的明貝是使用自家製的優質明太子作為原料，再搭配花枝、章魚食材製成充滿海鮮精華的仙貝，喀滋口感讓人上癮。

福太郎除了販賣明貝外，還有販售新鮮明太子和罐裝明太子。

福太郎(天神TERRA店)
📧 福岡市中央区渡辺通5-25-18天神TERRA1F
🕐 09:30～20:00；咖啡廳：11:30～19:00；年末年初公休
🌐 wukutaro.co.jp
📷 @fukutaro.store

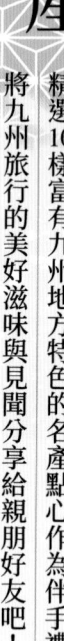

精選名產

囊括九州北部5個縣，精選10樣富有九州地方特色的名產點心作為伴手禮，將九州旅行的美好滋味與見聞分享給親朋好友吧！

柚子胡椒醬
ゆずこしょう

發源九州的獨特醬料

柚子胡椒是九州人生活不可或缺的調味料，可用於火鍋、拉麵、炸豬排、生魚片、串燒、日式關東煮、天婦羅或義大利麵等料理，其應用非常廣泛；「柚子」指羅漢橙皮，「胡椒」在九州方言中是指辣椒。此為九州地區是相當常見的調味料，超市及九州各地土產店均可購買到柚子胡椒醬。

辛子明太子
からしめんたいこ

濃縮海洋的新鮮滋味

提到福岡博多名物，勢必就會想到明太子，據說明太子原產於朝鮮半島，直至明治時代由川原俊夫引入日本福岡製作而深受日本人的喜愛，才成為日本的國民美食。

辛子明太子是用辛子醬汁來醃製鱈魚卵所製成的醃製品，依明太子的色澤和型態完整度區分等級，色澤越深越入味，有完整條狀(真子)、切數段(切子)、散粒狀(バラ子)型態。在福岡縣有許多專賣店，適合做家庭自用與高級伴手禮贈送。

「辛子」
辣味之意

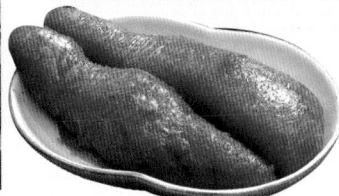

二〇加煎餅
二〇加煎餅

化身福岡鄉土喜劇角色

超經典的博多名產，使用優質的雞蛋和麵粉製成面具造型的煎餅，是許多日本人來九州也必帶的土產！二〇加煎餅是以福岡傳統喜劇「博多仁和加」表演者所戴的面具作為發想，每塊煎餅各有不同表情，可以拍照娛樂，也不時推出和知名卡通人物聯名的面具煎餅，如曾與國民機器貓《哆啦A夢》或與三麗鷗合作，以及《四葉妹妹！》裡的紙箱人阿愣等知名卡通的聯名煎餅。

にわかせんぺい本舗 東雲堂 (博多駅 マイング店)
✉ 福岡市博多区博多駅中央街1－11(博多車站內之マイング)
🕐 09:00～21:00；全年無休
http store.toundo.co.jp
IG @niwakasenpei.toundo

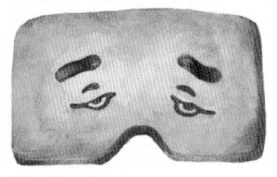

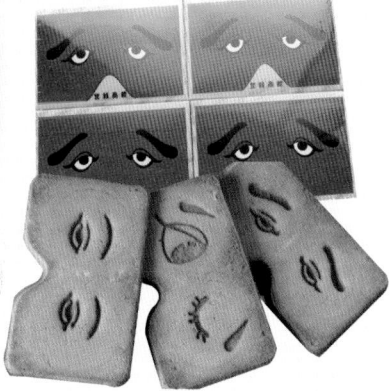

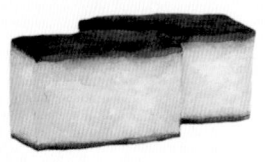

福砂屋長崎蜂蜜蛋糕
福砂屋カステラ

來福岡必買百年人氣老店

商 標為蝙蝠的福砂屋，創業於寬永元年(1624年)，以充滿高雅風味的蜂蜜蛋糕揚名。
現今仍以純手工攪拌蛋糕，在蛋糕底部的粗砂糖顆粒即是攪拌蛋糕時留下的，也是其長崎蜂蜜蛋糕的特徵，沉在蛋糕底部的砂糖塊使其風味更上一層樓。

福砂屋(博多駅マイング店)
✉ 福岡市博多区博多駅中央街1-1(博多車站內之マイング)
🕐 09:00～21:00；全年無休
http fukusaya.co.jp
IG @fukusaya_castella1624

努努雞
努努鶏

只能在日本當地享用的冰涼下酒菜

不 同於一般炸雞趁熱吃的方式，人氣唐揚雞「努努雞」有特別的冷凍吃法，注意不可以將冰涼的努努雞微波，這樣會讓其爽脆的口感消失！
酥脆金黃外皮裹上甜辣醬汁，吃的時候用手直接抓著啃，讓人一隻接一隻停不了口。努努雞不能帶回台灣，推薦大家在福岡旅程途中買來享受吧！

努努鶏 博多マイング 1F
✉ 福岡市博多区博多駅中央街1-1
🕐 09:00～21:00；全年無休
http www.e-yumeyume.co.jp

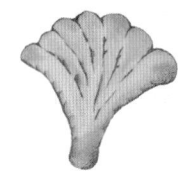

小城羊羹
小城ようかん

放越久越好吃的在地美味

產自九州佐賀小城地區的特有羊羹，有別於日本其他地區柔軟口感的羊羹，小城羊羹傳承自江戶時代戰爭時為保存食品而讓砂糖結晶化做乾糧的技術，外層為顆粒感十足的砂糖膜，咬下後才是柔順綿密的羊羹口感，因為這樣獨特的滋味成為日本知名的和菓子。

熊本城銀杏派
熊本城いちょうパイ

藏於千層酥皮中的歷史記憶

擁有400年歷史的熊本城前，有棵由加藤清正種植的銀杏樹，因此熊本城也被稱為銀杏城，銀杏派便是以熊本城銀杏神木命名。
散發奶油香且口感酥脆的千層派，其形狀模擬銀杏葉，再添加了銀杏粉作為祕密配方，創造出獨特滋味。

清正製菓(熊本駅店)
✉ 熊本市西区春日3丁目15-30(熊本車站內之肥後よかモン市場)
🕐 08:00～21:00；全年無休
🌐 kiyomasaseika.jp

譽之陣太鼓
誉の陣太鼓

鼓舞士氣的熊本甜點

「誉の陣太鼓」是熊本代表銘菓之一，由老店「菓子香梅」(お菓子の香梅)為了致敬古代戰爭時敲擊「陣太鼓」來鼓舞士兵的歷史而創造的和菓子，嚴選使用熊本阿蘇水源與北海道大納言紅豆等食材，內餡包覆Q彈十足的「求肥麻糬」(一種日本麻糬)，品嘗歷史與甜點激盪的美味。

菓子香梅(お菓子の香梅，熊本駅店)
✉ 熊本市西区春日3-15-30(熊本車站內之肥後よかモン市場)
🕐 08:00～21:00；全年無休
🌐 kobai.jp
📷 @kobai_jindaiko

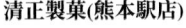

九州處於北緯30°～35°之間，九州北部屬日本海海洋氣候。四季分明，春秋天氣變化大、夏季溼熱多雨、冬季寒冷，大致仍為溫暖氣候。6、7月為梅雨季節，夏季到秋季間偶有颱風。

北九州五縣節慶	天氣與穿衣建議
柳川女兒節 (2～4月)	
別府八湯溫泉祭 長崎帆船祭	
博多咚打鼓祭	
	6、7月為梅雨季節
博多山笠祭 小倉祇園太鼓祭	夏季到秋季間偶有颱風
山鹿燈籠祭 火之國祭	
筥崎宮放生會大祭	
長崎宮日祭	風衣、襪子、外套
唐津宮日祭 佐賀熱氣球嘉年華 日田天領祭 (11月第二個週末)	

四時歲暮

月分	四季之花	全日本節日
1	梅花	1/1 元旦、成人日
2	梅花	2/11 建國記念日、2/23 天皇誕生日
3	櫻花	3/3 女兒節、 3/21 前後春分
4	櫻花、粉蝶花、杜鵑花、紫藤花	4/29 昭和之日
5	粉蝶花、杜鵑花、油菜花、紫藤花	5/3 憲法記念日、5/4 綠之日、5/5 兒童節 (5/3 ～ 5/5 為黃金週)
6	繡球花、油菜花	
7	繡球花、向日葵	7 月第三個週一海之日
8	向日葵	8/11 山之日、8/13 ～ 8/16 前後盂蘭盆節
9	掃帚草	9 月第三個週一敬老日、9/23 前後秋分
10	楓葉、銀杏	10 月第二個週一體育日
11	楓葉、銀杏	11/3 文化日、11/15 七五三節、11/23 勤勞感謝日
12	楓葉、銀杏	12/31 大晦日 (除夕)

由於北九州涵括5個縣，其面積相當於台灣的一半大。其實很難在5天內將5縣景點踏滿，因此書中規畫5、7、9日的深度行程供參考。建議以出入境機場地點來策畫行程。(車程時間為開車所需時間)

別府地獄巡禮之海地獄

博多夜晚屋台風情

九州入門初體驗 5 日遊

福岡、大分

#北九州機場入、福岡機場出

Day1 大分

票券 北九州鐵路周遊券五日

抵達北九州機場 → (約3小時車程) → 別府地獄巡禮 → 晚餐：地獄蒸工坊 → 夜宿：由布院

Day2 大分

票券 北九州鐵路周遊券五日

金鱗湖 → YUFUIN FLORAL VILLAGE → 湯之坪街道 → (約50分鐘車程) → 龜川海濱砂湯 → (約1.5小時車程) → 小倉市區 → 晚餐：燒烏龍麵 → 夜宿：小倉

Day3　福岡北九州市門司港、山口縣下關

票券　北九州鐵路周遊券五日

小倉車站	→ 約20分鐘車程	門司港市區	→ 約15分鐘船程	唐戶市場

晚餐：牛腸鍋　← 約1.5小時車程　關門海底隧道　←　海響館　←　唐戶市場

↓

夜宿：福岡市區

熱鬧的中州川端商店街

週末人潮滿滿的唐戶市場

Day4　福岡市區

票券　北九州鐵路周遊券五日

HAKATACITY
博多車站　→　中洲川端商店街　→　櫛田神社

↓

晚餐：屋台料理　←　天神市區　←　博多運河城

↓

夜宿：福岡市區

由布院湯之坪街道「玻璃之森」

寧靜的金鱗湖美景

Day5　福岡市區

票券　北九州鐵路周遊券五日

大濠公園、舞鶴公園	→ 約20分鐘車程	福岡機場

輕鬆暢玩北九州 7 日遊

福岡、佐賀、長崎

#福岡機場入、北九州機場出

Day1 長崎市

票券 北九州鐵路周遊券五日

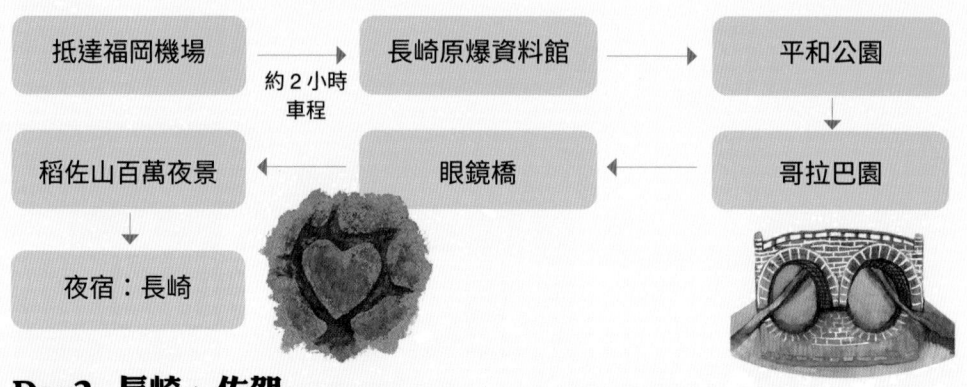

```
抵達福岡機場  →(約 2 小時車程)→  長崎原爆資料館  →  平和公園
                                                          ↓
稻佐山百萬夜景  ←  眼鏡橋  ←  哥拉巴園
      ↓
夜宿：長崎
```

Day2 長崎、佐賀

票券 北九州鐵路周遊券五日

```
軍艦島
（行程約 4 小時）  →(約 1.5 小時車程)→  武雄神社、武雄樓門、武雄圖書館
                                                          ↓(約 40 分鐘車程)
                      夜宿：佐賀市區  ←  晚餐：西西里飯
```

Day3 佐賀

票券 北九州鐵路周遊券五日

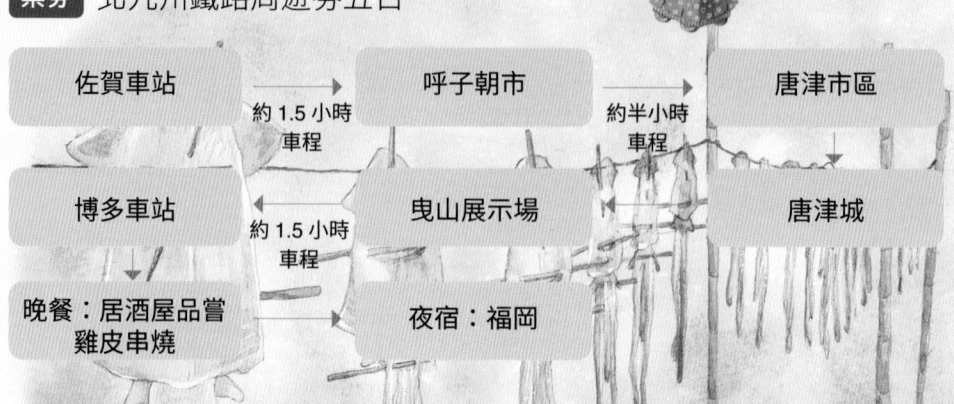

```
佐賀車站  →(約 1.5 小時車程)→  呼子朝市  →(約半小時車程)→  唐津市區
   ↑                                                          
博多車站  ←(約 1.5 小時車程)←  曳山展示場                    唐津城
   ↓
晚餐：居酒屋品嘗              夜宿：福岡
雞皮串燒
```

Day4 福岡
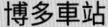 北九州鐵路周遊券五日

| 博多車站 | →約1小時車程→ | 柳川市區划船 | →約40分鐘車程→ | 太宰府天滿宮、表參道、國立九州博物館 |

| 夜宿：福岡市區 | ←約40分鐘車程← 晚餐：博多拉麵 | ←約40分鐘車程← | 竈門神社 |

Day5 福岡
票券 北九州鐵路周遊券五日

博多車站 →約40分鐘車程→ 海之中道海濱公園 →約40分鐘車程→ 博多運河城

夜宿：福岡 ← 晚餐：屋台料理 ← 天神市區 ← 櫛田神社

Day6 福岡北九州市門司港、山口縣下關
票券 無

| 博多車站 | →約1.5小時車程→ | 門司港市區 | →約15分鐘船程→ | 唐戶市場 |

晚餐：小倉燒烏龍 ← 關門海底隧道 ← 海響館

夜宿：小倉

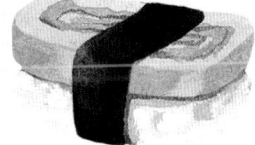

Day7 福岡市小倉
票券 無

小倉城 → 八坂神社 → 旦過市場 →約30分鐘車程→ 北九州機場

行家玩法！稱霸北九州五縣 **9** 日遊

大分、熊本、長崎、佐賀、福岡

#福岡機場入，福岡機場出

Day1 大分縣

票券 北九州鐵路周遊券五日

抵達福岡機場 → 約 2 小時車程 → 別府車站 → 竹瓦溫泉

夜宿：別府 ← 鐵輪溫泉

Day2 大分縣

票券 北九州鐵路周遊券五日

大分海之卵 → 約 50 分鐘車程 → 金鱗湖 → YUFUIN FLORAL VILLAGE

夜宿：小倉 ← 晚餐：小倉燒烏龍 ← 約 2 小時車程 ← 湯之坪街道

Day3 福岡縣

票券 北九州鐵路周遊券五日

小倉城 → 八坂神社 → 旦過市場 → 小倉商店街

小倉商店街 → 約 20 分鐘車程 → 門司港市區

夜宿：福岡市區 ← 約 1.5 小時車程 ← 晚餐：門司港燒咖哩 ← 門司港市區

Day4 福岡縣

票券 北九州鐵路周遊券五日

博多車站 → 約 1 小時車程 → 糸島櫻井神社 → 櫻井二見浦夫婦岩 → 糸島文青景點

糸島文青景點 → 約 1 小時車程 → 天神商圈

夜宿：福岡 ← 晚餐：屋台料理 ← 天神商圈

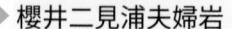

Day5 佐賀縣

票券 北九州鐵路周遊券五日

博多車站 → 鳥栖OUTLET → 武雄圖書館、武雄樓門、武雄神社

約1小時車程   約50分鐘車程

約1小時車程

夜宿：長崎 ← 晚餐：強棒麵 ← 祐德稻荷神社

Day6 長崎縣

票券 北九州鐵路周遊券五日

長崎車站 → 長崎原爆資料館 → 平和公園 → 哥拉巴園

眼鏡橋

夜宿：長崎 ← 晚餐：土耳其飯 ← 稻佐山百萬夜景 ← 眼鏡橋

Day7 熊本縣

票券 無

長崎車站 → 山鹿民藝館 → 八千代座

約2.5小時車程   約50分鐘車程

夜宿：熊本 ← 晚餐：馬肉料理 ← 熊本市上、下通商店街

Day8 熊本縣

票券 北九州鐵路周遊券五日

熊本車站 → 草千里、米塚 → 白川水源 → 上色見熊野座神社

博多車站

夜宿：福岡 ← 晚餐：牛腸鍋 ← 博多車站

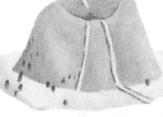

Day9 福岡縣福岡市區

票券 北九州鐵路周遊券五日

天神商圈 → 博多車站 → 福岡機場

約20分鐘車程

北九州幅員遼闊,要如何暢遊各縣呢?可搭乘快速省時的新幹線、橫跨縣界的特色觀光列車與快速列車、或深入偏鄉、路線彈性的高速巴士,或租車自駕省時方便。外國旅客可搭配使用JR鐵路周遊券、SUNQ PASS票券,交通費較為經濟優惠。若欲前往佐賀、大分,推薦租車自駕,更能進行深度旅遊。

北九州交通攻略

北九州鐵路周遊券 JR KYUSHU RAILWAY PASS

使用期間:常態發行

有效期間:3日、5日

使用範圍:下關、門司港、小倉、博多、由布院、別府、大分、熊本、阿蘇、三角、佐賀、長崎、豪斯登堡、佐世保

使用限制:不能搭乘由JR西日本營運的「新下關~博多」山陽新幹線範圍

票價:成人3日券¥12,000、5日券¥15,000,兒童3日券¥6,000、5日券¥7,500

網址:bit.ly/2AbF6H1

　　JR九州公司針對外國旅客發售的「北九州鐵路周遊券」(又稱JR北九州PASS),所有於有效使用區間內的新幹線、特快列車與觀光列車皆可無限次數搭乘,且無限制預約指定席劃位次數,還享有許多設施、景點、餐廳、租車和住宿優惠。

購票方式

　　可事先由官網「JR Kyushu Rail Pass Online Booking」預約購買,或透過旅行社購買兌換券,抵達日本後攜帶護照於可兌換之特定車站綠窗口(みどりの窓口),將兌換券換成實體車票。若無劃位即是自由席,欲劃位指定席需至綠窗口另填寫指定席申請表,連同實體票券一同交予櫃檯即可劃位。

博多車站的綠窗口(みどりの窓口)

　　現場購買可至JR九州主要車站綠色窗口、九州JTB福岡國際機場櫃檯等處,詳細販售地點請上官網查詢。

指定席:需事先至車站窗口免費劃位,或線上付費預約劃位

自由席:自由席只要有空位即可自由乘坐

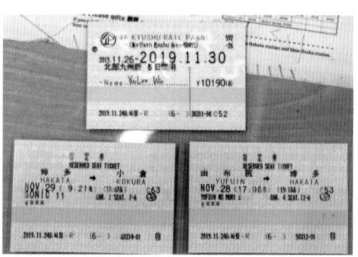

上為「JR九州鐵路周遊券」,下為劃位後取得「指定席車票」

使用方式

將JR九州鐵路周遊券投入自動剪票口通關，記得取回票券，並勿將「指定席車票」投入自動剪票口。

線上預約劃位

從旅行社等平台購買後，欲線上預約指定席，持官網購買之eMCO需輸入15位KRP預約編碼；持日本旅行與其合作旅行社、單位發行的兌換券eMCO/MCO/e-ticket需輸入11位MCO預約編碼。出示訂位單、付款信用卡、護照就可換取已劃位好的指定席車票與周遊券。

線上預約劃位教學：bit.ly/2UwO5wP

SUNQ PASS

使用期間：常態發行
有效期間：3日
使用範圍：福岡、佐賀、長崎、大分、熊本5縣以及山口縣下關
使用限制：JR北九州鐵路周遊券不能搭乘由JR西日本營運的「博多～小倉區間」山陽新幹線範圍
票價：北九州SUNQ PASS 3日票¥9,000
販售地點：九州各地巴士總站、轉運站、指定售票處等，詳細販售地點請上官網查詢；或可透過旅行社購買
網址：sunqpass.jp/traditional/index.html

使用方式

搭乘巴士

乘車前，先確認巴士是否為可以使用SUNQ PASS，能夠使用SUNQ PASS的巴士在車身的擋風玻璃和車門旁都會貼有SUNQ PASS的標誌。上車後請從車門旁的整理券機器抽取票券，在要下車的車站前按下車鈴，於下車時將整理券投入運貨箱(投幣箱)，並向司機出示SUNQ PASS。需預約的長途高速巴士，請於行程前預約座位。

搭乘船

在船舶的售票窗口出示有效期間內的SUNQ PASS換取船票，搭船時將船票交給收票員即可。

SUNQ票分為「全九州4日券」、「全九州3日券」和「北部九州3日券」3種，在北部九州可使用紅版的北部九州SUNQ PASS 3日票。可自由挑選使用日期，但需連續3日，在期限內可無限次搭乘高速巴士、市區路線巴士，以及5條船舶航線。九州的巴士幾乎都能使用，共約2,400條巴士路線可搭乘。

巴士車身上有SUNQ PASS圖樣就可持SUNQ PASS任意搭乘

購票方式

SUNQ PASS可於巴士業者窗口現場購買，也可事先在特約旅行社與日本便利商店購買。需注意旅行社銷售的是兌換券，非原始票券，故抵達九州後持兌換券，向巴士業者窗口換為正式票券，蓋下啟用日期章後即能開啟便利的巴士旅行。

觀光列車

九州有著「鐵道迷的天堂」之稱，由來自其為日本觀光列車最興盛的區域。因為九州的地域廣闊，需要長途的鐵道列車串連九州的交通。因而發展出許多部充滿九州各地特色、揉合時代背景的特色觀光列車。在九州搭乘觀光列車時，車窗外沿途的風景如詩如畫，結合車廂內精緻獨特的內裝設計，絕對是旅途的一大樂趣。在九州有多部鐵道列車可以搭乘體驗，本書著重介紹在北部九州會利用到的幾部觀光列車。

由西日本鐵道運營往來二日市與太宰府之間專用的特急列車「旅人」，外部描繪著太宰府各處觀光名勝與四季花卉，內部則使用5種開運圖紋設計。充滿和風的列車帶旅客前往福岡歷史重鎮太宰府。

觀光列車「旅人」(TABITO)

觀光列車「水都」(SUITO)

觀光案內所

參觀列車索取紀念明信片

觀光列車上可索取免費的乘車紀念卡片，在參觀列車裝潢時記得領取。還可以親手蓋章，非常有紀念價值！

由西日本鐵道運營的柳川觀光列車「水都」以柳川的傳統花紋與四季為設計發想，將柳川花卉與當地祭典習俗設計成車身壁貼。在「3號車廂」設有乘車紀念的蓋章台跟專用的乘車紀念卡，每節車廂另有牆面上的紀念卡可索取。

特快列車
「坐A列車去吧」

「A列車」獨具巧思，以南蠻文化和16世紀歐洲風情為靈感打造奇幻旅程。車廂以黑金雙色教堂風格，酒吧檯和彩繪玻璃營造優雅氛圍。以爵士名曲命名的列車穿梭於熊本和天草，木質和花窗呈現南蠻文化。搭列車沉浸復古酒吧，聆聽爵士樂聲，品嘗高級雞尾酒，感受為大人打造的特別旅程。

特快列車
「阿蘇男孩號」

由JR運營從熊本前往阿蘇地區的「阿蘇男孩號」同樣超有人氣，以黑白色調為主的車廂內充滿吉祥物「小黑」的身影。有親子座席、木球遊樂池、繪本室等，還有小黑的站長室，讓親子可以在共享愉快的旅程。

特快列車
「由布院之森」

由JR運營從福岡博多開往大分由布院的「由布院之森」，是九州觀光列車裡的超人氣列車。翠綠的車身點綴著高級金色線條，列車內設計有適合欣賞窗外景致的高層式座椅。帶有溫暖氛圍的木材設計車廂內部，在搭乘列車的同時就能使人感受到彷如已經身在溫泉度假村裡。

九州高速巴士

　　九州因地域遼闊、面積廣大，使得JR鐵路無法完全覆蓋通行，因此在九州利用高速巴士往來機場和城市的機會很高。「九州高速巴士」並不只由一間公司營運所有九州的高速巴士，而是九州16間高速巴士公司的通稱，有共同的查詢預約網站，而由單獨公司營運之路線則需另外查詢。

九州高速巴士 （あっとバスで九州）

官網可預約、查詢票價與確認巴士時刻表，上網預約車票的票價比現場購票便宜2%，且越早預定、價格越便宜，最多有到50%的半價票券，網站有提供中文服務。

網址：www.atbus-de.com.c.jo.hp.transer.com

車身上有SUNQ PASS的西鐵公司營運高速巴士，若持有SUNQ PASS就可任意搭乘

購買方式

　　高速巴士分成「座位指定制」和「座位數量制」，沒有販售站票，如遇客滿情況需等待搭乘下輛高速巴士。長距離車程巴士通常為需要預約的座位指定制，而短距離車程巴士屬有位置即可搭乘的座位數量制。

現場購票：至巴士中心或巴士站窗口前的自動販售機，以及櫃檯現場購買。

網路預約購票：至官網預約，有兩種付款方式可選擇。

1. **信用卡付款(クレジットカードでのオンライン決済)：**可自行列印票券或選擇電子票券，就不用去超商領取票券。
2. **便利超商付款(コンビニ決済發券)：**需在期限內去超商領取票券，取票券時請選「予約済み」。

日本超商機台預約：在7-11/LAWSON/全家/OK Sunkas/Mini Shop購票時選「新規預約」後，選擇「出發地/班次/時段」，最後輸入「名字」(翻譯成片假名)及「日本電話」(可用入住飯店或旅館電話)。

在九州自駕除租車與保險費用外，另需付高昂的高速公路通行費。

日本高速公路依車種收費，可先上網計算行程所需的通行費，若為外國人能使用九州地區推出的Kyushu Expressway Pass（簡稱KEP），KEP需與ETC卡一起使用(建議租借已安裝ETC卡的車輛)，若對路況不熟，建議租借已安裝ETC卡的車輛，快速省時又明瞭。於出發前，先上網查詢九州路面和天氣情況，以便衡量行程交通安排。

計算高速公路費用：NEXCO西日本高速公路官網 search.w-nexco.co.jp/ic_input.php
查詢道路狀況：九州地方整備局 road.qsr.mlit.go.jp

適合長程旅途的「KEP」方案

KEP是NEXCO西日本高速道路專為外國旅客推出的優惠，在指定期限內以固定優惠價格，不限次數使用九州高速公路。方案費用從兩天¥3,500起，使用期間越長、越划算。

購買KEP地點
只可於指定的6間租車公司分店取車時購買，為ORIX、BUDGET、TIMES、NIPPON、TOYOTA、NISSAN。

購買KEP條件
1.只有成功租借一張ETC卡後(¥330)才能購買KEP，費用依天數而定。
2.部分租車公司需同地租還車才能購買KEP，如ORIX租車公司。

使用KEP方法
將已輸入KEP優惠的ETC卡插入ETC讀卡器後，通過高速公路收費站時無需停車繳費，所使用的路段與路費皆會記錄於ETC卡內，路費於還車時在租車公司進行總結算。
注意KEP適用範圍，九州主要高速公路均為KEP覆蓋範圍，但若上、下交流道只要其中一個閘口不在KEP的範圍內，整段路線都會判定不適用KEP。另外KEP不適用部分道路，如福岡都市高速、北九州都市高速、西九州自動車道，長崎的川平有料道路。

成功租借後，租車公司會輸入KEP的優惠碼至ETC卡內

福岡縣由於依傍著博多灣，離東亞距離相當近，是自7、8世紀作為日本商人往來東亞大陸的玄關，自古就是熙來攘往的商人城市，讓許多東亞文化流入日本，使福岡縣成為九州繁榮的政治、經濟與文化的中心，是九州充滿活力的第一大城，也是日本的第五大城市。

　　福岡兼容各種文化外，還以美食聞名遐邇，來到福岡縣可以盡情品嘗日本傳統美食，世界知名的豚骨拉麵就是發源於福岡，還有當地傳統美食與小吃──牛腸鍋、水炊鍋、烤雞串燒及明太子等餐點，深受日本人和遊客喜愛。由於鄰近海洋，所以也有許多新鮮海產，依山傍海的福岡縣擁有豐富的自然資源與景觀，是座非常具有吸引力的城市。

九州最熱鬧的政經文化潮流中心

福岡県
ふくおかけん

台灣前往北部九州的主要航班，最方便的就屬福岡機場，由台北、桃園出發的航空有華航、長榮、虎航與樂桃，從高雄小港出發的航班為長榮和虎航；而位在福岡縣的北九州機場，星悅航空有一天一班直飛到福岡，僅需約2小時30分鐘。

從福岡機場起降的旅客，建議安排遊玩佐賀、長崎與熊本縣，而想重點遊玩大分縣與北九州市的旅客，則建議由北九州機場起降。

北九州機場

(((•))) kitakyu-air.jp

IG @ kitakyushu.airport_kkj

北九州機場位在福岡縣北九州市，為距離福岡市中心車程約1小時多的人工島迷你機場。機場規模很小，所以出入關手續與提領行李都能迅速完成。安全檢查、海關審查與伴手禮區皆位在機場2F，3F則設有餐廳和能欣賞飛機起降的展望台，另有付費足湯可以享受；其候機室很小，出關後僅有一間免稅店且沒有餐飲店。

北九州機場(圖片提供／福岡県観光連盟)

3F的付費足湯

轉乘巴士

機場距離北九州市中心小倉區相當近，前往北九州市門司港區、大分縣別府和由布院也都方便，但因機場位在海上獨立人工島，故沒有任何電車或鐵路，僅能搭乘高速巴士前往九州各區域，持有JR PASS的旅客可先搭乘機場付費接駁巴士(快速巴士車程30分鐘，車票¥700)至JR小倉車站轉乘鐵路，不過需注意JR朽網車站沒有提供兌換JR PASS的服務。

走出北九州機場後左側即是高速巴士站，若搭乘星悅航空來回的旅客，需注意半夜運行的機場直達博多、天神高速巴士，與飛機起降時間無法銜接。

往小倉站的巴士站牌

福岡機場

((•)) fukuoka-airport.jp
IG @ fukuoka.airport_official

福岡機場為全日本離市區最近的國際機場，從國際航廈到博多市中心車程僅需約20分鐘。機場共3棟大樓，國內線第1、2和國際線第3航廈，國內線航廈有多間餐廳與含稅伴手禮商店；而國際線航廈則是在出境大廳3F設有含稅伴手禮區，出境後免稅商店區規模不大，有精品、菸酒、化妝品、九州伴手禮和雜貨等。

3F出境大廳

轉乘巴士

國際線航廈1F巴士站2～4號站牌處可搭乘高速巴士：2號巴士站前往別府、黑川溫泉；3號前往由布院、長崎、豪斯登堡和佐世保；4號前往博多運河城、天神市政廳前、久留米、小倉、佐賀及熊本等地。

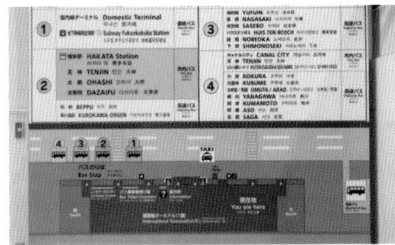
國際線航廈1F入境大廳的SUNQ PASS及高速巴士售票處

轉乘地下鐵

國內線第2航廈B1F能直通福岡市營地下鐵福岡空港站，轉乘地下鐵機場線到市中心的博多站僅約5分鐘、到天神站約11分鐘。而國際線航廈1F巴士站前，可搭乘往來國內線地下鐵福岡空港站的免費接駁巴士；於福岡機場1F南側JTB櫃檯可先購買JR北九州鐵路周遊券即可使用。

國際線航廈內的交通轉乘指示

計程車與自駕

國際線航廈入境大廳出口可搭乘計程車，到博多站約20分鐘(車資¥1,500起)、到天神約30分鐘(車資¥2,000起)。

租車公司服務台位在國際線航廈1F入境大廳與3F出境大廳，自駕旅客可前往領取提前預約好的車，接著至租車公司據點取車即可進行旅程。

入境大廳北側進駐了Wi-Fi租借、換匯、手機租借等服務公司

道地美味

福岡縣是面向日本海、代表著九州門戶的所在，自古就以國際交流的據點繁榮發展至今。此地也是東亞文化流入日本的窗口，所以福岡縣的飲食文化也帶有東亞各國的飲食色彩。因為這樣的歷史背景讓福岡的飲食文化十分發達，在夜晚的那珂川旁冉冉搖晃著溫暖的黃色光暈，老闆和客人的歡笑談天聲讓小吃更加美味，是日本獨一無二的路邊飲食文化。

起源於福岡的博多拉麵，以極細的麵條和彷彿濃湯一般不見底的乳白湯汁而聞名，這個濃厚濁白的豚骨拉麵即是無可取代的招牌特色。除此之外，

牛腸鍋和水炊鍋，亦是擁有百年歷史的傳統鄉土料理。以牛、豬的大腸、小腸與內臟器官為主要食材，並加入大量韭菜、白菜，以及大蒜的牛腸鍋，是道唇頰皆會被濃厚滋味攻占的重口味火鍋料理。不同於牛腸鍋，以雞肉、蔬菜為主要材料，有著豐富膠原蛋白的濃雞湯為湯底的水炊鍋，吃起來既暖胃又養身。

除了博多拉麵、牛腸鍋和水炊鍋，還有鰻魚飯、燒咖哩、串燒、明太子等，樣樣精采又豐富。來到福岡，你一定會被如此多元又具歷史淵源的飲食文所吸引，請一定不要錯過福岡的道地美味。

在福岡還有可選麵條軟硬和「替玉（加麵）」文化，讓你享受美食既夠味又滿足。

此外，福岡市的

牛腸鍋／もつなべ
福岡女性奉為養顏美容的料理

鍋底先鋪滿肥嫩多汁的牛、豬腸，鋪上大量的韭菜與高麗菜後，再撒上辣椒乾、蒜片與芝麻等調味料並以醬油或味噌作湯頭。這就是起源於二戰後的福岡鄉土料理「牛腸鍋」，因使用牛、豬等內臟食材，故又有「內臟鍋」之稱。初次品嘗可能會被其濃厚油脂嚇到，不過搭配大量蔬菜會降低油膩口感，也可嘗試牛腸鍋湯底做成的雜燴飯，濃厚牛腸香氣與醇厚滋味會讓你印象深刻。

水炊鍋／みずたきなべ
享受至最後一刻的濃郁鮮美雞湯鍋

誕生於明治時代後期的福岡鄉土料理水炊鍋，是在濃縮雞肉精華的高湯中加入許多配料的雞肉鍋物料理。福岡許多的水炊鍋專門店，全程會有專業店員服務，可享受細緻的用餐體驗。

首先喝口撒上蔥花的高湯，再品嘗鮮嫩Q彈的雞肉，可搭配橙醋引出雞肉鮮甜味，蔬菜及菇類再放入鍋中，煮至吸附湯汁精華，最後將強棒麵條(長崎代表麵條)或白飯倒入湯底，品嘗吸收鍋底精華的雜炊(雜燴粥)和麵條，補充雞湯的營養令人精力充沛。

とり田(博多本店)

✉福岡市博多区下川端町10-5博多麹屋番ビル1F ➡博多車站搭地下鐵空港線至「中洲川端站」後步行4分鐘 🕐11:30〜23:00(最後點餐22:00)；不定休 toriden.com 🅾@toriden_hakata

博多みずたき 濱田屋 本店

✉福岡市博多区住吉1-1-9RJRプレシア博多201 ➡博多車站步行10分鐘 🕐11:30〜15:00(最後點餐14:00)、17:00〜22:00(最後點餐21:00)；不定休 mizutaki-hamadaya.jp 🅾@hamadayahonten

❶肉質Q彈的雞肉(圖片提供／福岡県観光連盟)／とり田的特色涼拌雞胸肉前菜／❸加入軟骨的雞肉丸子口感Q中帶脆相當美味

❶鋪滿韭菜是牛腸鍋特色之一／❷吃完牛腸與配料後，再享受丟入湯底吸飽湯汁精華的拉麵／❸牛腸富含膠原蛋白，也被視為保養料理(圖片提供／福岡県観光連盟)

一慶(春吉本店)

✉福岡市中央区春吉2-10-14 ➡博多車站步行20分鐘 🕐15:00〜01:00(最後點餐00:00)；全年無休 motsunabe-ikkei.com 🅾@ikkei.haruyoshi3999

おおやま(本店)

✉福岡市博多区店屋町7-28ア博多201 ➡博多車站搭地下鐵空港線至「中洲川端站」步行5分鐘 🕐17:00〜00:00；不定休 motu-ooyama.com 🅾@ooyama.motu

蒸籠鰻魚飯／うなぎのせいろ蒸し
獨持鰻魚料理創始鼻祖

江戶時代流傳下的「鰻魚飯」一直被日本人認為是養生聖品，九州除鹿兒島盛產鰻魚外，福岡縣柳川市也盛產鰻魚，當地有許多鰻魚飯老店。柳川式鰻魚飯作法是將塗滿鹹香醬汁的白飯先蒸過，放上細緻烘烤過的蒲燒鰻魚和蛋絲後，再蒸一次，先烤再蒸的做法讓鰻魚更柔軟、好入口，而吸收鰻魚香氣的白飯更讓人食指大動。另一柳川蒸籠鰻魚飯的特色，為使用印有店家名的厚實紅漆木箱盛裝。

元祖本吉屋沖端店
✉福岡県柳川市沖端町12
🕐10:30～19:30；週一公休
➡柳川沖端下船場步行2分鐘 http www.motoyoshiya.jp/access.html IG @motoyoshiya_official

博多鰻魚屋藤う那
✉福岡市博多区博多駅東2-2-10 博多SAKANA大廈2F ➡博多車站步行5分鐘
🕐11:00～21:30(最後點餐21:00)；元旦公休 http fujiuna.com IG @hakataunagiya.fujiuna

❶博多鰻魚屋藤う那／❷元祖本吉屋的鰻魚丼飯／❸元祖本吉屋

燒烏龍麵／焼うどん
戰後誕生的家庭美食

二戰結束後不久「小倉燒烏龍麵」便在北九州市的魚町銀天街誕生，其創始店「だるま堂」的老闆娘在糧食匱乏的戰後1940年代，因中華麵條較昂貴稀少而改用烏龍麵，創造出別具風味的燒烏龍麵，更成為小倉的在地美食。

其特色在於使用煮熟後瀝乾的烏龍麵，以大火快炒，加入醬料後會產生帶焦香的鍋巴味，吸飽醬汁的肥厚烏龍麵條吃起來更有飽足感。可在小倉如赤ちゃん食堂等家庭食堂，品嘗到具家庭溫馨風味的小倉炒烏龍麵。

玉川食堂會灑上增添香氣的柴魚片

玉川食堂
✉北九州市小倉北区魚町2-3-21 B1F 🕐11:30～22:30；週三公休 ➡小倉站步行6分鐘

小倉焼うどんの元祖 だるま堂
✉福岡県北九州市小倉北区魚町1-4-17 鳥町食道街 🕐週日～週二11:00～18:00、週四～週六11:00～21:00；週三公休 ➡小倉站步行5分鐘至鳥町食道街
IG @darumadou0723

博多烏龍麵／博多うどん
擁有持殊口感「釜揚」麵條

古稱博多的福岡為烏龍麵起源地，博多烏龍麵特色在於其柔軟口感。一般煮熟的烏龍麵，會先過涼水使麵條Q彈，但博多烏龍麵則是煮好後就直接放入熱湯中，麵條彷如張開毛細孔般吸盡湯汁的精華美味，變得更加飽脹和柔軟，此料理方式稱「釜揚げ」(釜揚煮法)，而博多烏龍麵的湯底更使用帶甜味的九州醬油，其獨特口感與風味深受在地人喜愛。福岡縣內有許多間烏龍麵專賣店，可以品嘗到此樸質又美味的烏龍麵。

大地のうどん（大地烏龍麵）（博多駅ちかてん）
✉福岡縣福岡市博多区博多駅前2-1-1朝日ビル地下2階 ⏰11:00〜16:00、17:00〜21:00 ⏰無休(年末年始休) ➡博多車站步行1分鐘至朝日大樓B2美食街
🌐daichinoudon.com IG @daichinoudonhakata

葉隱烏龍麵
✉福岡市博多区博多駅南2丁目3-32 ⏰週一〜四11:00〜15:00、17:00〜21:00，週五〜六11:00〜15:00、17:00〜23:00；週日、國定假日公休 ➡博多車站步行12分鐘

炸蝦餅烏龍麵
(えびかき揚げうどん)

蔥花
(ねぎ)

炸蝦餅
(えびかき揚げ)

牛肉
(ぎゅうにく)

大地套餐烏龍麵
(大地かやく)

炸牛蒡
(ぼう天)

炸蝦
(海老天)

炸什錦烏龍麵
(かき揚げぶっかけ)

炸什錦
(かき揚げ)

柴魚片
(削り節)

玉子
(水煮蛋)

牛肉
(ぎゅうにく)

博多烏龍麵
(釜揚うどん)

魚板
(かまぼこ)

明太子料理／めんたいこ料理
說到博多就會想到的超人氣名產

想品嘗最新鮮的明太子料理可到當地的明太子專賣餐廳，由知名伴手禮明貝的公司「福太郎(天神TERRA店)」販售包裝設計時尚的明太子產品，亦有供應明太子吃到飽定食套餐，可無限續用昆布、甜蝦或柚子等多種口味明太子小菜。

明太子料理專門店「元祖博多明太重」將整條辛子明太子炙燒後，以手工昆布捲起再淋上鹹辣醬汁，搭配鋪上海苔絲的白飯食用，可品嘗高品質的明太子。

❶福太郎推出能純粹品嘗明太子的博多茶漬餐／❷博多明太重使用整條明太子，其分量讓人回味不已

福太郎(天神TERRA店)
✉福岡市中央区渡辺通5-25-18天神TERRA1F ➡西鐵「福岡天神站」步行3分鐘；或西鐵巴士「天神一丁目站」下車即達；或地下鐵七隈線「天神南站」6號出口步行1分鐘 🕐09:30～20:00，咖啡廳：11:30～19:00；年末年初公休 🌐fukutaro.co.jp 📷@fukutaro.store

元祖博多明太重
✉福岡市中央区西中洲6-15 ➡地下鐵空港線「中洲川端站」步行6分鐘 🕐07:00～22:30(最後點餐22:00)；全年無休 🌐mentaiju.com 📷@ganso_hakata_mentaiju

雞皮串燒／とり皮
福岡庶民料理

福岡平民美食中有道特色串燒料理——雞皮串燒，只使用雞脖部分的皮，此部位味道較重，故調理前要先沖掉多餘的油脂和腥味，再將雞皮緊密地串在竹籤上，緊密到看不出是雞皮的程度後，醃製數日，經過反覆烘烤讓雞皮呈現香氣濃烈又酥脆的口感，是道廣受在地人歡迎的B級美食。串燒店又稱燒鳥店，帶有「鳥」字是因古時烤麻雀而食，現今也有賣雞、牛、豬、蔬菜等為串燒，通常入座後會送上招待的生高麗菜，等待上菜時可品嘗。

❶「風林火山」燒鳥店採用恆溫烤盤／❷和朋友一起到燒鳥店大啖美食吧／❸口感酥脆爽口(圖片提供／福岡県観光連盟)

博多雞皮大臣(KITTE博多串房)
✉福岡市博多区博多駅中央街9-1-B1F 🕐11:00～00:00 ➡博多車站旁kitte百貨B1F美食街內 🌐hakata-torikawa.com

かわ屋(白金店)
✉福岡市中央区白金1-15-7 ダイヤパレス 1F 🕐17:00～24:00 ➡地下鐵赤坂站步行9分鐘 📷@hakata_kawaya

燒咖哩／焼きカレー
門司港指標名物

門司這座位處九州最北端的港口城市，是明治時代至二戰前繁榮的國際貿易港口，西方飲食文化相當發達，燒咖哩等帶有西方飲食風格的料理應運而生，始於1950年代位於榮町銀天街內的日式食堂「山田屋」，將咖哩放進土鍋中後，灑上起司，連同土鍋一起進烤箱做成熱燙美味的焗烤咖哩飯。這道和洋特色合併的燒咖哩意外美味，而在門司港成為流行而流傳至今，門司港有數間燒咖哩專賣店，各有其獨創風味。

門司港茶寮
📧北九州市門司区港町7-8　🕐10:30～
21:00；不定休　🚋門司港車站步行1分鐘　http
mojikosaryo.com　IG @mojikosaryo_bekkankan

BEAR FRUITS
📧北九州市門司区西海岸1-4-7(門司港センター
ビル1F)　🕐週日～四11:00～22:00(最後點餐21:30)，週五～六、國定假
日11:00～23:00(最後點餐22:30)　🚋門司港車站步行1分鐘　httpbearfruits.
jp　IG @bearfruits_mojiko

❶也可購買燒咖哩料理包當伴手禮重現當地的美味／❷門司港車站周圍可見數間燒咖哩專賣店／❸濃郁咖哩十分搭配焗烤後的香濃起司

軟管明太子
めんたいチューブ

福岡必買伴手禮首推可帶回國的「軟管明太子醬」，其有推出各種風味，用軟管包裝像擠牙膏般將明太子醬擠在料理上，就能夠讓料理擁有道地福岡風味！

甘王草莓
あまおう

福岡人驕傲的草莓之王「あまおう」，是耗費6年歲月開發出的新品種，名稱取自日文中あかい(紅)、まるい(圓)、おおきい(大)、うまい(好吃)的首音，飽滿碩大、顏色鮮紅豔麗，果汁甜美且含糖量高。

SHIROYA：煉乳小麵包與奶油捲
シロヤ：サニーパン＋オムレット

小倉站前深受當地居民喜愛的50年西式麵包老鋪SHIROYA，其商品仍保留昭和時代的單純滋味，其中爆漿煉乳小麵包和奶油捲是超人氣點心。

— **SHIROYA(シロヤ)(小倉店)**
✉北九州市小倉北区京町2-6-13 ➡小倉車站(お城口)出口步行2分鐘 🕐08:00～20:00 **IG** @shiroya.468

本單元自福岡市、北九州市、八女市等地嚴選8種當地人氣物產，讓你的北九州伴手禮除了日式銘菓外，還可以有這麼多選擇！

物產

筑紫菓匠如水庵：筑紫麻糬
筑紫もち

筑紫麻糬為福岡百年知名老店「筑紫菓匠如水庵」的人氣商品，Q彈麻糬、香醇黃豆粉再淋上甘甜的黑糖蜜，滋味高雅單純，在日本銘菓中人氣十足，還連續5年獲得食品界的諾貝爾「Monde Selection」金賞獎。

— **筑紫菓匠如水庵(博多駅前本店)**
✉福岡市博多区博多駅前2-19-29 ➡博多車站前步行5分鐘 🕐週一～五09:00～19:00，週六～日、國定假日09:30～18:00 **IG** @52josuian_official

福岡もち吉：稲荷年糕
いなりあげもち

福岡仙貝老店「もち吉」使用日本當地嚴選的好水好米所製成的人氣產品「稲荷年糕」，結合甘甜的豆皮與扎實的年糕，溫熱Q彈的爆漿口感成為福岡人氣伴手禮，吸引許多來訪福岡的旅人，將老舖的好手藝帶回家。

── 福岡もち吉
✉福岡市博多區御供所町2番3号 ➡地下鐵祇園站1號出口旁 🕐09:00～19:000 **IG** @mochidangomura

螺絲巧克力
ネジチョコ

製鐵工業重鎮北九州市，因國營八幡製鐵所相關設施被列入世界文化遺產，推出以其城市形象為概念的螺絲巧克力，將巧克力造形做成六角形螺絲和立體螺絲帽狀，口味好吃外，還可如真正的螺絲一樣鎖緊。

八女茶葉
やめ茶

福岡縣的八女地區坐落於九州最大的河流筑後川和矢部川之間，擁有豐沛地下水和肥沃土壤，且晝夜溫差大，易產生霧氣，此自然環境造就了日本最高級的玉露茶，故以地名直接命名為八女茶。沖泡八女茶的方式建議使用低溫水，才能保留其甘美香醇。

il FORNO del MIGNON：可頌麵包
クロワサン

九州人氣連鎖麵包店「il FORNO del MIGNON」以金黃酥脆的美味小可頌吸引大批人龍，有原味、巧克力、紅薯與明太子等多種口味，福岡博多車站內有分店，很適合做為旅程中的點心或伴手禮。

── il FORNO del MIGNON(博多駅店)
✉福岡市博多区博多駅名店街 ➡位於博多車站JR線窗口前 🕐07:00～23:00 **IG** @mignon_ikebukuro_oomiya_umeda

福岡特色

珈琲美美
守候記憶的美好滋味

被譽為「日本咖啡界之神」的森光宗男，1977年於福岡護國神社對面開設珈琲美美，位在福岡護國神社對面的位置，為咖啡廳的氣氛增添些許寧靜。2016年森光宗男去世後，由其妻森光充子傳承精湛的煎焙技術並延續經營。

店內有7種從淺煎至深煎的自家煎焙單品咖啡豆，開設至今堅持用「法蘭絨濾布」手沖咖啡豆，由於法蘭絨濾布孔洞較一般濾紙大，因此咖啡豆油脂能更好融入咖啡中，日式老派的沖泡技術使店名聲遠播，充滿新鮮香氣的咖啡滑流入喉中的剎那，感覺身邊的世界都不禁安靜了，身心的被滿足感更是無法言喻。

✉福岡市中央区赤坂2-6-27 ☎0927136024 🕐12:00～18:00；週一、每月第一個週二公休 🚌博多車站搭往赤坂方向的巴士，至「赤坂三丁目站」步行2分鐘 ⏳1小時 🔗cafebimi.com ⁉️除了公休日外，其餘週二只販買咖啡豆 📷@bimi_coffee

❶咖啡入門者推薦「中味咖啡」／❷「美美風咖啡」由濃郁甜蜜奶霜，搭配手工冰鎮咖啡／❸法蘭絨濾布器材／❹森光充子與身後的丈夫照片，夫妻倆都熱愛手沖咖啡

找尋心中的那杯香醇味道
廳巡禮

福岡的咖啡文化相當興盛，又以獨立的在地咖啡廳為主流，由專業的咖啡職人所開設，使福岡各個角落飄散著迷人的咖啡香氣，在這些咖啡廳裡有美味的咖啡、風格獨具的質感選物與自家咖啡豆。放慢旅程的腳步來趟深度咖啡探尋之旅吧！

manucoffee
マヌコーヒー
具獨特風格的福岡在地連鎖咖啡店

福岡特色咖啡廳的翹首「manucoffee」，店名取自拉丁文「manufacture(用手組合在一起)」之意，指每一杯咖啡都由職人認真製作，每日從自家烘焙工場將新鮮烘製的咖啡以腳踏車的人力方式運送至每一間分店，讓顧客可以品嘗到最新鮮的味道。

店內採用鮮豔色彩又帶復古懷舊的風格，讓人感到放鬆。多年來專注於做出濃縮咖啡(espresso)，不僅是店內招牌，也招攬許多忠實顧客。另提供如拿鐵、卡布奇諾、抹茶、巧克力與水果茶等20多種品項飲品，滿足每位前來造訪的客人。

✉福岡縣福岡市中央區渡邊通3-11-2 ボーダータワー1F ☎0927366011 🕐10:00～03:00；週日營業 ➡福岡市地下鐵七隈線渡邊通站步行10分抵達 http www.manucoffee.com IG @manucoffee.official

❶店員均身著休閒的T-shirt，經常悠閒地和客人聊天／❷春吉本店座落於博多運河城附近／❸綴有美麗拉花的醇厚拿鐵

ハニー珈琲 (honey coffee)
咖啡家族打造深耕在地的咖啡店

ハニー珈琲主要發展於福岡縣，以咖啡家族的姿態深受在地人喜愛，社長井崎克英與其妻井崎裕子於1996年時還是咖啡門外漢，經多年耕耘成為咖啡職人，被尊稱為「蜂蜜先生」與烘豆師「蜂蜜太太」。其子井崎英典更是首位拿下世界盃咖啡大師賽(WBC)的亞洲人，全家族都與咖啡有著深厚關係。ハニー珈琲的店鋪形式，一為與日本TSUTAYA書店合作，營造飄散咖啡香氣的綜合書店；二為僅能外帶咖啡的店面，向顧客提供優質醇厚的美味咖啡。

✉福岡市中央區天神2-1-1福岡三越B1(福岡三越店) ☎0927328815 🕐10:00～20:00 ➡博多車站搭地下鐵空港線至「天神站」，步行至福岡三越 http 1小時 honeycoffee.com IG @honeycoffee_official

在地咖啡

❶多以製作外帶杯為主／❷欣賞職人製作咖啡的專注姿態／❸可提供客人數十種咖啡試飲後再點單的服務／❹販售多種自家烘焙的咖啡沖泡包與濾掛式咖啡

福岡縣──在地咖啡廳巡禮

Connect Coffee
享受世界級的精湛拉花拿鐵

曾獲「世界盃拉花大賽(WCE)」亞軍的安藤貴裕，2017年時於天神北區域鄰近福岡縣美術館開業。店名「Connect」的概念為「將人們與咖啡聯繫起來」之意，店主並發揮巧思，將t字隱喻寫作「＋」。

以精湛拉花技藝出名的店主得過眾多拉花獎項，店內代表單品就是畫有優美線條的拉花拿鐵。假日時，溫馨的小店內經常擠滿咖啡饕客，在吧檯前的座位還能近距離欣賞世界級拉花手法，栩栩如生的拉花圖樣讓人捨不得喝掉。

✉福岡市天神5-6-13 ☎0927917213 🕐12:00～22:00，週日、國定假日11:00～18:00；週二公休 🚇地下鐵「天神站」7號出口步行5分鐘 ⏱1小時 🌐connectcoffe.thebase.in 📷@connectcoffee.co

❶Connect Coffee 店門口／❷行雲流水的精湛拉花技巧／❸美麗的天鵝躍然於咖啡上

豆香洞
世界烘豆冠軍特選精品咖啡

豆香洞是由曾獲世界烘豆師大賽(WCRC) 冠軍的咖啡名人——後藤直紀所經營，福岡縣僅有大野市本店與福岡市中州兩家分店。店內提供世界產地嚴選直送的咖啡豆，分為淺煎、中煎、中深煎和深煎等種類，美麗的透明褐色液體滴墜在咖啡壺中，從保溫檯中閃耀出美麗的色澤，經職人細膩手法帶出深厚滋味與清新香氣，身心皆是至高享受。

店內販售咖啡豆、濾掛式咖啡、無咖啡因濃縮膠囊與沖泡咖啡杯具等，亦推出自家也能輕鬆享用頂級咖啡的周邊商品，如咖啡羊羹，讓消費者能享受其對咖啡的執著與多樣。

✉福岡市博多区下川端町3-1博多リバレインモールB2F(博多河岸城店) ☎0922609432 🕐10:30～19:30；不定休(以百貨營業時間為主) 🚇從博多車站搭地下鐵空港線至「中洲川端站」，步行1分鐘至博多河岸城 ⏱1小時 🌐www.tokado-coffee.com 📷@tokado_coffee_hakatariverain

❶坐在吧檯前欣賞職人的專業手沖實屬一大享受／❷展示不同烘焙程度的咖啡豆／❸香氣十足且略帶酸味的咖啡

REC COFFEE
品嘗世界咖啡師大賽冠軍義式咖啡

提到福岡的咖啡廳就會想到REC，以餐車起家，於福岡文青地區藥院開設首間咖啡廳，現福岡市內已設有數間設計簡約雅致的分店，店主之一的岩瀨由和曾兩度奪下日本咖啡師大賽(JBC)的冠軍，更榮獲「世界咖啡師大賽(WBC)」亞軍的成績。

REC COFFEE以「從豆子到杯子」(種子からカップまで〜，From Seed to Cup〜)為宗旨，提供自家烘焙的多種咖啡豆、現場拉花與味道絕佳的精緻甜點，其代表的咖啡Hakata Blend(博多ブレンド)，略酸又微帶著焦糖香的滋味讓人難忘。

✉福岡市中央区白金1-1-26 1F(藥院站前店) ☎0925242280 ⏰週一〜四08:00〜01:00，週五08:00〜02:00，週六10:00〜02:00，週日與國定假日10:00〜01:00 ➡博多車站搭往藥院方向巴士約10分鐘，於「渡邊通一丁目站」下車步行2分鐘 ⏳1小時 🌐rec-coffee.com 📷@rec_coffee

❶採光明亮的簡潔空間相當舒適／❷店內提供咖啡試飲與販售自家製咖啡豆／❸每位員工都能沖上一手好咖啡／❹熱卡布奇諾與冰風味拿鐵

圖片提供／福岡市政府

福岡市地圖

福岡市

九州政經、文化及潮流的中心福岡市，有許多歷史悠久的神社、林立各式潮流百貨與地下街和坐落大街小巷的美食餐廳等，還有海中小島與群山能感受大自然的清幽，旅人可徜徉於歷史、現代、都市和自然等多元景點中。

古時福岡以那珂川為界，分為「福岡部」與「博多部」，到1889年福岡市正式誕生，其主要交通樞紐博多車站則沿用博多古名。福岡市天神為主要購物商業區，博多為日本企業聚集的商務區，兩地為福岡的雙經濟中心。

從福岡機場進出

福岡機場距離市區僅約 5 公里，是日本最便利的國際機場。旅程第一天如果沒有要前往九州其他地區，欲直接前往博多、天神地區入住的話，有 3 種方法可前往市區。

以大片玻璃營造出開闊氛圍的福岡機場國際航廈 (圖片提供／福岡市政府)

福岡市交通

方法 1 搭乘地下鐵

最多人使用的交通方式是前往位於國內線航廈的福岡市地下鐵福岡空港站，國際旅客須先從國際線航廈1F入境大廳外1號巴士站，搭乘來回國際線與國內線之免費接駁巴士(連絡バス)至福岡空港站，約每10分鐘就有一班巴士，車程約10分鐘。

從福岡空港站至博多站車程僅需 5 分鐘；至天神站約 10 分鐘，非常快速且便利。

免費接駁巴士上車處，巴士約 10 分鐘一班

搭乘巴士

在福岡機場國際線 2 號巴士站，搭西鐵巴士可前往博多站、天神地區，約 30 分鐘一班車，至博多站車程約 20 分鐘、至天神地區約 33 分鐘。

2 號巴士站搭乘直通博多車站巴士

搭乘計程車

如旅團成員有較多老幼成員或行李較多的話，可搭乘計程車往來機場與市區，福岡機場至博多站約 ¥1,500 起，車程約 10 分鐘；機場至天神站約 ¥2,500 起，車程約 20 分鐘，輕鬆又便利，可避免轉乘接駁巴士時搬行李的麻煩。

等候計程車需按照順序

福岡市市內交通

在福岡市區內移動只要善用地下鐵、西鐵電車和JR電車，就可以輕鬆抵達市內各區，若電車無法抵達的景點，可搭乘密集且路線彈性的巴士，再配合使用票卡，是讓來福岡的旅人省時、省力又方便的好夥伴！

海報列出之IC卡均可在日本各地標註「IC」圖樣的儲值機、列車、巴士時使用

儲值方式：插入IC卡後選擇欲加值金額並投入相應鈔票、零錢，即儲值完成

福岡悠遊卡 (FUKUOKA TOURIST CITY PASS)

票券種類：福岡市內版、福岡市內＋太宰府版(欲前往太宰府的旅客可考慮購買此版)

涵蓋區域：地鐵路線包含姪濱～福岡機場站，中洲川端～貝塚站，及橋本～天神南站路線內。只限開卡當天有效，當日使用不限次數

票　　價：成人¥1,700、孩童¥850(此為福岡市內版價格)

購買地點：福岡機場巴士總站(國內線、國際線)、地下鐵天神站、博多站之定期券發售所、西鐵天神高速巴士總站、博多巴士總站、博多港國際碼頭綜合案內所、博多站綜合案內所、天神觀光案內所

乘車方式：先在福岡悠遊卡上刮除欲使用的日期，搭乘巴士下車時請將福岡悠遊卡出示給司機確認即可。而搭乘列車、電車和地下鐵進出車站時，請走人工改札口，將悠遊卡出示給站務員確認(注意自動改札口無法使用福岡悠遊卡)

紙質福岡悠遊卡須在旅程中保管好以利工作人員確認

市內電車

JR鹿兒島本線

由九州旅客鐵道(JR九州)經營，欲前往福岡縣較外圍如北九州市、宗像市、福津市等區域，以及九州他縣的旅人需搭乘此公共交通。

福岡市地下鐵

由福岡市政府營運的福岡市地下鐵，分為空港線(機場線)、箱崎線和七隈線。欲前往福岡市內主要景點，如天神百貨區域、西新、大濠公園、福岡巨蛋、福岡MARK IS ももち(momochi)或六本松等，都可搭乘此公共交通前往。

地鐵乘車方式與票券

票券名稱	使用說明	票價
Hayakaken(はやかけん)地鐵IC交通卡	福岡市地下鐵全線和日本國內所有貼有「はやかけん」IC標示的鐵路和巴士都可以使用	¥1,000～10,000面額，購卡金額中含¥500保證金
地下鐵1日乘車券(Fukuoka City Subway 1Day Pass)	地鐵路線內，包含姪濱～福岡空港站、中洲川端～貝塚站，以及橋本～天神南站。當天使用不限次數，只限購買當天有效	成人¥640、兒童¥320
福岡悠游卡(FUKUOKA TOURIST CITY PASS)	福岡市內西鐵巴士、昭和巴士、地下鐵、JR、西鐵電車和船舶，限開卡當天有效，當日使用不限次數	成人¥1,700、孩童¥850

＊資料時有異動，請以官方公告為準(製表／王彥涵)

西鐵電車

西日本鐵道簡稱「西鐵」(西鉄，Nishitetsu)，西鐵公司除營運福岡縣的鐵路路線外，還經營部分九州7縣的巴士。西鐵電車是福岡縣內福岡市地下鐵、JR鐵道以外的另一種鐵路，想去福岡縣內的太宰府、柳川和八女等地區遊玩的旅客，搭乘西鐵電車就可輕鬆抵達。

注意 西鐵電車有普通、急行及特急電車，搭乘前留意有無停靠想去的站

nimoca

販售價格：¥2,000(卡內含¥1,500儲值金)

儲值地點：nimoca加值機、各地鐵車站、各大便利商店、巴士車上

適用範圍：西鐵發售的IC卡，主要流通於九州地區，可在西鐵鐵道、巴士及可利用商業設施，亦可在日本全國鐵道通用

福岡市地下鐵

JR鹿兒島本線

市內巴士
JR鹿兒島本線

在福岡市內主要有西鐵巴士、往來天神博多間的¥150循環巴士(福岡都心150円バス)，以及市區景點觀光巴士(福岡オープントップバス)。電車無法抵達的景點，可用巴士輕鬆到達景點附近。

西鐵巴士

涵蓋區域：行駛於福岡市區內的西鐵巴士，可以搭乘到電車、地下鐵沒有設站的區域；往來福岡市區和福岡機場的機場接駁巴士也由西鐵公司營運。

西鐵巴士

觀光案內所

巴士上的兌換零錢服務與儲值教學

巴士上皆有可使用鈔票充值IC卡與兌換零錢的服務，不過僅能使用面額¥1,000鈔票兌換成硬幣，超過¥1,000之鈔票無法換鈔僅能儲值。
如需儲值需先與司機說「チャージお願いします」(cha ji o ne ga i shi ma su)，投入欲儲值金額後，IC卡先感應一次(此為儲值動作)，Bi聲後IC卡再感應一次(此為付費動作)。

現金	由後門上車，抽取後車門旁橘色鐵箱的整理券；由前門下車，將整理券連同現金投入司機旁的收費箱。而收費可看巴士內最前端的收費顯示儀表，會顯示整理券號碼及應付金額
乘車券	由後門上車，無需抽取整理券；由前門下車，向司機出示乘車券
nimoca、SUGOCA、Hayakaken 等 IC 卡	上、下車時將 IC 卡觸碰位在司機旁和候車門處的感應區付費
SUNQ PASS	只要巴士外有貼 SUNQ PASS 圖樣即可搭乘。SUNQ PASS 請至九州各大巴士售票口，或台灣旅行社線上平台購買

(製表／王彥涵)

往來天神博多的「Canal City Line」與「福岡都心150日圓範圍巴士（福岡都心150円エリアバス）」

涵蓋區域：為方便當地人和旅客交通，除「Canal City Line」巴士外。搭乘從博多車站、藏本、天神，到藥院站前範圍內的巴士車費皆為¥150。

現金	由後門上車抽取整理券；由前門下車，將整理券及現金投入司機座位旁的收費箱
乘車券	由後門上車，無需抽取整理券；由前門下車，向司機出示乘車券
nimoca、SUGOCA、Hayakaken 等 IC 卡	上、下車時將 IC 卡觸碰位在司機旁和候車門處的感應區付費
SUNQ PASS	只要巴士外有貼 SUNQ PASS 圖樣即可搭乘

(製表／王彥涵)

福岡雙層觀光巴士FUKUOKA OPEN TOP BUS

涵蓋區域：運行福岡市內觀光景點的雙層露天巴士「FUKUOKA OPEN TOP BUS」(福岡オープントップバス)，巡遊於天神、博多與百道海濱地區。巴士有紅、藍兩色的車身，可以輕鬆遊覽一般巴士沒有行經的景點，共有3種路線：

福岡雙層觀光巴士

路線	內容	運行班次	交通時間
百道海濱公園・福岡城址路線	可以在福岡高速公路上欣賞福岡巨蛋、福岡塔和福岡市海濱美景	每日4班	約60分鐘
貝色之浦・福岡街道路線	途經HAKATA City、櫛田神社等街道	每日4班	約60分鐘
福岡夜景路線	可以欣賞福岡市區的夜景	每日2班	約80分鐘

(製表／王彥涵)

乘車方式與票券

電話預約以及現場購買	地址：福岡市役所1F大廳乘車券櫃檯 票價：成人¥2,000、孩童¥1,000 注意事項：可以在任一雙層觀光巴士的站牌上下車，同段路線在期限內可無限次數搭乘
福岡雙層觀光巴士乘車券	雙層觀光巴士乘車當日可免費搭乘福岡都市圈內的公車巴士

＊資料時有異動，請以官方公告為準(製表／王彥涵)

福岡雙層觀光巴士(圖片提供／福岡市政府)

福岡都心¥150範圍巴士

 注意　「非」標註150車資就僅¥150，要路線位於福岡都心¥150範圍內的巴士才是車資¥150

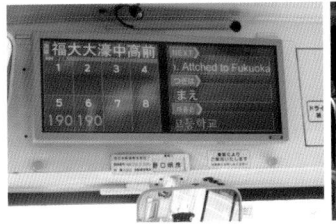

巴士內部最前端顯示有整理券號碼與相應車資

使用現金的旅人請於上車時從橘色整理券抽取箱抽券

機器頂端口為投入整理券、現金處與IC卡感應處，側邊為鈔票儲值、零錢兌換處

天神、大名周邊

福岡個性潮流中心聚集地

「天神」是九州最熱鬧的繁華街道，也與鄰近百貨地的繁華街道，擁有連接天神地下街、西鐵天神站和西鐵巴士中心的交通優勢，仿造19世紀歐洲建築風格的天神地下街，全長約600公尺，以石磚鋪製地板，天花板則是設計成藤蔓交錯的造型。配上同樣以石磚鋪置的牆面和天井休息區，給人一種彷彿來到歐洲的錯覺。

店面種類非常豐富的天神地下街、櫃面齊全的老中青年代百貨公司，到便宜實惠的藥妝店、美味的博多拉麵，還有蘊含當地文化的神社和商店街。貫穿天神南北端的天神地下街，成為九州人潮最多的

商店街，也與鄰近百貨地下樓層串連，形成相當龐大的購物商圈，讓人花上一天都逛不完這個當地年輕人的時尚潮流聚集地。

大名商圈緊鄰天神區域，此處有許多精品和品牌服飾店，也可挖掘到古著、雜貨和唱片等風格獨立小店，更有不少特色咖啡廳和餐廳，當地人心中這個「裏天神」區域更充滿了青春活力氣息。

☒福岡県福岡市中央区天神二丁目(福岡市營地下鐵天神站)
➡從博多車站搭乘市營地下鐵或巴士均可前往天神區域
🕐3～5小時

1.設有許多日系潮牌、受年輕人喜愛的PARCO百貨／2.天神鬧區中心林立許多餐廳、百貨公司／3.有許多適合打卡的可愛咖啡廳／4.大名街區裡隱藏許多特色小店

博多車站周邊

與百貨共構之福岡交通樞紐

博多車站區域是福岡市內的交通商業辦公中心，也是福岡百貨品牌購物天堂。與博多車站共構的百貨有JR博多城（JR HAKATA CITY）、AMU PLAZA博多(AMU PLAZA HAKATA)、博多阪急百貨、博多KITTE 0101和高達5層樓的東急手創館等商城。

其中最受大家熱愛的JR博多城，主要分為地下1樓～8樓的「AMU PLAZA」和地下1樓～1樓的「AMU EST」，AMU PLAZA有電影院、東急手創館（TOKYU HANDS）、無印良品、精靈寶可夢中心(Pokemon Center FUKUOKA)等；

熱愛精品的人則絕不能錯過博多阪急百貨，有時尚精品品牌、日系品牌如agnès b. VOYAGE、Samantha Thavasa、PORTER、LONGCHAMP等，都是讓人逛得無比滿足的最佳選擇。此外，位於博多站最右側的博多KITTE 0101百貨，1～7樓的博多丸井(博多マルイ0101)的主要購物樓層，最後的購物行程；地下1樓則是商店街和美食街設有UNIQLO、LEVI'S、EDWIN、HMV&BOOKS書店、REC咖啡廳等，無疑是時下年輕人的熱門必逛點。

博多車站1樓設有大型伴手禮購物廣場「博多銘品藏」，可以安排在旅程最後的購物行程；地下1樓設有「博多一番街」美食街「博多一番街」，營業時間為07:00～23:00，適合航班時間很早或很晚的旅客；而博多車站的頂樓設有免費開放的鐵道神社與展望台，可一覽無遺熱鬧的福岡市區美景與夜景。博多車站前的廣場，時常會舉辦各式市集與活動，12月時會舉辦熱鬧美麗的「光之街博多」燈飾秀，充滿著聖誕節氣氛。

✉福岡縣福岡市博多區博多車站中央街1-1(JR博多站)
➡從福岡機場搭乘市營地下鐵至博多車站即可前往
⏱2～4小時
IG @jrkyushu_hakata_station

1.開設許多美食餐廳的博多一番街與1F伴手禮商店街／2.每年冬天博多車站前都會舉辦光之城博多燈飾秀／3.博多車站外觀新穎華麗(圖片提供／福岡市政府)

川端通商店街

走訪博多在地人日常生活的街市

福岡市繁華地帶的中洲地區有著「不夜城」之稱，而當地生活的中心就是中洲川端通商店街，並為博多歷史最悠久的在地商店街。在商店街尾端據有博多人信仰中心「櫛田神社」，從櫛田神社至起點的中洲川端站，全長約400公尺，以挑高透光遮雨天棚覆蓋而成的拱廊設計，專屬行人的步行商店街，在商店街裡可以輕鬆散步不需擔心天候不佳。街上林立著果菜店、拉麵店、各式餐廳、雜貨店與和服店等約130家店鋪，展現當地人的生活樣態。

中洲川端通商店街的地理位置絕佳，緊鄰著博多運河城和麵包超人博物館等主要景點，可謂中洲的心臟地帶，故作為每年福岡7月下旬舉辦的盛大祭典「博多祇園山笠祭」之重要山笠遊行路線，並在街道中心常年展示著「飾山笠」供遊客欣賞。

✉福岡市博多区上川端10
☎0922816223(上川端商店街振興組合事務局)
➡地下鐵空港線「中州川端站」出站；或博多車站步行15分鐘
🕐10:00～00:00(飲食店多到23:00、商店多到20:00)
⏳1～2小時
🌐hakata.or.jp

1.博多車站方向入口／2.天神、中洲方向入口

觀光案內所

川端紅豆湯廣場
(川端ぜんざい広場)

✉福岡市博多區上川端町10-256
🕐週五～日11:00～18:00；週一～四公休
⁉山笠祭典期間(7/1～7/14)每日營業
➡地下鐵空港線「中洲川端站」5號出口步行約5分鐘
🌐hakata.or.jp/shop_list/1451

如果不是在博多祇園山笠時期來訪福岡卻想欣賞山笠，川端紅豆湯廣場整年都展示博多八番山笠，可以邊品嘗美味年糕紅豆湯，邊欣賞壯觀的飾山笠。

香甜紅豆湯「善哉」配上溫茶與漬蘿蔔，享受日式風情茶點

廣場內四季都可欣賞飾山笠

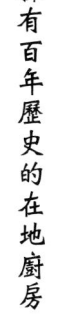

柳橋連合市場

擁有百年歷史的在地廚房

在柳橋連合市場裡可以購買到新鮮的生魚片、可口的炸物與丼飯等料理，買完可至市場內的休憩所享用當地美食，在這座充滿在地風情的市場內，體驗當地食材製作的料理，用品嘗的方式將旅程的記憶烙印在身體裡吧！

想體驗貼近在地生活的方式之一，就是前往當地的熱鬧市場，有「博多的廚房」（博多の台所）之稱的柳橋連合市場，就位在博多至天神間的中央區，占地不甚廣闊的柳橋連合市場，可謂是小而美的食材心臟地帶。市場主通道僅有100公尺長，但約有50間的店鋪聚集於此，且不是以迎合觀光客的市場，多是以販售新鮮魚類、海鮮為主的店鋪，另外還有當天新鮮送達的水果、蔬菜、肉類等，提供鮮貨讓餐廳業者批發食材，市場還有販賣乾貨、和菓子、日式小菜與食堂等店家，故許多當地人也會造訪。

📧 福岡市中央区春吉1丁目5番1號)
📞 0927615717(柳橋連合市場協同組合)
🕐 08:00～18:00(店鋪各異)；週日、國定假日公休
➡️ 博多車站步行約20分鐘；搭巴士於「柳橋」站下車
⏱ 1小時
http yanagibashi-rengo.net

1 活化後更顯生命力的市場／
2 充滿煙火氣的市場／3 相當推薦新鮮度破表的「食堂光」／
4 附近上班族的人氣餐廳「古賀鮮魚」

觀光案内所

「旅路」民宿

📧 福岡市中央區春吉1-1-13
📞 070414494021
➡️ 博多車站步行約20分鐘；或博多車站搭巴士約5分鐘於「柳橋站」下車
http tabijifukuoka.com
IG @tabiji_hostel

純白獨棟民宿隱私又安全

過往旅客寄給老闆的溫馨問候

位在柳橋連合市場旁的旅路是福岡市區內唯一由台灣人經營的民宿，離博多車站僅有5分鐘的公車時程。正對著福岡的母親河「那珂川」，每間房都能欣賞到美麗的河岸風景，讓旅客猶如住朋友家，是間充滿溫馨與人情味的旅店，出門就可以體驗在地人生活的場域。老闆不時會帶旅客體驗福岡道地的屋台文化。

1.在能古島山林中央的「能古島展望台」，可以將整座島嶼的風景一覽無遺／2.往來福岡與能古島的花之能古號

福岡這座依傍著海洋的城市，其海岸線像是翹翹的月牙彎一樣，而能古島這座充滿迷人風情的小島嶼，就位在月牙彎的中心，是深受眾人喜愛的都市明珠，更是福岡的人氣一日遊景點。從福岡市區搭乘「花之能古號」渡輪，乘船經過博多灣時沐浴在清澈的天空下，欣賞福岡市的海岸景致.；在島福岡市的海岸景致.；在島自己安排一趟放鬆身心靈的散策之旅吧！

前往能古島海島公園，欣賞四季盛放的花田，在這座福岡的世外桃源，為自己安排一趟放鬆身心靈

前往能古島海島公園，欣賞四季盛放的花田，在這座福岡的世外桃源，為自己安排一趟放鬆身心靈

上案內所「のこの市」可購買到充滿小島風情的的月牙彎伴手禮，及品嘗到新鮮的海鮮料理，建議可租借腳踏車，騎上小島的山林小路，享受芬多精與蟲鳴鳥叫的放鬆路程。

✉福岡市西区能古457-16(のこの市観光案内所)
☎092-881-2013
🕐08:30～17:30；年末年始公休
➡博多車站搭往「能古島」方向巴士約40分鐘，抵達姪濱渡船場，再搭開往「能古島渡船場」的渡輪，約10分鐘抵達
⏱4～5小時(含能古島海島公園)
🌐nokonoshima.com

1.野兔區可入內與其近身接觸，體驗餵食野兔等／2.能古島公園能遠眺到博多灣

能古島海島公園(能古島アイランドパーク)

✉福岡市西区能古1624
☎092-881-2494
🕐週一～六09:00～17:30，週日、國定假日09:00～18:30；全年無休
💰成人(高中生以上)¥1,200，小學及國中生¥600，幼兒(3歲以上)¥400
➡於渡船場搭乘巴士至「のこのしまアイランドパーク」站
⏱1～3小時
🌐nokonoshima.com
IG @nokoipark

能古島海島公園坐落於能古島北端，園區遼闊，公園山頂的大花田依季節更替不同花種，春有油菜花、波斯菊、櫻花等，夏

1

有向日葵，秋有大波斯菊、楓葉，冬有水仙花等，與前方的博多灣海景，構成一幅幅季節限定的風景畫作。園內的「回憶之街」有特色餐廳、日式雜貨童玩鋪，另有「迷你動物區」山羊村、野兔區，不論大人、小孩都能在能古島海島公園內玩得盡興，釋放生活中的壓力。

海洋世界海之中道 Marine World

マリンワールド海の中道

深入九州近海發現獨特生物

外型設計如扇貝般的海洋世界海之中道Marine World，為福岡市唯一的水族館，館內育有約450種、2萬隻海洋生物，遊客隨著進入展區可深入了解到九州海域的海洋生態，水族館共規畫3個區域：九州近海、九州遠洋以及海獸島區。

「九州近海區」設置許多海洋生態主題區域，讓遊客能於觀賞海洋生態的同時寓教於樂、學習不斷；「九州遠洋區」的全景遠洋大水槽，重現了

黑潮流經九州南部的溫暖海，大水族箱內飼有120條鯊魚和20種的海洋生物，還可欣賞潛水員餵食秀；而戶外表演池正對著博多灣，遊客能在觀賞表演的同時，將遼闊的海灣景色一併納入眼底；走出戶外的「海獸島區」，可見到企鵝、海獅和海豹等極地動物。非常適合親子全家到北九州時，來趟海洋知性之旅！

1 從2F走至1F的斜坡，用燈光營造出深海世界景象／2 猶如一片扇貝的海洋世界海之中道Marine World／3 從戶外表演池2F走入館內可見到這片彷彿身在海底的展示缸／4 水槽內模擬九州近海的海洋景色，讓遊客可一窺海底世界的生態

✉ 福岡市東區大字西戶崎18-28
☎ 0926030400
🕐 3/1～7/19：09:30～17:30，7/20～8/31：09:00～18:30，9/1～11/30：09:30～17:30，12/1～2月底：10:00～17:00，黃金週及暑假期間營業時間將延長；2月第一個週一及其隔日公休
💲 成人(高中以上)¥2,350，敬老票¥1,880，國中生¥1,100，幼兒(4歲以上未上小學)¥600
➡ 搭JR鹿兒島線到「香椎」站，轉JR香椎線前往「海之中道站」約20分鐘
⏱ 4～5小時
http marine-world.jp
IG @marineworld.uminaka

海之中道海濱公園

海之中道海濱公園位在福岡市區橫跨海灣以鐵路連接的半島上，腹地寬廣遼闊，足有300公頃大。

園區內一年四季都有季節花卉盛開，且設計了許多特色區域讓大人小孩都能享受自然空間。特色區域如飼養著水豚、各式可愛小動物等的「動物之森」、夏季限定水上樂園「海之中道Sunshine Pool」，以及各式遊樂廣場。因園區距離廣大，建議入園就租借腳踏車，可輕鬆往來園區內。

動物之森

動物之森共有50種約500隻小動物，僅設置低矮圍欄讓遊客可近距離接觸。在動物之森裡與小動物的接觸不僅是玩樂，更是透過與動物互動，讓遊客感受生命的珍貴。

園區設立可零距離接觸的人氣水豚、土撥鼠、袋鼠等區域，還有餵食綿羊、擁抱小豬等體驗活動。

四季花卉

此地也是福岡市區著名的賞花景點，一年四季皆有不同種類的花卉開花。

公園內各個區域裡總是種滿數百萬株美麗的時節花卉，花種有鬱金香、櫻花、粉蝶花、薔薇、掃帚草（波波草）、向日葵和波斯菊等豐富花種。

1.4月時「花之丘」開滿如海洋般湛藍的粉蝶花海／2.3.可以親身與小動物互動接觸，大小朋友都能在這裡獲得珍貴的體驗／4.雲朵跳跳床是最受歡迎的遊樂設施／5.秋季時漫山火紅的圓滾滾掃帚草

3

2

4

📧福岡県福岡市東区大學西戶崎
18-25

📞0926031111

🕐3/1～10/31：09:30～17:30、
11/1～2月底：09:30～17:00；
12/31～1/1、2月的第1個週一及
其隔日公休

💲成人(高中生以上) ¥450、敬老票
¥210、國中生以下免費

🚌搭JR鹿兒島線從「博多站」到
「香椎站」，轉乘JR香椎線前往
「海之中道站」約20分鐘即抵達，
此處入口較接近兒童廣場；如欲前
往花園區域可從「天神中央郵局
前」巴士站，搭乘21號、21B號巴
士，於「海洋世界海之中道」巴士
站下車，步行3分鐘即抵達另一側
公園入口

⏳5小時

🌐uminaka-park.jp

❓活動期間，泳池的開放時間多有
所變動，若要前往請先至官網查詢
為佳

📷@uminonakamichiseasidepark

5

福岡市立美術館

擁有40年歷史的福岡市美術館位於大濠公園南側，於昭和54年（1979年）開館並在2019年3月重新開幕，常設展覽有現代美術和古典美術作品，館內收藏許多偉大的西洋藝術巨匠，如達利、米羅及夏卡爾等的作品外，另有眾多九州藝術家之作品。福岡市美術館在西日本藝術指標中占有重要地位，還有許多具歷史價值的收藏品，如茶道用具、佛教藝術，及福岡藩主黑田家族之藝術品等藏品。

館內由日本知名建築師前川國男所設計，以紅褐色作為主色調，並利用開放空間引進更多自然光，讓內部更顯明亮舒適。其中美術館內的兒童空間，由福岡縣久留米出身的藝術家仰木香苗設計，並以館內美術藏品為形象，製作成可黏貼於牆上的抱枕裝飾，提供孩子們玩樂，充滿童趣的設計讓美術館更添活潑氣息。

✉福岡市中央区大濠公園1-6
☎0927146051
🕐11〜6月：週二〜日09:30〜17:30，7〜10月：週五〜六09:30〜20:00；週一、12/28〜1/4公休
💲成人¥200，高中、大學生¥150，國中生以下免費
➡搭地下鐵空港線至「大濠公園站」、七隈線至「六本松站」後步行10分鐘；或搭西鐵巴士13、140號於「城內美術館東口」下車，步行3分鐘
⏳2〜3小時
🌐fukuoka-art-museum.jp
❓1.不滿6歲幼兒、65歲以上老年人以及殘疾人免費，請提供殘疾人證、駕照或證件；2.特別展門票費用不定，依網址公告
📷@fukuokaartmuseum

1.極具存在感的黃色大南瓜由日本近代藝術家草間彌生設計，是福岡市美術館的經典展品之一／2.美術館內的模型品，可見具特色的廣場設計及紅褐與綠色相呼應的色彩學／3.日本知名建築師前川國男所設計，以紅褐色為主調的典雅建築

大濠公園與舞鶴公園

適合親子同遊的廣闊都市綠意公園

大濠公園為福岡市內的親水公園，擁有廣大的青草腹地和清爽湖泊，距離天神市區步行僅15分鐘的距離，是座可以輕鬆抵達的美麗都市公園。

大濠公園擁有春櫻、夏綠、秋楓和冬雪四季不同的美景。每年春天櫻花季時，日本櫻花的最前線會從南方的九州起跑，想要搶先欣賞到盛開的櫻花，大濠公園是個絕佳的選擇，是當地人的熱門賞櫻景點，在此時大濠和並鄰的舞鶴公園皆會被紛飛櫻花所圍繞，從大濠公園一路蔓延盛開到舞鶴公園天守台，景象非常壯觀，令人心生讚嘆。

大濠公園內除了有廣大的自然空間外，也設立多種親子遊樂設施；園內還有福岡歷史城跡，喜愛古城名勝的人可一併遊覽。旅程中可以安排前往深受福岡市民喜愛的大濠公園，感受日本在地的生活氛圍。

✉福岡市中央区大濠公園、福岡市中央区城内1
☎0927412004(西鉄グループ公園管理團體)、0927812153(舞鶴公園管理事務所)
🕐整日開放；全年無休
💲免費
➡1.搭西鐵巴士至「大濠公園站」下車步行5分鐘，即抵達大濠公園；2.或搭地下鐵空港線至「大濠公園站」即抵達大濠公園，可步行至舞鶴公園；3.搭西鐵巴士至「福岡城・鴻臚館前站」、「福岡市美術館東口站」、「大手門・平和台陸上競技場入口站」下車步行5～8分鐘即抵達舞鶴公園
⏳2～3小時
http 大濠公園：www.ohorikouen.jp
IG 大濠公園@ohoripark_fukuoka
IG 舞鶴公園@maidurupark

1 櫻花時節的福岡人氣賞櫻名勝／2 夏天來臨時福岡城跡的護城河會開滿翠綠荷花／3 位在大濠公園東側的鯨魚公園(クジラ公園)是孩子的探險天地

1.從展望台眺望出所見的福岡市區夜景／2.3.白日和夜晚會變換燈飾擁有不同風情的福岡塔

✉福岡市早良区百道浜2-3-26
☎0928230234
🕐09:30～22:00；6月最後一個週一～二公休
💲成人¥640，中小學生¥400，幼兒(4歲以上)¥160
➡博多站搭西鐵巴士306號線至「福岡塔站」；或於天神巴士客運站搭西鐵巴士W1號線、302號線至「福岡塔站」；或搭地下鐵空港線至「西新站」下車，步行20分鐘
⏳1～2小時
🔗www.fukuokatower.co.jp/zh-tw
❓當日生日壽星可持身分證件證明免費入場
IG @fukuokatower_official

福岡塔

福岡タワー

登上日本最高的海濱塔將福岡美景盡收眼底

福岡塔為福岡市的高塔象徵，坐落於福岡百道海濱旁，於2019年2月1日重新開幕，不僅是福岡市區鶴立雞群的景點，更是日本共20座海濱塔聯合會議裡最高的海濱塔。在這座依傍海洋的城市，夜晚發出絢爛光芒的福岡塔成為另類的燈塔象徵，如燈塔般吸引在地人和觀光客前來一覽博多灣美景。

想要看福岡市夜景不用搭乘纜車到山區才能欣賞，只要到豎立在博多灣的福岡塔，就能一覽福岡這座臨海城市的夜景。其頂層展望室距地面共123公尺高，可360度全景俯瞰福岡市區和博多灣沿海風景，白日可欣賞自然海灣與都市結合的開闊景觀，夜晚則能眺望到壯觀星空夜景，登上福岡市區最高處時，迎面而來的美景絕對讓人心醉。

入夜後福岡塔的外牆會閃爍著期間限定的燈飾圖樣，讓旅客每次拜訪都能欣賞到不同的福岡塔景。白天在福岡市區輕鬆逛街後，推薦晚上來到這充滿魅力和驚喜的美麗高塔，欣賞這座迷人城市的燦爛夜景！

博多運河城

キャナルシティ

超大型購物娛樂百貨中心

緊鄰那珂川河畔的博多運河城，是聚集各色商店、餐廳、電影院和劇場等的超大型購物娛樂百貨中心，提供在地人與來訪遊客的旅遊休閒地。城內擁有日本唯二且九州最大的無印良品旗艦店、迪士尼商店、嚕嚕米咖啡廳、日系和歐美潮牌與餐廳，另有許多生活雜貨、紀念品、伴手禮店讓訪客可同時享受購物、美食與休閒樂趣。

博多運河城外觀具獨特的幾何設計風格，由數棟建築構成所擴及至博多、中洲區域的運河城版圖，其中猶如球狀剖面的中心廣場，讓訪客擁有壯觀展開

闊的視覺享受；城中有條人工運河川流而過，且在運河城中心廣場設有噴泉，每日從10:00～22:00每30分鐘舉行一場噴泉音樂秀，亦會不定期舉行聯名限定水舞燈光秀，曾與名漫畫《海賊王》、《新世紀福音戰士》和《哥吉拉》等電影合作噴泉表演。

✉福岡市博多区住吉1丁目2
☎0922822525(客服時間：10:00～21:00)
🕐商店：10:00～21:00，餐廳：11:00～23:00；全年無休
💲免費
➡博多車站步行8分鐘；或從博多車站前，搭往「運河城」方向的巴士約3分鐘即抵達
⏱1～3小時
🌐canalcity.co.jp
📷@canal_city

1 運河城的中心廣場噴泉，定時表演著噴泉音樂秀／2.位於「センターウォーク棟」南側B1F的「橡子共和國」吉卜力商店／3.位於中洲河畔旁的入口／4.福岡唯二的迪士尼商店一間於AMU PLAZA，一間就位於運河城

臨海的Marinoa棟設有美食區、運動用品大型賣場，及其代表物摩天輪

福岡瑪麗諾亞城
マリノアシティ福岡

福岡市內血拼好去處

博多灣旁的福岡瑪麗諾亞城距離市中心僅約50分鐘巴士車程，是福岡市區內唯一大型OUTLET。分為3棟相連之「OUTLET棟」、臨海「Marinoa棟」與運動遊樂場NOBOLT，擁有170多間商店，駐有人氣廚具品牌Le Creuset、earth music&ecology等多家日牌服飾、如GAP等店的美式服飾品牌、戶外用品、家居用品與生活雜貨等店。能輕鬆在此休閒血拼、滿載而歸。

📧 福岡市西区小戸2-12-30
📞 0928928700(客服時間：10:00～21:00)
🕐 商店、美食廣場：10:00～21:00，餐廳：11:00～23:00；全年無休
💲 免費
➡️ 從「博多車站前巴士站」或「天神巴士站」搭往「マリノアシティ」(福岡海港城瑪麗諾亞)方向的巴士約50分鐘，至終點站即抵達
⏳ 4～5小時
http marinoacity.com
IG @marinoacity

觀光案內所

北九州三大 OUTLET

北部九州目前有三間大型 OUTLET，如果想要大肆購物血拼卻不知道要去哪間，就來看看詳細條件比較吧！

項目	福岡海購城Marinoa City OUTLET (マリノアシティ福岡)	鳥栖Premium Outlets (鳥栖プレミアム・アウトレット)	THE OUTLETS 北九州 (ジ・アウトレット北九州)
店鋪數量	160間以上	170間以上	170間以上
開幕時間	2000年	2004年	2022年
交通費	巴士來回¥880	天神快速巴士來回¥1,400	電車來回約¥2,260
交通時間	從博多車站出發約50分鐘公車時程	從天神車站出發的直達巴士約45分鐘抵達	從博多車站出發約75分鐘電車時程
店鋪特色	進駐店家偏日系，服飾、戶外用品、家居用品、生活雜貨等，店鋪種類較多元	進駐店家偏歐美品牌，有許多國際大品牌可逛。知名日系、各大運動品牌暢貨中心也有不少，買精品包必去	進駐店家偏日系，日牌服飾、戶外用品、家居用品、生活雜貨等、歐美運動品牌專賣店較多
設施豐富性	美食街、摩天輪、小型兒童玩樂設施	僅有店鋪與美食街	美食街、親子兒童玩樂空間、學習設施、園藝植栽店
周邊景點	距離福岡百道海濱、福岡塔等景點近	田代公園	AEON八幡東店購物中心

＊資料時有異動，請以官方公告為準 (製表／王彥涵)

長濱鮮魚市場

長浜鮮魚市場
齊聚博多灣鮮活漁獲的在地魚市

日本許多地區都有具當地風情與新鮮海產的漁獲市場,這些在地生活感濃厚的市場,是深入探索當地的好去處。每日天亮前,擠滿批貨廠商來競標的漁獲心臟地帶——長濱鮮魚市場,是日本國內規模數一數二的漁獲批發市場,其新鮮的漁獲也豐富了福岡的飲食文化。平常長濱鮮魚市場不開放一般民眾入內,但可走「見學者用通路」觀賞凌晨市場的拍賣現場,或可在每月第二個週六的「市民感謝日」,至市場體驗與當地人競標魚貨的特殊活動。

非開放日前往觀光,要可到長濱市場會館1樓的日式食堂,品味如日劇內媽媽口味的傳統日式家庭料理,因其位在鮮魚市場旁,所以店家的用料都相當新鮮實在,價格更是平價實惠,還可登上2樓「漁獲知識廣場」及13樓觀景廣場俯瞰博多灣。長濱鮮魚市場沒有擁擠的人潮,只有當地最真實又純樸的生活場景。

📧 福岡市中央区長浜3丁目11番3号
📞 0927116412(長濱鮮魚市場事務所)
🕐 市場會館2F漁獲知識廣場:10:00~16:00;見學者用通路:整日開放;13F瞭望台:週二~四09:00~17:00;市場會館2F漁獲知識廣場:週日、國定假日、休市日公休
💲 免費
➡️ 搭地下鐵至「赤坂站」步行12分鐘;或搭西鐵巴士至「長浜二丁目站」步行2分鐘
⏱️ 1~2小時
🔗 nagahamafish.jp
❓ 除每月一回(每月第二個週六)的市民感謝日時間外,市場不開放;「市民感謝日」時間為09:00~12:00

1.「市民感謝日」舉辦地點於「西卸売場棟」左側1樓建築／2.公開表演的解剖秀,結束後可讓小朋友體驗競標／3.福岡名物「芝麻鯖魚」／4.彷彿日劇裡充滿媽媽味道的煮魚定食／5.用料新鮮實在的海鮮丼

LaLaport Fukuoka

ららぽーと福岡
最新注目，巨大鋼彈迎接旅客

「ららぽーと福岡」是九州第一間LaLaport系列商業設施，位在距離博多車站僅一站距離的竹下車站附近。除了設有逾200間購物店鋪之外，設施內更有最新鋼彈主題景點「GUNDAM PARK」、體驗型玩具博物館「福岡おもちゃ美術館」、多達9座的戶外兒童遊樂廣場，以及屋頂的開放運動公園，是個適合全家出遊旅行的好去處，大人小孩皆可在此得到滿足。

🖂福岡県福岡市博多区那珂6丁目23-1
📞0927079820
🕘商店區域：10:00～21:00／餐廳、商店街：11:00～22:00
$免費
➡搭JR鹿兒島線從「博多站」到「竹下站」，步行10分鐘
⌛5小時
http mitsui-shopping-park.com/lalaport/fukuoka/

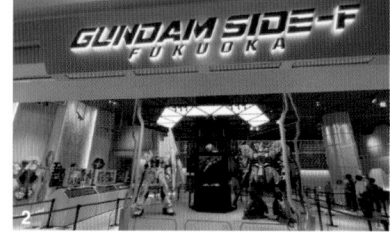

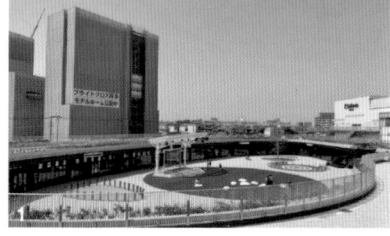

1.廣大腹地與多元設施可以讓親子都盡興／2.令人興奮的GUNDAM PARK鋼彈公園入口／3.全日本最新巨型鋼彈RX-93 ν號(本頁所有圖片提供／九州阿金姐)

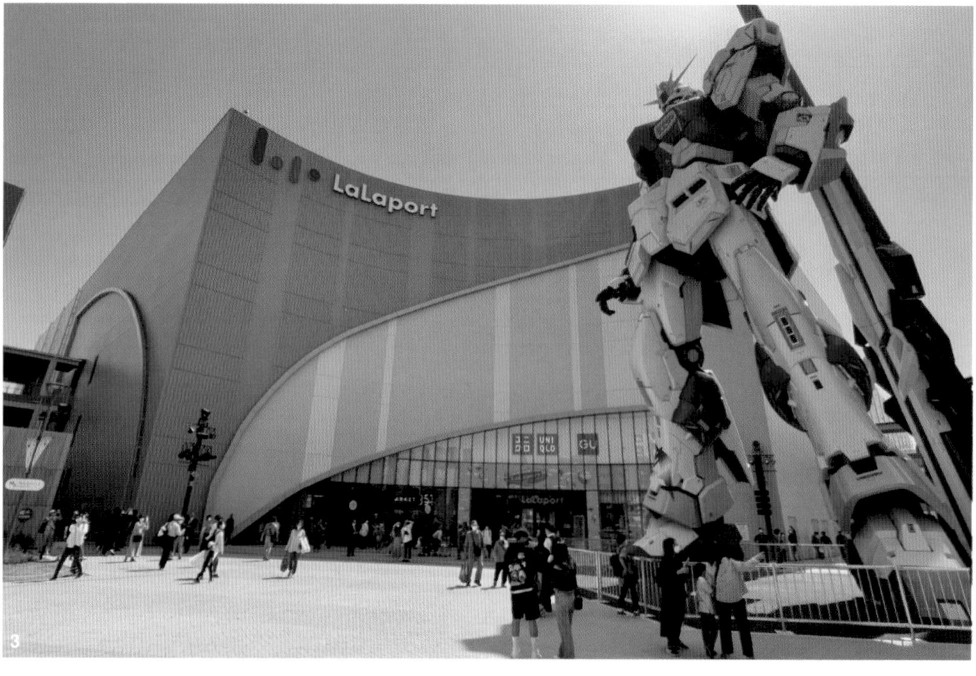

1.店鋪的向心力十足，共同打造溫馨可愛的商店街氛圍／2.商店街內有許多歷史悠久的老鋪

美野島是距離博多車站步行約15分鐘，緊鄰著那珂川旁的當地人生活區域。這裡有條「美野島商店街」依然保留著昭和時代的氣氛，清閒的街道和來往的當地人，走在其中可以感受到在地人的生活方式，路上處處保留著昭和時代的傳統木造房屋，矮小的日式平房帶著濃厚歷史氛圍。美野島商店街雖然不長，但十分閒靜，沒有觀光景點的喧鬧聲，只有在地的生活步調。

✉福岡市博多区美野島2丁目
☎0924004377(美野島商店街振興組合事務所)
🕙09:30～19:00(依各店家而異)
💲免費
➡搭西鐵巴士於「美野島一丁目站」、「美野島二丁目站」或「百年橋站」下車後步行約3分鐘
⌛0.5～1小時
IG @minoshima_hakata

1.每個季節商店街委員會用心地為商店街更換裝飾風格／2.連接南北通兩條商店街的中庭

於1947年創業擁有70多年歷史的新天町商店街，因二戰後福岡經濟蕭條，當地商人便以「希望能重新喚回町的元氣和活力」為中心，創立這條凝聚街坊的商店街。雖然位在福岡潮流地帶天神中心，但商店街內仍保留懷舊氛圍與風格，是條深受福岡市民喜愛的老牌商店街。

✉福岡市中央区天神2-9新天町
☎0927418331(新天町商店街商業協同組合)
🕙商店：10:00～19:00，飲食店：11:00～23:00
💲免費
➡搭地下鐵至「天神站」，出站至地面後步行行至PARCO百貨後步行1分鐘
⌛0.5～1小時
http shintencho.or.jp
IG @shintencho

福岡巨蛋

福岡 PayPay ドーム

日本五大巨蛋之一，感受日本職棒魅力

日本五大巨蛋之一的福岡巨蛋，是唯一一個具有開合式屋頂的全天候型巨蛋，為「福岡軟體銀行鷹隊」的聯盟球場，除了舉辦棒球比賽外，還可用於其他種類的體育比賽、音樂會或做展示會場等使用。巨蛋內部設有世界最

大，長60公尺、寬15公尺的球場大螢幕，壯觀的大型螢幕增加活動氣氛更為熱絡。

在沒有球賽的平日，推薦先上網址預約參加遊覽巨蛋內部的「後台之旅」（ドーム内見学コース）行程，可以參觀牛棚、選手更衣室、記者會室、練球場地和蛋頂外部等巨蛋設施，是棒球愛好者的夢幻行程。3樓平台為設有

1.占地寬廣的福岡巨蛋／2.軟銀鷹贏球時球場會灑落千萬紙花慶賀(圖片提供／福岡県観光連盟)

多位棒球名人握手模型的「暖手廣場」。

巨蛋旁的HAWKS STORE販售日本職棒、美國職棒大聯盟(MLB)等相關商品，職棒迷們可在全九州商品最齊全的店內盡情購物。巨蛋旁的「BOSS E・ZO FUKUOKA」4樓另設有介紹軟銀鷹球隊重要代表人物──王貞治的生涯背景經歷的「王貞治棒球紀念館」。

✉福岡市中央区地行浜2丁目2番2号
☎0928441189(10:00〜17:00)
🕐09:00〜24:00，週六〜日、國定假日08:00〜24:00；公休時間依巨蛋活動及賽程而異，請上網址確認
💲依參觀行程、球賽價錢而異
🚇搭地下鐵機場線至「唐人町站」步行約15分鐘；或搭西鐵巴士至「YAHUOKU!DOME前」、「九州醫療中心站」步行約10分鐘
⏳3〜4小時
🔗softbankhawks.co.jp；預約導覽：dometour.softbankhawks.co.jp

觀光案内所

軟體銀行鷹隊
(軟銀鷹/ソフトバンクホークス)

軟體銀行鷹隊，簡稱軟銀鷹，為軟銀旗下職業棒球隊，於2017〜2019年締造冠軍4連霸「軟銀王朝」紀錄，在福岡當地和日本享有極高的人氣，每每奪冠時全福岡會舉市歡慶，許多百貨商家更會祭出奪冠折扣。

福岡巨蛋「暖手廣場」展現鷹姿的象徵雕塑

HAWKS STORE商店 IG @sbhawks_goods

位於巨蛋旁的職棒相關購物商店，有販售軟銀鷹各式應援物，如加油棒、簽名棒球、吉祥物娃娃和球員個人應援毛巾等，還有美國職棒大聯盟(MLB)商品等。

1.各球員簽名紀念棒球／2.鷹之家族成員娃娃／3.展示2019日職棒冠軍的軟銀鷹球員簽名球衣／4.球隊專屬應援球衣／5.球員姓名專屬應援毛巾

福岡下雨天的好去處！擁有「すべ ZO」高空溜滑梯、「つり ZO」高空懸吊滑翔、「のぼ ZO」高空攀岩共三項設施組成「絕景三兄弟」、VR虛擬實境體驗區、日本偶像團體體驗區、日本偶像團體

HKT48劇場、日本各地人氣餐廳、數位藝術團隊teamLab打造的互動式藝術空間、三麗鷗專賣店、王貞治棒球博物館與日本除東京外第三間大聯盟餐廳，適合各年齡層的遊客。

王貞治棒球博物館是為了紀念日本職棒史上最偉大的打者王貞治而設立的博物館。館內展示了王貞治的珍貴球衣、球棒、照片等，以及他職業生涯中的重要時刻，還有許多棒球互動設施。「MLB café」是MLB官方公認，可以邊欣賞球賽邊用餐，還有MLB各種周邊，棒球迷絕不能錯過！

📧福岡市中央区地行浜2-2-6
📞0924000515
🕐週末10:00～22:00，平日11:00～22:00(各項設施詳細營業時間請洽官網)
休不定休(請洽官網)
$免費
➡搭乘福岡地下鐵空港線至「唐人町站」步行15分鐘抵達
⏱1～3小時
http e-zofukuoka.com

1.三麗鷗專賣店／2.王貞治棒球博物館／3.MLB café／4.VR虛擬實境體驗區／5.設施外可以看到刺激的高空溜滑梯

麵包超人兒童博物館

福岡アンパンマンこどもミュージアムinモール

令孩子為之瘋狂的麵包超人國度

在福岡市區若想讓幼齡孩童放電，推薦前往中洲的「麵包超人兒童博物館」。位於「博多Riverain Mall」（リバレインモール）5〜6樓，館內販售麵包超人周邊的專賣店有服飾、玩具、小物文具和零食糖果等多樣商品，印有麵包超人角色圖案的商品，不只吸引孩子，更讓爸媽錢包失守。

館內亦設置適合3歲以下小朋友的軟墊積木區、彩色球池、大型磁鐵積木和小型滑梯，讓小小朋友在此也能盡情玩樂。館內打造出彷彿身在麵包超人國度的歡樂氣氛，牆面、天花板也可見麵包超人角

色身影，微小細節讓人不禁讚嘆且享樂其中。每日館內廣場會舉辦一場劇場歌舞秀，孩子們可伴隨耳熟能詳的主題曲與角色歡樂歌舞。

✉福岡市博多区下川端町3-1博多リバレインモール5、6F
☎0922918855
🕐10:00〜18:00(最終入場17:00)；1/1、維修日公休
💲1歲以上¥1,800
🚇搭地下鐵至「中洲川端站」6號出口出站，搭乘電梯至5F
⏱2〜3小時
🌐fukuoka-anpanman.jp
📷@fukuoka_anpanman

1.全體麵包超人角色迎接的入口／2.細菌人基地設施／3.麵包超人號飛行船設施／4.「仙貝人的仙貝屋」裡有多種造型仙貝商品

神社巡禮

走入靜謐祥和的神社境地，祈求神明保佑，可以讓心靈得到平靜，並能深入體會日本傳統文化。福岡縣神社數量為日本全國第三多，總數量有 3,000 社以上，比古蹟名所京都還多，各自展現其歷史年代風格與宗教特色。在此介紹 10 間位在福岡市內的人氣神社，來趟不一樣的神社巡禮吧！

神社參拜教學

參拜前

先到「手水舍」用水將身心洗淨，手水舍上擺的勺子，不是用來飲水，而是讓參拜者用來淨心淨身。

Step 2

換左手拿勺，撈水將右手洗淨

Step 1

右手拿竹勺，撈一瓢水將左手洗淨

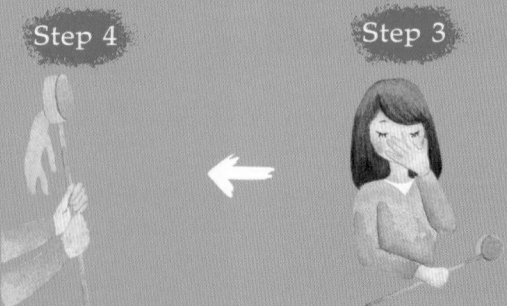

Step 4

最後將勺子立起（勺口朝內），使勺子中剩餘的水由上至下流下、清洗勺柄即完成洗淨流程

Step 3

再換右手拿竹勺盛水至左手掌，再以水漱口

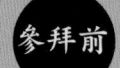

參拜

賽錢 さいせん

鈴を鳴らす

順序為賽錢→搖鈴→鞠躬兩次→拍兩次手→合掌→鞠躬一次

左上 右下

拍手時手勢這樣擺

櫛田神社

博多人民的信仰中心

神社正門碑文「博多總鎮守」顯示其為當地人民的信仰中心，千年來受到當地居民景仰，保佑著居民長壽與商業繁榮，亦是舉辦福岡市三大祭「博多祇園山笠祭」的神社。社內有棵美麗的千年神木「櫛田の銀杏」，秋季時金黃燦爛的漫天銀杏景色，吸引眾多遊客與在地人造訪欣賞。

氣勢磅礡的「追い山」行事，別有一番風情

觀光案内所

博多祇園山笠祭

為福岡市三大祭典之一的博多祇園山笠祭，有700多年歷史，從前博多人們為祈求封印夏季流行病而舉行的奉納神事，祭典固定於每年7/1～7/15舉行，夏季初始時會在福岡祇園地區展開場場熱鬧的祭典行事。

✉ 福岡市博多區上川端町1-41
📞 0922912951
🕐 整日開放 (受理時間04:00～22:00)；全年無休
💲 免費
➡ 搭地下鐵至「櫛田神社前站」步行2分鐘；或搭西鐵巴士至「運河城前」站，再步行2分鐘
⏳ 1小時
🌐 www.hakatayamakasa.com/61866.html

筥崎宮

名列日本三大八幡宮

筥崎宮與京都石清水八幡宮、大分宇佐神宮並列三大八幡宮，祭祀應神天皇、神功皇后與玉依姬命。此區鄰近海岸，自古便作為外國文化交流窗口及保衛國的重要據點，並在元寇來襲時作為戰場，見證古代福岡的歷史光景，境內重要景點有年歲悠久的正殿、拜殿、樓門、巨大石製「一之鳥居」與石燈籠等。秋季時會舉辦福岡市三大祭「放生會」，每年都湧入上萬人參與祭祀活動相當熱鬧。

✉ 福岡市東區箱崎1-22-1
☎ 0926417431
🕐 06:00～19:00(受理時間09:00～16:30)；全年無休
💲 免費
➡ 搭地下鐵至「箱崎宮前站」，從1號出口步行3分鐘；或搭JR鹿兒島本線至「箱崎站」，步行8分鐘
⏱ 1小時
🌐 hakozakigu.or.jp
IG @hakozakigu.official

1.有機會可以遇上約一個月一次的「風の市集」／2.樓門「敵國降伏」匾額是龜山上皇為祈求打敗元寇所題／3.境內繡球花苑在6月花季時開放參觀，可欣賞到多種美麗繡球花

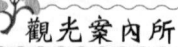

観光案内所

筥崎宮古董市集 ——風の市場～ 筥崎宮蚤の市

IG @kazenoichibahakozaki

每月不定固定時間於筥崎宮前綿延百公尺的參道舉辦，每場約80～200多個攤位，多販售昭和時代古董器物與雜貨等，可體驗挖寶樂趣。

鷲尾愛宕神社

人氣夜景的神社

福岡市愛宕山鎮座神社「鷲尾愛宕神社」建於西元72年，為市內歷史最悠久的神社，供奉天忍穗耳尊、伊奘諾尊、火產靈神和伊弉冉尊，共4位神祇，與東京、京都愛宕神社並列「日本三大愛宕」。由於位於博多港旁愛宕山上，可將博多灣與玄界灘風光一覽無遺，亦為福岡市人氣夜景勝地。每年元旦有盛大新年祭典，櫻花季時滿山櫻花美景也吸引許多遊客前來造訪。

☒ 福岡市西區愛宕2丁目7-1
☎ 0928810103
🕐 整日開放(受理時間08:00～17:30)；全年無休
💰 免費
🚉 搭地下鐵至「室見站」1號出口步行約20分鐘；或搭西鐵巴士至「愛宕神社前站」下車後登上參道即抵達
⏱ 1小時
🌐 atagojinjya.com

1.可順訪鷲尾愛宕神社下山腰處的音次郎稻荷神社／2.鷲尾愛宕神社正殿

香椎宮

位列「本朝四所」的天皇皇后宗廟

千年歷史的香椎宮與伊勢神宮、氣比神宮、石清水八幡宮並列「本朝四所」，腹地廣大，奉拜日本第14、15代天皇與神功皇后，更是當地人民的信仰中心。日本政教分離後，位屬最高位的官幣大社，負責國家重大祭祀活動。香椎宮大祭為10年一度的「勅祭」，為天皇遣勅使於神社奉上官幣的祭典。

☒ 福岡市東區香椎4-16-1
☎ 0928811001
🕐 4～9月：05:00～18:00；10～3月：06:00～18:00；11、1月：週一～五09:00～16:00、週六日、國定假日09:00～16:30；不老水：10:00～15:00
💰 免費
🚉 搭JR香椎線至「香椎神宮站」步行4分鐘；或鹿兒島本線至「香椎站」步行約17分鐘；或西鐵貝塚線至「香椎宮前站」步行約12分鐘
⏱ 1～3小時
🌐 kashiigu.com
📷 @kashiigu_official

1.其本殿建築「香椎造」獨特構造被指定為國家重要文化財／2.雞石神社是日本珍貴少有供奉「雞」的神社／3.能量泉源「不老水」為日本名水百選之一

旅遊小學堂

住吉神社的起源

福岡市住吉神社為「三大住吉」之一。日本約 2,000 座住吉神社多以大阪住吉大社為總本社，但因福岡住吉神社有逾 1,800 年歷史，經考據，古書記載為住吉社神主（祭司）創建之「日本第一住吉宮」，從而推測其為最早住吉起源處。

✉ 福岡市博多區住吉3-1-51
☎ 0922912670
🕐 整日開放(受理時間09:00～17:00)；全年無休
💲 免費
➡ 搭西鐵巴士於「住吉站」下車；或從博多車站走住吉通約10分鐘
⏱ 1小時
🌐 nihondaiichisumiyoshigu.jp
📷 @sumiyoshijinja_official

住吉神社

起源最古老之住吉總本社

神社僅離博多車站約10分鐘的步程，是個可悠閒步行或搭車都方便抵達的市內景點，由於住吉神社過去地形面向博多灣那珂川河口的海灣，所以大和政權時就已作為航海守護神社而被崇敬，今日亦處於博多中心地帶，深受在地人虔誠信仰。住吉神社供奉的住吉三神是保佑開運除災、航海安全、保佑船舶等的神祇。

1.據說摸惠比須神雕像不同部位可帶來不同好運／2.住吉神社占地遼闊、令人心曠神怡／3.在市中心裡卻有著令人心曠神怡、綠茵環繞的清淨領地／4.參拜前在手水舍洗手，彷彿心也被淨化了

護國神社

眾英靈沉睡之蔥鬱神社

1868年福岡藩主黑田長知與縣內其他舊藩主為紀念太平洋戰爭戰歿者,而建立的英靈神社,設置在福岡市中心,與大濠、舞鶴公園並鄰,參道前豎立由日本最好的原木製成高13公尺巨大鳥居,充滿威嚴與氣勢的大鳥居與參道兩旁高聳樹林相呼應,令參拜者滿懷虔肅進入神社參拜。

☒ 福岡市中央区六本松1-1-1
☎ 0927412555
⏰ 整日開放(受理時間09:00～17:00);全年無休 ⓢ 免費
➜ 搭巴士於「NHK放送センター站」下車即抵達;搭地下鐵七隈線至「六本松站」步行7分鐘;或搭空港線至「大濠公園站」步行15分鐘 ⏱ 0.5～1小時
🌐 fukuoka-gokoku.jp

🌸 觀光案内所
護國神社蚤の市
📷 @gokoku_dpart

為九州數一數二的大型市集,匯聚來自九州各方人氣攤主。市集包羅萬象常有珍奇植花、古董雜貨、古玩家具,亦有文創手作品、手工甜點咖啡與料理等。

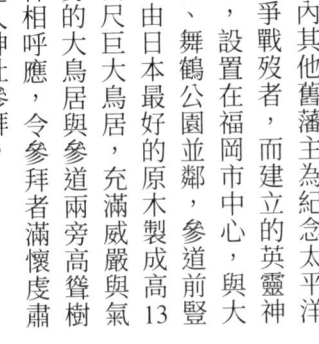

擁有遼闊境地的護國神社,亦為福岡新人結婚式人氣場地

十日惠比須神社

祈求商運亨通的超人氣神社

傳說400多年前博多武勾家在海邊撿到夫婦惠比須神像後而建立。平日因位處清靜的公園內,沒有太多參拜人潮,不過一年中最熱鬧的時節是正月10日前後舉辦之大祭「十日惠比須」,每年有上百萬參拜者前來祈求商業金運,祭典儀式由1月8～11日依序為初惠比須、宵惠比須、正大祭和殘留惠比須,1月9日下午舉辦的「博多藝妓徒步參拜」遊行為祭典高潮。祭典期間上百家攤販亦販售通通有獎的幸運籤,讓參拜者滿載幸運而歸。

☒ 福岡市博多区東公園7-1
☎ 0926511563
⏰ 09:00～17:00;全年無休
ⓢ 免費
➜ JR鹿兒島本線「吉塚站」步行5分鐘;地下鐵「千代縣廳口站」步行5分鐘
⏱ 1小時
🌐 tooka-ebisu.or.jp
📷 @tookaebisu_official/

1.十日惠比須神社正殿/
2.十日惠比須神社鳥居

⊠福岡市博多区御供所町2-4
☎0922914459
🕒09:00～16:45；全年無休
💲免費
➡地下鐵「祇園站」4號出口
步行1分鐘
⌛1小時
🔗tochoji.net

東長寺

供奉日本第一大佛像

從大唐修業完畢返日的「弘法大師」空海，為了更易廣泛傳播佛教而建造東長寺，是弘法大師創建的佛寺中歷史最悠久、同時也是日本最古老的佛寺。古時原先坐落於海邊，後被福岡藩主黑田忠之遷寺至今福岡市區吳服町內，成為黑田家的菩提寺，黑田家二、三代藩主皆葬於此菩提寺。另外，寺內保存著許多珍貴歷史建築如六角堂、五重塔，還有壯觀威嚴的千手觀音菩薩與日本第一大木雕佛像。

1.轉動太子堂前的巨大念珠讓人有種煩惱皆空的感覺／2.由純檜木打造的美麗五重塔，奉納弘法大師帶回的釋迦之骨「佛舍利」／3.東長寺院內／4.2F高達10.8公尺的「福岡大佛」代表著人間的108種煩惱(圖片提供／福岡市政府)

承天寺

日本麵粉料理起源地之寺

承天寺位於距離博多車站約步行10分鐘的「博多千年門」旁，由臨濟宗東福寺派僧侶圓爾和宋代商人謝國明於1242年創建，寺內收藏的釋迦三尊像、禪家六祖像與銅鐘皆為國家重要文化財，還有枯山水式日本庭園為其象徵，細緻的庭園造景帶有十足禪意。

承天寺還是日本烏龍麵、饅頭等麵粉料理起源地，因僧侶圓爾從南宋歸來時，帶回中華地區用水車製造麵粉的技術。

1.每年秋天舉辦之「博多千年煌夜」(Hakata Light Up Walk)期間開放收費參觀(圖片提供／福岡市政府)／2.承天寺進口大門

📧 福岡市博多區博多駅前1-29-9
📞 0924313570
🕐 整日開放(受理時間09:00～17:00)；全年無休
💲 免費
🚇 地下鐵「祇園站」4號出口步行4分鐘
⏳ 1小時

警固神社

天神中心的守護神社

隱身於人潮眾多的天神商業區內，有座都市森林、占地廣闊的警固神社，神社名稱取自地名「警固」，其起源於當地曾為平安時代所建的外交迎賓館「鴻臚館」附近的太宰府防衛設施警固所，此一地名曾在日本最早詩歌總集《萬葉集》中被記載。1601年福岡藩主黑田長政在福岡城築城時，將警固神社作為福岡城鎮守之神。在熱鬧商業氣氛中，警固神社彷如天神的安定之地，境內有著百年楠樹鎮守。

1.位在都市森林中的寧靜神社／2.背景百貨大樓即是福岡三越

📧 福岡市中央區天神2丁目2-20
📞 0927718551
🕐 整日開放；全年無休
💲 免費
🚇 搭西鐵大牟田線「福岡天神站」步行1分鐘；搭地下鐵「天神站」步行3分鐘；西鐵巴士至「天神警固神社三越前站」步行1分鐘
⏳ 1小時
🌐 kegojinja.or.jp
IG @kegojinja_official

越夜越美麗—屋台

來到福岡即是來到日本的屋台國度，
有時間定要找間喜歡的屋台鑽進去，與在地人肩並肩
一起享受入夜後在日本街頭大啖暢飲的特別體驗！

屋台文化起源

日本的夜市、路邊攤等可移動攤販皆稱作屋台(Yatai)，其歷史可追溯至江戶時代，當時江戶地區聚集眾多單身武士，在外飲食的需求大增，因而發展成流動車形式小店。現今日本法律規定不能經營路邊攤，但在福岡可申請正式牌照，且福岡屋台嚴格遵守衛生法規，讓福岡市得以保留充滿在地民情的特色文化。

屋台老闆們個個身懷絕技，能在短時間內將料理工具、桌椅和食材等營業攤搭建起來，一間間看似在原地已久的店面散發著溫暖光暈。屋台除了是在地人交際應酬和飲食吃飯的去處外，更是具福岡特色的觀光景點。能在屋台品嘗到拉麵、串燒和關東煮等日本傳統料理。

福岡屋台三大據點

三大據點以天神至中洲的屋台規模最大，隨著夜幕降臨本該逐漸安靜的街頭，在上百家屋台開始營業之際又熱鬧歡騰起來。

■中洲屋台

中洲是福岡市內的夜生活代表區，沿河屋台搭配獨特河畔風情，是十足福岡風格的屋台料理。主要做觀光客生意，價格較其他區貴。

■天神屋台

分散於天神南至天神北，以西鐵天神車站為中心。天神是商業辦公區域，也是觀光客流行購物指標區，多以上班族、觀光客為主。

■長濱屋台

以鄰博多灣的長濱鮮魚市場為中心，提供在地勞動者分量飽足又美味的料理，想嘗嘗湯頭濃郁的「長濱拉麵」就要來此處。

400
180
200
30

福岡縣

福岡市專題：屋台

屋台攻略方針

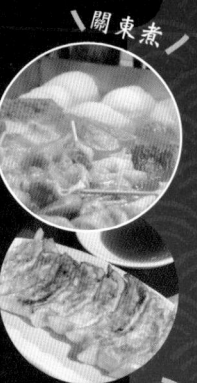

關東煮

煎餃

1. **營業時間**：屋台是當地人續攤選擇，以週末為主且多於18:00後陸續營業，建議於21:00點前去避免人潮；有時會因天氣不佳或店主身體不適而臨時休息，如果有特定想吃的屋台要事先查詢好開業時間。
2. **店址**：每間屋台都有其固定位置，不用擔心找不到。
3. **互動距離**：因屋台空間狹窄、座位數少，客人能舒適地和老闆、店員互動聊天，連客人之間都也會互相搭訕同樂，屋台最大的魅力就是顧客彼此或和老闆、店員能「近距離接觸」。
4. **用餐禮節**：店內座位有限，用餐時常需挪動座位、互相禮讓，避免團體一起用餐或長時間不點餐久坐。
5. **溝通語言**：有些屋台可用簡單的英文溝通，或有提供中、英、韓文等菜單，不過多數的日本老闆還是僅使用日文。

拉麵

屋台用餐守則

　　到日本旅遊有許多禮儀要遵守，而屋台裡有許多心照不宣的潛規則，想吃得開心又不會失禮，出發前先熟悉在地屋台的用餐規則與禮儀，讓第一次體驗屋台的人輕鬆上手。

潛規則1：排隊等候

由於屋台多設立在街頭人行道上，排隊時需注意以不妨礙行人通行為主，配合屋台店員的指揮與安排，耐心等候入座，有些屋台會於排隊時先提供菜單可先行點餐。

潛規則2　分批入座

因屋台座位有限，故建議以1～3人分批入座，偶有屋台常客想坐自己的特定座位，如果遇到換位請求的情況，亦盡量配合，方能開心用餐。

潛規則3　點餐以一人為單位

\\\\ **每人需點一杯飲料：** 每人點一杯飲品是日本居酒屋類餐廳的不成文規則，而屋台算是移動式居酒屋，故亦同。

\\\\ **每人需點一道菜：** 屋台以每晚翻桌率維生，可以和親朋好友每人各點一份餐點分享，但切記不要多人共享一份餐點，非常失禮。

\\\\ **確認料理價格再點餐：** 屋台料理一般都不太便宜，如有預算限制，可選擇有標明價格的屋台。或點餐前先詢價，另需注意價格含稅與否和結帳金額是否正確。

潛規則4　狹小空間的用餐禮儀要注意

\\\\ 屋台的輕鬆氛圍讓客人與老闆間可以互動聊天，但若店內忙碌或老闆在料理時，就不要打擾老闆或店員。

\\\\ 時刻留意隨身行李；而屋台空間小，不適合拖行李箱的遊客。

\\\\ 若已用完餐後，就離座將位置交予下一組客人。

屋台常見菜單

ラーメン **拉麵**	焼き餃子 **餃子**	おでん **黒輪**	やきとり **串燒**	豚バラ **豬五花**	砂肝／砂ずり **雞胗**
Rāmen	Yaki gyōza	Oden	Yaki tori	butabara	Sunazuri
やきそば **炒麵**	玉子焼き **玉子燒**	ハイボール **Highbal**	生ビール **生啤酒**	サワー **沙瓦**	チューハイ **Chu-hai**
Yaki soba	Tamagoyaki	Haibōru	Nama bīru	Sawā	Chūhai

屋台常用點餐會話

有什麼推薦嗎？	オススメはありますか？（Osusume wa arimasu ka?）
請給我一人一個這個	これを人数分ください（Kore o hito sūbun kudasai）
請幫我去冰	氷抜きにしてください（Kōri nuki ni shite kudasai）
請給我冰水	お冷をください（Ohiya o kudasai）

小金ちゃん

燒拉麵的發祥之店

一般的日式炒麵以使用「蕎麥麵」為主，「小金ちゃん」老闆則改用拉麵條製作，創造出「炒拉麵」料理並成為福岡屋台的名物。獨家的炒拉麵是先使用豚骨湯煮好拉麵後再炒製，湯汁讓麵條更為滑順，其獨特滋味深受福岡在地人喜愛，屋台準備中就會湧現排隊人潮，開店後人龍更是沒有斷過，想吃小金ちゃん是要做好排隊的心理準備唷！

福岡市中央区天神2三井大樓
09030724304
18:30～02:00；週四、日及雨天公休
地下鐵「天神站」步行5分鐘，至「裏親不孝通り」即抵達

1.小金ちゃん創始人的兒子仍在屋台服務客人／2.屋台小金ちゃん外觀／3.經典的炒拉麵味道深層獨特

あほたれ一の

和洋風味兼備的人氣屋台

あほたれ一の為1972年創業的老店，現在由第二代接掌經營，就位於天神大丸百貨前的一排屋台中，使用紅白綠義大利國旗配色的招牌，相當顯眼，餐點以洋風料理為主，可品嘗到濃厚異國風味，如墨西哥塔可餅、菲律賓大蒜炒飯等料理，選用每日自糸島市購買的鮮蔬，其中使用自製墨西哥莎莎醬混搭肉醬的塔可餅，滋味相當好，週六限定「巨大圓形可樂餅」為人氣熱門單品，開賣後都迅速售罄。除了異國料理外，亦供應屋台傳統菜色拉麵、關東煮等。

1.人氣料理「巨大圓形可樂餅」／2.屋台あほたれ一の的招牌為紅白綠義大利國旗配色／3.可以一次品嘗到和式與洋風料理

福岡市中央区天神2-2-67(天神大丸百貨前)
08052479819
18:30～02:00；不定休、雨天休息
地下鐵「天神站」步行5分鐘，至天神大丸百貨前抵達

個性派法國料理屋台

福岡當地首間由法國人開設的屋台「レミさんち」（Chez Rémy），供應如法式前菜、烤肉類和焗烤餐點等法國料理，推薦給不想吃拉麵等日本小吃的你，價錢有相當親民的¥300～1,500不等，飲品除有日本酒外，還可喝到紅、白酒。法國老闆Chez Rémy在料理過程中會不斷高歌並熱情地與客人談天說笑，整間屋台氣氛相當熱絡。害怕語言不通的話，推薦來到能使用英文溝通的レミさんち。

📧福岡市中央区渡辺通4-9(Loft大樓前)
📞0929862117
🕐18:00～00:00；不定休、雨天休息
➡️地下鐵「天神站」步行5分鐘至天神地下街天神南方向最終出口，至LOFT前抵達

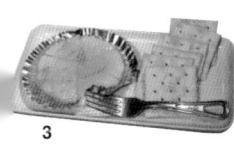

1.レミさんち屋台外觀／2.老闆レミさんち非常熱情又搞怪／3.法式烤田螺(絕品エスカルゴ燒)／4.自家製大臘腸(ビックソーセージ)

開在路邊的行動式酒吧

福岡唯一的屋台小酒吧「博多屋台バーえびちゃん」，開業已有50年歷史。店家外觀與一般屋台無異，但進入店內後彷彿穿越了時空，暈黃昏暗的光線和高腳椅座位像是來到了一個氣氛滿點的西洋酒吧，身著整齊西裝的酒保，為客人呈上杯杯經典調酒。從日本清酒、燒酎到雞尾酒等應有盡有，女生在20:00前來，還有雞尾酒一杯¥500的優惠活動。推薦來此邊吃著下酒菜，邊和老闆聊天喝酒，享受特別的行動屋台酒吧。

1.酒保老闆行雲流水的調酒動作／2.屋台酒吧「博多屋台バーえびちゃん」／3.鹹派與下酒起司都相當美味／4.美味的鹹派

📧福岡市中央区天神4-2-1
📞09037354939
🕐19:00～02:00(最後點餐01:30)；不定休、雨天休息
➡️地下鐵「天神站」步行5分鐘，經福岡中央郵局至日本銀行前抵達

豚骨拉麵

嚴選 8 間福岡在地人氣店家

日本有三大著名的拉麵，分別為福岡博多豚骨拉麵、北海道札幌味增拉麵與福島喜多方醬油拉麵。而以濃厚濁白湯頭為經典形象的，就是起源於福岡的豚骨拉麵。

1. 熱氣蒸騰的煮麵現場／
2. 九州道地醃漬小菜「辛子高菜」

博多豚骨拉麵起源

關於福岡拉麵的起源有許多版本，有一說是在福岡市內的中洲誕生，而多數傳言於1941年的福岡縣久留米市誕生，分有三種：博多、長濱與久留米拉麵派系，其共同特色為經長時間熬煮的乳白色豬骨高湯、可調整軟硬度的細麵和加麵的服務。

早期福岡長濱漁港地區，有許多在深夜或清晨工作的漁民，為了快速出餐給忙碌的漁民，因此福岡拉麵使用可快速煮熟的細麵，而多數傳言於1941細麵易吸湯汁而原本提供麵量較少的緣故，只要碗裡還有湯就可無限付費續麵！位在中洲川端商店街裡的「元祖長浜屋」就是加麵文化的創始店。

福岡的拉麵店經常備有紅薑絲、辛子高菜和白芝麻等調味小菜供客人自由取用，許多日本人甚至熱愛加入滿滿的紅薑食用，要注意紅薑絲味道較重，可以先嘗過再斟酌添加。

博多豚骨拉麵如何點餐

博多豚骨拉麵還有一個可以「調整麵條硬度」的特色，全日本也只有福岡才有這種服務。當地人多數選擇硬(カタ)以上的硬度，想要嘗試當地口味的人，不妨試試看在點餐時點「カタ」品嘗吧！

拉麵常見菜單

チャーシュー
叉燒肉
chashu

もやし
豆芽菜
moyashi

のり
海苔
nori

ネギ
蔥
negi

味付け玉子
滷蛋
ajizuke tamago

わかめ
海帶芽
wakame

きくらげ
木耳
kikurage

メンマ
筍乾
menma

キャベツ
高麗菜
Kyabetsu

麵條硬度分類

只過水	粉落とし (Kona otoshi)
超硬	(バリカタ，Barikata)
硬	(カタ，kata)
普通	(ふつ，futsu)
偏軟	(やわ，yawa)
超軟	(バリやわ，bariyawa)

拉麵店點餐通常使用點餐機

お釣りの取り忘れにご注意ください

拉麵常用點餐會話

我點這個，麻煩你了
これ、お願いします
（ko re o ne ga i shi ma s）

請給我這個
これをください
（kore o kudasai）

不好意思，我想要加麵
すみません、替え玉をお願いします
（sumimasen、kaedama o onegaishimasu）

一幸舍拉麵／一幸舍ラーメン

博多豚骨拉麵代表之元祖泡系

1.本店就位在博多車站附近／2.白湯＋叉燒＝經典博多拉麵

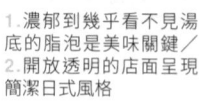

✉福岡市博多区博多駅前3-23-12(総本店)
🕐週一～六11:00～24:00(最後點餐23:30)，週日11:00～21:00(最後點餐20:30)
➡博多車站步行3分鐘
🌐www.ikkousha.com
IG @ikkousha_hakata

其特色是被稱為「元祖泡系」的豚骨湯頭，亦是其美味經典的原因。湯頭表面浮著稱為「脂泡」的綿密泡沫，這是豚骨的油脂與空氣混合後，經過長時間的熬煮而成的絕美精華；博多一幸舍拉麵配料以筍乾佐之，外加大量的蔥碎和蒜頭增添拉麵滋味，又燒肉的表現也相當出色，不會過油乾癟或太過軟爛。拉麵的靈魂配菜——半熟蛋，吃起來則綿密甘甜。

除了濃厚的豚骨泡系湯頭，還有「淡麗」湯頭更得我心，其看似清淡卻有深厚的清豚骨湯鮮味，也推薦大家品嘗。

博多一双拉麵／博多一双ラーメン

彷彿卡布奇諾般的濃郁脂泡湯頭

1.濃郁到幾乎看不見湯底的脂泡是美味關鍵／2.開放透明的店面呈現簡潔日式風格

✉福岡市博多区博多駅東3-1-6(博多車站東本店)
🕐11:00～00:00；不定休
➡博多車站步行約10分鐘
🌐hakata-issou.com

這碗拉麵過人之處是遠在兩、三個街口處前，就可以聞到空氣中濃厚的超濃郁豚骨湯味。充滿視覺震撼感的超濃郁豚骨湯頭，湯面可見覆蓋滿滿脂泡，是經多重工法不斷熬煮出豬骨裡的脂肪精華與膠質，並在煮製過程中反覆和空氣碰撞而產生的綿密泡沫。因濃厚的脂泡浮在湯頭表面，看起來如同充滿奶泡的卡布奇諾，濃郁的湯汁吸附在麵條之上相當入味，搭配木耳絲和青蔥更為爽口。吃膩時，可搭配辛子高菜吃，又是不同的風味！

暖暮拉麵／暖暮ラーメン

九州人氣拉麵第一名

在沖繩相當有人氣的暖暮拉麵，其實是2000年時從福岡縣筑紫野市發跡，以「希望能用溫暖的拉麵暖和大家的日常」為宗旨，發展出深受九州人喜愛的拉麵口味，僅用特定部位的豬骨熬製湯頭使其帶有清爽鮮味，讓害怕豚骨湯頭的人也能接受。肥瘦均勻的叉燒薄片有著單純的脂肪鮮甜味，其「招牌辣味」口味湯頭使用一味唐辛子增添辣味，為整碗湯頭畫龍點睛。暖暮拉麵更曾在日本電視台人氣拉麵票選中，獲選九州人氣拉麵票選第一名！

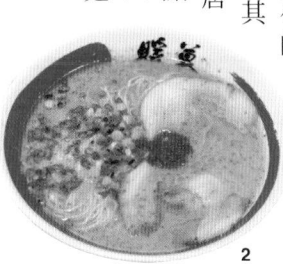

1 暖暮中洲店即位在唐吉軻德中洲店對面／2 辣味噌猶如為拉麵畫龍點睛讓滋味更為深厚

📧 福岡市博多区中洲4-7-20(博多中洲店)
🕐 11:00～05:00；全年無休
➡️ 搭地下鐵至「中洲川端站」步行3分鐘
http danbo.jp

大砲拉麵／大砲ラーメン

保留福岡久留米發祥的傳統滋味

1967年起源於福岡縣久留米市的大砲拉麵，口味較博多市區內的拉麵店濃厚，其經典口味「昔ラーメン」(從前的拉麵)為店主在屋台營業時期所研發，至今仍保存這份懷舊滋味，讓客人能品味到草創初期的濃厚道地湯頭。濃郁的豬骨香隨著熱氣陣陣撲鼻，讓人食指大動，以筍乾與佐賀有明海苔為配料，搭配肥瘦適中的叉燒肉增添拉麵豐富口感，湯裡的褐色碎塊是大砲拉麵的獨門祕方「炸豬油塊」，以炸得酥脆的口感增加了拉麵的層次感。

1 從創始便不斷重複加湯熬煮的老湯頭令人回味不已／2 炒飯中加入九州特有的辣味辛子高菜／3 日本人吃拉麵時配煎餃是定番(經典)

📧 福岡市中央区今泉1丁目23-8(天神今泉店)
🕐 11:00～22:00；1/1、週二公休
➡️ 西鐵「福岡天神站」步行5分鐘
http taiho.net

博多拉麵 ShinShin／博多らーめん ShinShin

濃郁不失清爽的豚骨湯頭

曾為福岡拉麵票選第四的名店，在福岡豚骨拉麵裡占有一席之地。招牌上「純情」二字和時髦的英文店名，讓人好奇它的滋味，端上桌的拉麵灑滿快蓋過半碗麵的蔥綠、木耳絲，配上剖半的溏心蛋。令人驚訝的是其使用雞、豬骨熬煮而成，看似濃郁卻十分清爽的湯頭。以祕傳醬汁製成的叉燒肉入口即化、瘦肉中帶點軟嫩油脂，整碗拉麵濃厚卻不油膩，能輕而易舉吃完整碗，清爽的湯頭深受當地女性歡迎，推薦給怕豚骨味道太重的人。

📮福岡市中央区天神3-2-19 1F(天神本店)
🕐11:00～03:00；週日公休
➡️西鐵「福岡天神站」步行8分鐘
http hakata-shinshin.com
IG @hakata_shinshin

1.時髦鮮豔的藍色不像傳統拉麵店的內斂風格／2.湯頭可品嘗到豚骨的濃郁與雞湯的清香

海鳴拉麵／海鳴ラーメン

新型態創作系豚骨湯頭

以豬大骨慢火細細熬煮的濃郁白湯，是福岡拉麵國度的主流。隨著時代與人們口味的改變，福岡豚骨拉麵也開始轉型。出現許多創意口味的拉麵店，尤以海鳴拉麵為翹首，主打海鮮豚骨湯頭的海鳴近幾年來迅速在福岡打響名聲，將熬煮出骨髓精華的白湯加入由多種魚乾、昆布熬製的海鮮高湯，比起一般濃郁的豚骨湯頭更多了海洋鮮甜。福岡市區內的5家海鳴分店各自提供當店限定口味，中洲分店為「羅勒豚骨拉麵」。想品嘗新型態的創作系豚骨拉麵，千萬不要錯過海鳴。

1.海鳴拉麵清川店／2.海鳴代表作「魚介豚骨拉麵」使用7種魚乾熬煮湯頭／3.吃拉麵時點上白飯、餃子與明太子體驗道地福岡口味

📮福岡市博多区中洲3-6-23和田ビル1F角号
🕐18:00～06:00；週日公休
➡️搭地下鐵空港線至「中洲川端站」，5號出口出站步行5分鐘
http ramen-unari.com
IG @ramen.unari

位在中洲川端商店街，全店僅提供一種豚骨拉麵，只需選擇拉麵硬度，且店內保留早年因需快速出餐給漁港工作人員的高效率，點餐後約3分鐘就可見拉麵上桌，單純鹹香的豚骨湯頭搭配碎肉般的叉燒，樸實滿足的分量讓元祖拉麵長濱家成為當地人長年的愛店之一。

其店內拉麵與裝潢風格都與創業於1952年的「元祖長濱屋」極為相似，兩間店各自號稱為長濱系拉麵始祖，福岡拉麵的加麵文化亦從「長濱系」拉麵店誕生。

福岡市博多区上川端町10-242
10:00～05:00；全年無休
搭地下鐵空港線至「中洲川端站」步行5分鐘

1.點餐入店約3分鐘即上桌的超快速拉麵／2.沒有多餘配料只有從一而終的傳統滋味

二男坊本店位在博多車站前步行約3分鐘的區域，這間曾獲得福岡拉麵總選舉（福岡ラーメン總選舉）第一名的拉麵店，每到用餐時間都會大排長龍，招牌「半熟煮玉子拉麵」擁有濃厚如醬汁狀的豚骨湯頭，可以在舌尖品嘗其鮮美的脂香。

店內還提供味道強烈的烤蒜黑湯頭「黑らーめん」與椰奶豚骨湯底「大陸らーめん亜細亜」，推薦給想品嘗獨特口味的人。

1.小巧的本店可容納約15人用餐／2.湯頭濃郁到近似醬汁的狀態

福岡市博多区博多駅前2-16-4(博多本店)
11:00～23:30，週日11:00～20:30
博多車站步行3分鐘
http r-jnb.jp

CNN 評比全球六大賞貓景點

相島

上貓島，擼貓去！

相島悠閒的小島氛圍，讓訪客們可輕鬆享受這座島的獨特地理風情與歷史遺跡，不管是熱愛貓咪的人、或想來趟史跡之旅的訪客，都可以滿載而歸！

觀光案內所

相島旅遊規畫建議

從博多車站出發需搭電車再轉巴士、搭船才會抵達，約需1小時交通時間。相島很小，步行環島一圈，約8公里僅需2個多小時。但一天僅數趟來回船班，欲前往一探滿滿貓咪的風景，建議搭乘越早的船班才夠時間遊島。

貓愛好者與歷史聖地

位在福岡縣玄界灘上的小島──相島，是座擁有許多貓生活的「貓島」，曾被美國媒體CNN評比為世界六大賞貓景點。島上貓口數量遠比人多，造就如「被貓統治的場所」形象。近年以貓島特色，吸引全世界貓咪愛好者爭相造訪。並擁有多處歷史遺跡，在日本古書《萬葉集》和《日本書紀》中都可見相島記載。

可順著相島沿海大路輕鬆健行賞景，相當適合大眾親子旅遊；島北側為廣闊森林，可在此享受芬多精森林浴。散步途中可欣賞散落島嶼各處、靜靜等待著人們踏詢的自然景觀與歷史遺跡。

島上貓咪悠閒安睡的景象

為古時朝鮮王朝訪日外交使節團必經港口

✉ 糟屋郡新宮町大字相島
☎ 0929620238(新宮町役場産業振興課)
⏰ 整日開放；全年無休
$ 免費
➡ 搭西鐵貝塚線至「西鐵新宮站」，轉乘相島線巴士「2號」約20分鐘至「新宮港站」下車，於新宮港轉乘町營渡船「新宮號」(しんぐう)約15分鐘抵達相島碼頭；或搭鹿兒島本線至JR「福工大前站」，轉乘相島線巴士「1號」約15分鐘至「新宮港」站，再乘船至相島碼頭
⏱ 4～5小時
🌐 town.shingu.fukuoka.jp
❓ 根據季節航班數不同，航班一天5～6班次，需注意回程航班的時間(搜尋：新宮町町營渡船しんぐう時刻表)
IG 相島観光案内所@ainoshima_shingu

撸貓指南

1. 留意安全，野生島貓仍具有野性
2. 保持手部清潔再摸貓，避免將疾病帶給島貓
3. 禁止餵食，保持當地居民和島貓乾淨的生活空間
4. 一切活動皆勿打擾當地居民生活

參觀重點 01 貓比人還多的「貓島」

相島上貓咪活動的範圍，大多在島民生活的南側區域。

參觀重點 02 相島積石塚群

為日本古墳時代所建位在相島東北方之古墳，共254處積石塚為歷史遺址。另從中發現可證明古代日本與朝鮮有所聯繫的朝鮮陶器遺產。

參觀重點 03 皇栗瀬／眼鏡岩（めがね岩）

其暱稱「眼鏡岩」是因海浪長年沖刷成一巨大海蝕洞。坐落於相島以東海上，於船隻往相島時可見。

參觀重點 04 龍王石

龍王石為《筑前国風土記附録》記載之「八大龍王石神」御神體(神所寄宿的物體)，位置位於相島的西邊海岸。

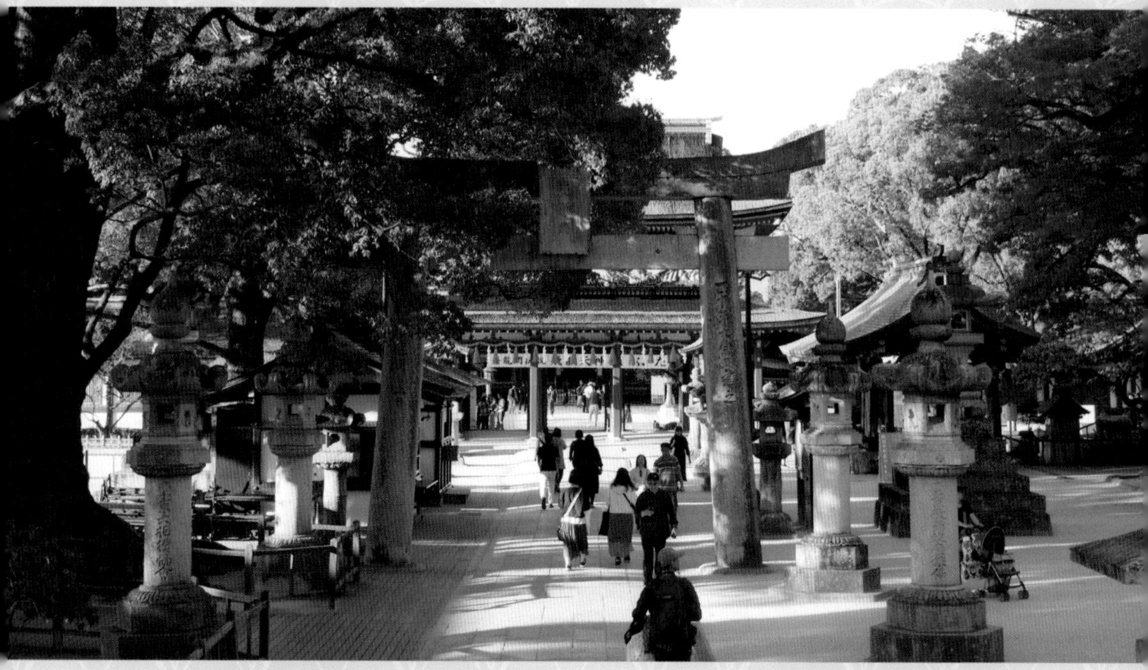

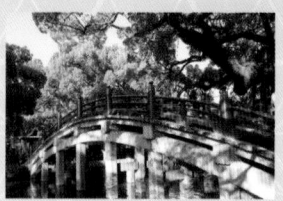

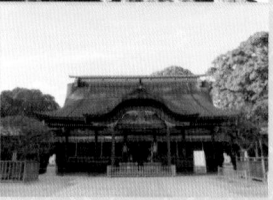

太宰府市

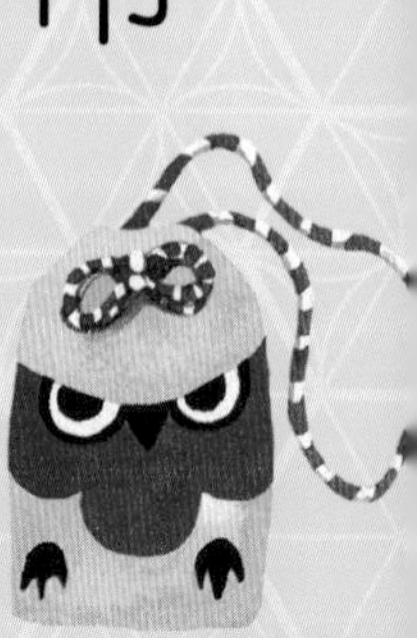

太宰府是古代日本的「西之都」，與奈良「平城京」、京都「平安京」並列8世紀時期的日本大都。太宰府是古代東亞國家往來、招待使節、進行交易的所在地，其城市的架構、排列、政廳、在北方與在中央設置朱雀大路，都是模仿古代朝鮮半島西南部的國家「百濟」建造。而日本的「西之都太宰府」也就此誕生。

太宰府在中世紀前是讀作「大宰府(dazaifu)」，因眾多歷史遺跡與典籍記載，從遺跡、古代建物街道到傳統儀式都有，而被認定為文化與傳統的遺產。

太宰府市地圖

博多車站前往太宰府三種方式：

方法1

搭 JR 鹿兒島本線至「二日市站」，步行至「西鐵二日市站」後，轉乘西鐵太宰府線至「西鐵太宰府站」。

方法2

搭福岡市地下鐵至「天神站」，轉乘西鐵天神大牟田線至「西鐵二日市站」，再轉乘西鐵太宰府線至「西鐵太宰府站」(每日僅一班「旅人」觀光列車自天神直達太宰府)。

方法3

博多巴士總站 1F 之 11 號乘車處，搭西鐵巴士太宰府線旅人號高速巴士前往太宰府。

1. 西鐵太宰府站／2. 旅人號高速巴士

太宰府市交通

1. 守護戀愛神社的人氣御守／2. 位在山頂的能量神社

寶滿宮竈門神社
宝満宮竈門神社
福岡賞楓勝地與戀愛神社

竈門神社上宮位於寶滿山山頂，下宮則在寶滿山山腳。傳於 7 世紀欲設立大宰府政廳時，為化解大宰府東北方向鬼門凶位，於坐落東北方的昔竈門山(今寶滿山)山頂祭祀八百萬神明，其主祀「玉依姬命」為日本神武天皇生母，自古便以結緣神著名，除姻緣外，也可祈求家人、朋友或工作上的良緣，亦為動漫《鬼滅之刃》(鬼滅の刃)粉絲聖地。2012年，神社還邀請了活躍全球的建築師與設計師，新建了社務所(神職人員辦公場所)與參集殿(參拜者休息場所)，融合傳統與現代的空間備受矚目。

📧 太宰府市山883
📞 0929224106(客服時間9:00～17:00)
🕐 整日開放(受理時間08:00～19:00)；全年無休
💲 免費
➡️ 搭西鐵電車至「太宰府站」，再轉乘往竈門神社巴士「まほろば号」約10分鐘
⏱️ 1～2小時
🌐 kamadojinja.or.jp
📷 @kamadojinja.official

1

九州國立博物館

九州国立博物館
隱身山林間的現代風格博物館

九州國立博物館位列日本4間國家博物館之一，餘3座博物館都屬於美術系列，唯獨九州國立博物館屬於歷史系列。坐落於群山環繞的綠林，外觀醒目、呈曲線形的建築頂象徵起伏的山脈，玻璃外壁照映出四周美麗自然景色。設立於太宰府之意為希望延續當地作為多國文化交流地的歷史，以「從亞洲的觀點理解日本文化形成」為策展概念，「文化交流展示室」常態展出舊石器時代到德川後期約800多件古文物。

博物館外型既壯觀又獨特

✉ 太宰府市石坂4-7-2
☎ 0929182807
🕐 週日、週二～四09:30～17:00(最後入場16:30)；週五～六09:30～20:00(最後入場19:30)；週一(逢國定假日順延隔日)；年末休館
💲 成人票¥430、大學生¥130、高中生(含)以下免費
➡ 搭西鐵電車至「太宰府站」步行10～15分鐘或搭巴士直達「九州國立博物館前站」(3分鐘，¥160)；或JR二日市站(車程20分鐘，¥360)、西鐵二日市站(車程25分鐘，¥360)搭乘每小時一班巴士於「九州國立博物館前站」下車再步行5分鐘
⏳ 2～3小時
http kyuhaku.jp
IG @kyuhaku.ms

太宰府天滿宮

香火鼎盛的日本學問神之神社

太宰府天滿宮位在距離福岡市電車車程約40分鐘的太宰府站，這座擁有廣大信眾的神社祭祀著日本「學問之神」菅原道真，其為日本重要學者、文人與政治家，生前遭到冤罪指控，從京都流放至太宰府，爾後於此地抑鬱而終，死後被視為掌管學問、驅除厄運的神祇而深受人們的愛戴。

日本全國約有1萬2千座祭拜菅公的天滿宮神社，作為總本宮的太宰府天滿宮也因此成為福岡縣最具代表的觀光景點，每年逾700萬人次前來參拜，祈求考運亨通、學業順利、工作錄取及升遷發達等。

1.日本建築大師隈研吾設計之星巴克太宰府天滿宮店，木條交錯設計帶出日式禪意風格／2.正殿建築形式展現日本桃山時代華麗豪放之建築特徵／3.模擬大宰府政廳出土遺跡「鬼瓦」造型和菓子相當有特色

✉ 太宰府市宰府4丁目7番1號
☎ 0929228225(太宰府天滿宮社務所)
🕐 06:30～19:00，全年無休，12/31～1/3全天開放
💲 免費
➡ 搭西鐵電車至「太宰府站」，步行5分鐘通過參道
⏳ 2～3小時
http dazaifutenmangu.or.jp
IG @kdazaifutenmangu.official

福岡縣 —— 太宰府市

1 滿山清麗白梅甚是美麗／2 表層烙有可愛梅印

旅遊小學堂

太宰府代表點心——梅枝餅(梅が枝餅)

傳說菅公生前很喜歡吃這種餅，其過世後，製餅婆婆將餅插在菅公最愛的梅枝上供奉，爾後梅枝餅就成了太宰府人氣代表名物。梅枝餅由糯米團包裹紅豆沙餡後烘烤而成，溫熱且充滿香氣的梅枝餅在冬日相當受到歡迎，在太宰府天滿宮的參道上有許多間梅枝餅專賣店，其滋味都相去不遠。

由糯米團包裹紅豆沙製成

太宰府內共有全國各地供奉給天神殿下的200種「獻梅」梅花，每年2月上旬～3月中旬，太宰府天滿宮境內約6,000株梅花樹會盛放，滿山遍野的雪白梅花甚是美麗。而天滿宮本殿旁的梅樹就是傳說中因仰慕菅原道真，在一夜之間從京都飛到太宰府的梅樹。

在太宰府天滿宮內，可以看到大大小小臥坐姿態的牛隻銅像，其為太宰府的代表吉祥物。相傳因菅公於乙丑年(牛年)出生，且死後載運其遺身的牛走到太宰府便止步，人們便認為菅公喜歡此地便建造天滿宮供奉，並設多座銅牛像作為使者。在天滿宮入口前的銅牛像據傳可保佑身體健康、考試合格和就職順利，故其牛角和牛頭的部分已被往來絡繹不絕的信眾摸到閃閃發亮。

境內多隻牛雕像屬案內所旁的御神牛最為人氣

圖片提供／柳川市役所

柳川市地圖

柳川市

初抵位於福岡縣南部柳川市，你會被這座悠閒安靜的古都所吸引，分布市內的古老水道更增添浪漫水鄉風情。

自柳河藩主設立天守閣後其城下町開始繁榮，至今柳川仍致力於發展治水事業，使其以「水鄉澤國」獨特景致聞名。

登舟於400年前建築的護城河中遊訪，感受江戶時代繁榮的城下町氛圍，還可品嘗柳川獨特的鰻魚料理，感受四季美景，並造訪充滿歷史的紅磚建築並倉、海鼠壁、西式洋館御花等景點。

柳川泛舟體驗

柳川河道美景

九州充滿詩意風情的水鄉柳川，其美名來自數條在柳川市內縱橫交錯的人工河道，這些人工河道總長達930公尺，是古時作為守衛城牆的護城河、防止河水氾濫和蓄水作農業用水和消防用水等用途，當地居民十分仰賴柳川維生，如今還以獨特的運河風景，成為九州人氣觀光景點之一。

位在御花宅邸旁的沖端碼頭

在柳川，一年四季都能乘坐「どんこ舟」(發音donko fune)運河小船，沿護城河一路順航至水道終點「水天宮」。頭戴斗笠、身著傳統服飾的船夫，以絕妙的撐篙技術航行，沿路上船夫會不時以簡單的英文與日語向遊客解說景點，有時船夫還會唱起傳統民謠，更添古都韻味。

搭乘小舟遊訪，能以不同視角欣賞柳川的優美景致，在春季時，沿岸兩旁還有櫻花可賞，冬季時能夠體驗暖爐小舟，越過水門和座座低矮石橋，彷彿在時光河流上見證柳川歷史，充滿詩情畫意的柳川讓人如入山水畫中的世界。

松月碼頭乘船處停泊著許多小船

觀光案內所

「柳川觀光開發株式會社」柳川泛舟乘船票

包含單程泛舟乘船費用，於「六騎」前出示票券可搭乘往返柳川車站之免費接駁車。

- **泛舟路線**：全長4.5公里，全程時間約為70分鐘。
  上船處：松月碼頭；下船處：御花
- **泛舟費用**：成人¥1,900、11歲以下兒童¥950、6歲以下免費
- **購買地點**：松月碼頭乘船處服務台，或購買西鐵含柳川泛舟行程觀光套票(網路、套票售票處)

從福岡至柳川市交通方式：

方法1 搭乘列車：

從「西鐵天神站」搭大牟田線「天神～柳川」特急列車至「西鐵柳川站」，車程45分鐘、車資¥850。

方法2 搭乘高速巴士：

從福岡機場國際線航廈1F大廳外的高速巴士站，乘坐高速巴士在「西鐵柳川站」下車，車程約60分鐘、車資¥1,600。

1.以幾何造型為設計基礎的西鐵柳川車站／2.大牟田線列車

市內計程車

由於許多遊客都是乘船至「柳川藩主立花邸 御花」，欲返回「西鐵柳川車站」除搭泛舟公司免費接駁車或市內路線巴士之外。於「御花宅邸」前有排班計程車可搭乘，從御花宅邸至西鐵柳川車站單程費用約¥1,200。

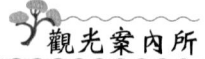

觀光案內所

西鐵太宰府柳川觀光套票

包含西鐵電車「福岡天神站或藥院站⇔太宰府站⇔柳川站」來回票、柳川泛舟乘船票，柳川、太宰府各大觀光景點優惠折價券可以使用。

- ●電車使用範圍：僅可從福岡天神站或藥院站上車，於西鐵太宰府站、柳川站下車，其他站出站即失效。
- ●費用：成人 ¥3,340、孩童 ¥1,680
- ●售票地點：福岡(天神)站、藥院站購票櫃台，台灣合作旅行社、旅遊體驗預約平台

「太宰府柳川觀光套票」各票券使用完後皆會蓋章

市內交通

柳川市內主要景點搭乘西鐵巴士「沖新線」即可抵達。由於柳川市內西鐵巴士班次稀少，末班車時間也較早結束，需要留意時間安排。如果行程時間與巴士班次無法銜接，建議可以多人共乘市內計程車。

市內巴士

若要從泛舟終點「柳川藩主立花邸 御花」回西鐵柳川站，需至「御花前」巴士站搭乘往西鐵柳川車站方向的西鐵巴士。「御花前」巴士站到西鐵柳川車站，車程約1小時，車資¥210。

從御花宅邸需步行2分鐘前往「御花前」巴士站

柳川市交通

1 場面壯觀、盛大的沖端水天宮祭(圖片提供／柳川市役所)／2 沖端水天宮滿布歷史痕跡的鳥居

福岡縣 —— 柳川市

✉ 柳川市稻荷町21
☎ 0944740891(柳川市觀光協會)
🕐 07:00～18:00；全年無休
💲 免費
➡ 從西鐵柳川車站搭西鐵巴士至「水天宮入口站」下車
⏱ 0.5小時
🌐 sagemon.net/suitengu

沖端水天宮

鎮守柳川水路的當地守護神社

位在柳川護城河的盡頭是已有140年歷史的沖端水天宮，祭祀著久留米水天宮總本宮主神靈之分靈，為守護農漁業、水上商人與安產的神社，沖端水天宮內，還合祀稻荷神社、彌劍神社共三社，故又稱人則親切稱呼其為「水天宮桑」(水天宮さん)。

沖端地區自舊藩時代起就以長崎、天草的交流港口而繁榮，每年5月初舉辦盛大的「沖端水天宮祭」，在護城河上以漂浮的大型舟舞台作為表演用。而在掘割中有座唯一的「水門」，是一種用來保護城的重型石砌水閘，別名的「水天宮囃子」獻祭舞蹈，在祭典期間的柳川運河晚上，豔光四射及帶著異國情調的表演讓人彷彿進入了迷幻的世界。

考驗船夫技巧的低矮水門是泛舟遊河的必經景點

✉ 柳川市新町柳川城堀水門
☎ 0944740891(柳川市觀光協會)
🕐 全年無休
💲 免費
➡ 搭西鐵電車天神大牟田線至「柳川站」步行約10分鐘
⏱ 0.5小時
🌐 is.gd/nYlbii
❓ 每年2月中旬柳川市會進行為期10天的整修儀式，如放水清掃護城河和修補運河岸等。在此期間泛舟航行路線不同，請於行程前至柳川市網址(is.gd/dT82xu)看公告

柳川城堀水門

水路裡的百年機關

日文「掘割」的意思為人工護城河，柳川的掘割於藩政時代開鑿，作為防衛柳川城及民生河道所用。而在掘割中有座唯一的「水門」，是一種用來保護城的重型石砌水閘，如果遇敵軍來襲的緊急情況，水門的防衛機制是關閉水閘，再將上游河川切斷堤防，讓河水淹沒城鎮外的周邊地區，所以古時以水阻卻敵人的柳川城，又被稱為「水之城」。

詩人故居改建成歷史文獻紀念館

國民詩人「北原白秋」在日本近代詩壇近乎「詩聖」的地位，一生寫下無數短歌、童謠與民歌等深受日本人喜愛的作品。柳川這座充滿詩意的城市，孕育出這位浪漫情懷、思鄉情深的大詩人，北原白秋曾表示柳川是他創作的靈感來源之一，在他的詩集中所吟詠的字字句句，皆表達出他對故鄉濃烈的

愛，柳川也以保存北原白秋出生的房屋來回報詩人的熱情，將遭遇火災後的故居改建為紀念館，並於1985年北原白秋出生的100週年開放參觀。

館內除了有北原的親筆手稿、詩集及曾使用的寫作用具，還展示許多柳川市歷史的相關文獻，可以了解到培養出這位詩壇巨擘的古時柳川樣貌。

✉ 柳川市沖端55-1
☎ 0944726773
🕐 09:00～17:00；12/29～1/3休館
💲 成人¥600、學生¥450、兒童¥150
➡ 從西鐵柳川車站搭西鐵巴士至「水天宮入口站」下車再步行5分鐘；或從九州高速公路「三山柳川交流道」開車約20分鐘
⏱ 1～2小時
🌐 hakushu.or.jp
❓ 館內不可攝影

柳川泛舟終點「御花碼頭」處是自江戶時代開始作為柳川藩主立花家的宅邸「御花」，古時這個區域被稱為「御花田」，後被當地人暱稱為「御花」。

整個宅邸園區以「立花氏庭園」被指定為日本國家特別名勝，包含以池中岩石象徵島嶼與海洋的山水庭園聞名的松濤園、充滿明治後期風格的西洋館，以及展示著柳川歷代藩主的甲冑、刀劍等國寶和藩主夫人使用過的各式器具等的立花家史料館。

參觀完立花家史料館或乘船上岸後，可到立花家史料館旁的土產館購買當地的名產和伴手禮。

✉ 柳川市新穗町1　☎ 0944732189
🕐 09:00～18:00；全年無休(偶遇維期會臨時休園)
💲 成人¥1,000，可參觀松濤園、大廣間、西洋館、立花家史料館及餐廳對月館；宅邸住宿者可免費參觀
➡ 搭柳川泛舟至終點「御花碼頭」；西鐵柳川站搭西鐵巴士至「御花前」巴士站；或搭JR新幹線到「筑後船小屋站」，再搭計程車約30分鐘　⏱ 2～3小時
🌐 ohana.co.jp
IG @tachibanateiohana

日西合璧的特殊宅邸風情

福岡縣 —— 柳川市

1.元祖本吉屋本店是棟已有百年歷史的民房／2.柳川式蒸鰻魚飯都會裝在印有店名的紅色木盒裡

✉ 柳川市旭町69番地(本店)
☎ 0944726155
🕐 10:30～21:00；週一公休
➡ 從西鐵電車天神大牟田線「西鐵柳川站」，步行12分鐘
⏳ 1.5小時
🔗 motoyoshiya.jp
❓ 另有沖端、岩田屋、大川三家分店
📷 @motoyoshiya_official

1.民藝茶屋六騎本店／2.猶如裝在寶箱裡的美味鰻魚飯(圖片提供／柳川市役所)

✉ 柳川市沖端町28
☎ 0944720069
🕐 10:30～17:00；週二公休
➡ 搭西鐵天神大牟田線至「柳川站」，再搭西鐵巴士往在「御花前站」下車後，再步行3分鐘
⏳ 1.5小時
🔗 yanagawakk.co.jp/rokkyu.html
❓ 民藝茶屋六騎的招牌不大，要仔細看才不會錯過
📷 @yanagawa.rokkyu0069

元祖本吉屋

柳川鰻魚蒸飯百年始祖老店

提到柳川鰻魚飯絕對會想到這間百年始祖老店「元祖本吉屋」，自江戶中期以來創業已超過300年的鰻魚料理，至今仍保留第一代料理師傅傳承的獨家醬汁與料理技術，將煮至半熟的米飯拌上醬汁，鋪上以炭火悉心燒烤的蒲燒鰻魚，放入蒸籠蒸兩次才能出籠，蒸煮後的鰻魚飯米粒吸飽了濃郁醬汁和鰻魚香氣，吃起來更加入味可口。店內還有許多種鰻魚定食可選擇，另有鰻魚肝湯、燒烤鰻魚骨等小菜。

民藝茶屋六騎

平價柳川蒸籠鰻魚飯選

於1971年開幕的「民藝茶屋六騎」，也是旅客到柳川會選擇的鰻魚飯老店，店址就位在御花乘船場不遠處。同樣販售鰻魚與淋上鹹甜醬汁的白飯一同蒸熟的柳川名物「蒸籠鰻魚飯」，店內還有另一道「柳川鍋」值得品嘗，這道自古流傳在柳川的鄉土料理，以醬油、味醂與泥鰍、牛蒡薄片一起燉煮，並在過程中打上生蛋於鍋中，滋味相當樸實。

柳川 女兒節

柳川雛祭り

充滿祝福的日本三大女兒節

日本每年3月3日是屬於女孩的女兒節
（雛祭，ひなまつり），日本父母為祈求女兒安康，
會在兩週前開始擺設雛人形(人型擺設)。

柳川女兒節慶祝時間相當久，1~4月都為祭典時間。柳川大肆用數個月時間熱切慶祝女孩的成長，這段時間柳川店家與街頭上都可看到柳川特有、日本三大手工藝之一的女兒節傳統吊飾「さげもん」(發音：sagemon)。さげもん共由51個裝飾物所組成，寓意為希望女孩們不要有49年勞苦人生且要活過50歲，以50+1共51個裝飾物祝福女孩們。

在這長達約3個月的祭典裡，分別舉辦各種多項祭典與展示如「悸動雛人形燈與巨大sagemon」(ときめきひな灯りと巨大sagemon)、「惠美須雛人形小路」(惠美須ひな小路)、「女兒節人偶飄放祭」(流し雛祭)等。其中最有人氣的是「女兒節水上巡遊」(おひな様水上パレード)。

在「女兒節水上巡遊」祭典當日早上，水上巡遊隊伍會從沖端水天宮出發，乘載多位身著傳統服飾的小女孩、巫女與真人版雛人形天皇、皇后與侍女們展開遊河活動，沿著柳川城下河航行，觀眾會不斷為努

力高歌的「小女孩」(おひな様)呐喊加油，投以深切的祝福，願這些女孩們滿載著愛，然後長大成心中也有愛的人。結束時所有人會一同歡呼彼此成就了這場熱鬧的祭典活動。

柳川女兒節（柳川雛祭り）活動一覽表

時間：每年1~4月，詳細日程每年不同請至活動官網查詢

地點：福岡縣柳川市內，詳細活動地點請至活動官網查詢

網址：yanagawa-net.com

1月	2月	3月	4月
女兒節始祭		惠美須雛人形小路 女兒節巡遊 女兒節巡遊小舟 柳川和服日和 女兒節水上巡遊	女兒節人偶飄放祭
	悸動雛人形燈與巨大sagemon		
	女兒節人偶展示即賣會		

✉ 柳川市市區
☎ 0944740891(柳川市觀光協會)
🕐 每年1~4月，詳細日程請上網址查詢
💲 免費
➜ 搭西鐵天神大牟田線至「柳川站」，再搭巴士「在水天宮入口站」下車
http://yanagawa-net.com

由巫女領隊載滿一船船小女孩們的雛樣水上遊行

柳川市政府所布置的豪華女兒節擺設

真人扮演的天皇與皇后等

福岡縣——柳川市專題：柳川女兒節

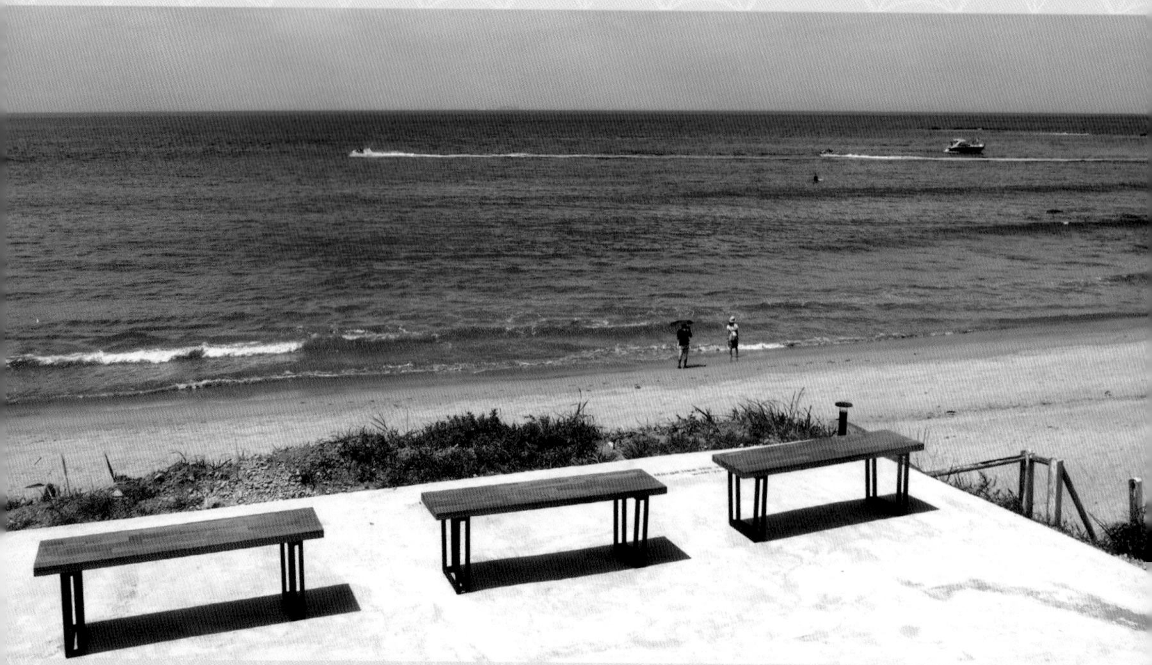

糸島市

福岡縣西部的糸（ㄇㄧˋ／mi）島市經常被誤會為是一座島，其實糸島是座「半島」。

由於糸島擁有大片潔白美麗的沙灘與乾淨海域，成為夏天人氣度假天堂得到「福岡夏威夷」美稱，也因清澈海浪與地形，吸引眾多衝浪愛好者前往。近年不只受當地人喜愛，也是日本國內旅遊勝地。

糸島市內與沿岸有多間獨立咖啡廳和特色美食，充滿悠閒度假氛圍與輕鬆生活步調，適合想來趟深度慢遊之旅的遊客。

多數旅客從福岡出發前往糸島市，最推薦租車自駕前往可較方便深入旅遊。搭乘電車、巴士等大眾交通至糸島者，建議租借腳踏車暢遊糸島，可玩得更順暢自在。其主要人氣景點大多坐落於二見之浦海岸線，可於「九大學研都市站」轉乘巴士、或至「筑前前原站」前租腳踏車，兩條不同路線前往二見之浦海岸。

從福岡搭乘電車

路線 1

搭乘福岡市地下鐵「空港線」(與JR筑肥線接續)至「九大學研都市站」，轉乘巴士「西之浦線」前往二見之浦海岸景點，車程約60分鐘。

「西の浦」、「西の浦保育園前」、「PLAMBEACH」、「月と太陽糸島茶房」、「二見浦(夫婦岩前)」這幾站下車就能馬上抵達熱門景點，從海邊(縣道54號線)走即可逛遍海岸線景點；但若要到櫻井神社尚有段距離，欲前往櫻井神社的旅客可乘巴士在「櫻井站」下車後再爬山。

西の浦線時刻表：showa-bus.jp/wp-content/uploads/2019/07/190722-01.pdf

路線 2

搭乘福岡市地下鐵「空港線」(與JR筑肥線接續)至「筑前前原站」即抵達糸島市區，車程約45分鐘；從「筑前前原站」租借腳踏車騎乘約11公里即可抵達二見之浦海岸景點。

從福岡搭乘巴士

搭乘「天神・博多—前原・加布里」昭和高速巴士「いと・しま号」：從博多巴士總站(博多バスターミナル)上車，到「前原站」下車，單程車費¥650，車程約50分鐘。可於博多巴士總站購票機購票；或上車再使用IC卡或現金付費。

昭和高速巴士：showa-bus.jp

昭和高速巴士

糸島市內巴士

觀光景點主要巴士路線有以下 5 條

糸島市內巴士路線	行程建議安排
芥屋線	前往芥烏大門、龍貓森林等景點
船越線	前往船越漁港、牡蠣小屋景點
野北線	前往「伊都營業所」巴士站、「櫻井站」櫻井神社景點
雷山線	前往雷山千如寺景點
西之浦線	接續野北線，前往二見之浦海岸景點

(製表／王彥涵)

腳踏車租借

可至「糸島市觀光協會」搜尋「糸島レンタサイクル (itoshimarentaseikuru)」頁面查詢租借腳踏車詳細資訊。**糸島市觀光協會：**kanko-itoshima.jp

租借地址	1. JR筑前前原站(北口)前的「糸島市觀光協會」 　地址：糸島市前原中央1丁目1-18 2. 伊牟田巴士站前「アンティークビーズSHANTI」 　地址：糸島市志摩桜井5448-2 3. 由芥屋巴士站步行約10分鐘的「糸島ピクニックヴィレッジ」 　地址：糸島市志摩芥屋741-1
出借時間	各處營業開始時間～15:00前歸還
租借台數	三處可租借腳踏車的台數不多，每處約為5～10台。最好於各處營業開始約1小時內抵達，才有較大機會可租借到。
租借費用	2小時/¥900，4小時/¥1,400，8小時(1日)/¥2,000，延長(30分)/¥200
注意事項	平日可提前使用電話預約租車，假日則為現場租借，借完即止

＊資料時有異動，請以官方公告為準 (製表／王彥涵)

櫻井二見之浦 夫婦岩

桜井二見ケ浦 夫婦岩

守護情侶、夫妻的天然海蝕岩

「櫻井二見之浦」是位在櫻井海岸內的海灘，其「二見」一詞是因此地的美景會使人忍不住回頭看兩次而得名，此處在1968年被指定為福岡縣的自然名勝，並曾入選為「日本海濱」和「日本夕陽」的百選美景。

夫婦岩是由坐落海中的一大一小海蝕岩組成，以注連繩連繫彼此，更與豎立海岸的純白鳥居組成糸島代表且夢幻的絕景。而福岡縣的「櫻井二見之浦夫婦岩」與三重縣的「二見之浦夫婦岩」同名且締結為姊妹岩，在日本都相當富有盛名。

夫婦岩其名來自這兩顆岩石如夫妻倆偎著彼此，兩人牽手佇立在這片美麗的大海中，且據說到這純白鳥居下的情侶和夫妻，都會被夫婦岩祝福。每年只有夏至時分，夕陽會從櫻井二見之浦夫婦岩的正中央落入海平面，其美麗又奇幻的景色讓許多人趨之若鶩。

純白的海中鳥居以「櫻井型神明造兩袖構」（桜井型神明造兩袖構）建築形式著名，自古即為櫻井神社神體，被認為充滿能量的所在，每年4月下旬至5月上旬的大潮之日，夫婦岩會舉辦壯觀又極具魄力的「巨大繩掛祭」。

✉ 糸島市志摩桜井4433
☎ 0923270317(櫻井神社事務所)
🕐 整日開放；全年無休
💲 免費
➡ 於JR筑肥線「筑前前原站」搭野北線，至「伊牟田站」下車後步行30分鐘
⏳ 1小時
🔗 itoshima-kanko.net

1 獨特的落日景致讓夫婦岩聲名大噪（圖片提供／福岡県観光連盟）／2 潮水不高時可以走到鳥居中間

觀光案內所

來趟與日偶像同名的神社巡禮

因櫻井神社與日本人氣偶像團體 Arashi(嵐)成員「櫻井翔」同名，吸引許多朝聖的遊客拜訪，粉絲更發展出「嵐神社巡禮」旅程，在福岡的糸島市內就有3間與嵐成員同名的神社：櫻井、潤和二宮神社，世界各地來的嵐粉絲們將參拜神社之旅視作追星行程，也間接促進了當地神社的興旺。

寫有「櫻井」的人氣櫻井神社繪馬

📮 糸島市志摩桜井4227
📞 0923270317
🕐 整日開放；全年無休
💰 免費
➡ 於JR筑肥線「筑前前原站」搭昭和巴士「野北線」，至櫻井站下車步行15分鐘；或自行開車於福岡市西區「橫濱」的交叉路口左轉，從縣道85號到縣道567號，朝二見浦方向行駛，看到「櫻井神社1km」的標誌出現後，在該地右轉後直駛即抵達
⏱ 1小時
🌐 sakuraijinja.com
📷 @sakuraijinja.official

1. 櫻井神社正門入口／2. 櫻井二見之浦遙拜所有夫婦岩縮小版可參拜

櫻井神社
桜井神社
糸島超人氣的幽靜能量神社

糸島半島北部的「櫻井神社」是1632年由黑田家二代藩主創建，位在自然縈繞蔥鬱生機的幽靜深山中，其裝飾華麗的本殿與神社內拜殿、樓門等建築均被列入縣政府指定重要文化財，尤以伊勢神宮內外一體「神明造」本殿、中殿、拜殿兼具的神社建築樣式為一大特色，主要保佑人們心願成就、家內安全和無病息災。

本殿後的岩戶宮每年僅於7月2日會將門打開供人參觀，據傳岩戶宮是在1610年6月，突然的大雷雨中，電光一閃將岩戶神窟劈開而成，故也有岩戶神窟中的水滴可無病息災的傳說。

116

芥屋大門
芥屋の大門
日本三大玄武岩洞絕景之一

「芥屋大門」為糸島的浪地在海上欣賞自然的偉大，背景搭配著遊覽船播放的似日本祭祀音樂，為這壯觀的岩石更添上一股神祕的氣氛。令人驚訝的是在這麼龐大的玄武岩巨石中，有一處被玄界灘的海浪沖蝕出的洞窟，遊覽船會直直地開進洞窟中，剛剛好可以停在洞窟裡，讓遊客能一窺特殊的純天然景觀。

海蝕洞，也是日本三大玄武岩中最大的天然紀念物，以巨大的玄武岩洞穴為其壯觀之處。可搭遊覽船觀賞，航行約5分鐘就會到芥屋大門前，在晴朗的天氣下，芥屋大門的玄武岩質地顯得更加清晰，碩大的石塊切面不禁讓人感嘆大自然的鬼斧神工，乘著遊覽船乘風破

☒ 糸島市志摩芥屋677(芥屋大門觀光船)
☎ 0923282012
🕐 10:00～16:00，遊覽船每45分鐘一班；12～2月遊覽船停駛
💰 國中(含)以上￥1,000，兒童(2歲以上～小學生)￥500
➡ 從JR筑肥線「筑前前原站」搭昭和巴士芥屋線在「芥屋站」下車，步行約10分鐘
⌛ 1～2小時
🌐 遊覽船：keyaotokankousha.jp
❓ 不接受電話預約，門票於出發前10分鐘現場販售

1.約可乘載20人的小型遊覽船才能駛進洞窟內／2.在洞裡可走至船頭甲板觀賞洞窟裡壯觀的「六角柱狀石」斷面／3.魄力十足的芥屋大門

觀光案內所

來去尋找龍貓的龍貓之森（トトロの森）

芥屋大門公園內有處私房景點「龍貓之森」，其小徑入口處與《龍貓》中女主角找尋龍貓的樹徑神似，爬上堤防旁的沙坑後即可進到這條隱藏於矮樹叢內的魔幻綠徑，感覺彷彿真能遇到那龐大又絨軟的奇幻生物龍貓。

走入彷彿通往異世界的神祕樹徑

芥屋の大門公園
☒ 糸島市志摩芥屋732
➡ 從停車場東側進入公園後，走到堤防旁的鳥居，左側的窄小樹洞入口即為此景點

1.百年楓紅樹是福岡縣楓葉季的賞楓地點／2.擁有千年歲月痕跡的千如寺本殿／3.精緻的楓葉鈴鐺御守值得入手紀念／4.神社院內參觀免費，但若入堂內參觀需¥400

✉ 糸島市雷山626
☎ 0923233547(千如寺大悲王院)
🕐 09:00～16:30
💲 免費；賞楓期11月收取入山費¥100；堂內、心字庭園¥400
➡ 搭JR筑肥線至「筑前前原站」(南口)，轉乘雷山線巴士至「雷山觀音前站」後下車步行7分鐘
⏱ 1～2小時
http sennyoji.or.jp

雷山千如寺大悲王院

千古歲月佛寺與百年大楓紅

位處糸島市雷山北山腰的「雷山千如寺大悲王院」，是座擁有上千年歷史的悠久古寺。於西元725年由印度僧侶「清賀」遠渡日本所建成的寺院，由於其北側臨玄界灘，是鐮倉幕府時代抵禦元寇的重要祈禱寺院，而從室町至戰國時代曾因戰

亂而荒廢，18世紀時由福岡藩主黑田繼高重建並再建大悲王院。

寺院內收藏著被列入為日本國家重要文化財的千手觀音立像和清賀上人坐像，而列隊於山坡上壯觀的五百羅漢、心字庭園和樹齡400年的大楓樹等都是相當值得一訪的景點。

製鹽所「工房とったん」
坐擁海天一線美景的在地露天甜點店

這間手工花鹽布丁工房位於寧靜的糸島半島西端，周圍被山和蘊含豐富礦物質的玄界灘內外海所環繞，絕佳的地理環境讓這間工房能生產出細緻且珍貴的天然鹽，其建築物都使用木頭搭建而成，充滿樸實原始的氛圍。

店內販售著自家製的珍貴食用鹽，不過店家堅持純人工煮鹽，十分費時費力，所以販售的食用鹽價格都不甚便宜。入口即化的人氣綿密花鹽布丁，一入口就融化在舌尖，化開時可以品嘗到美味的花鹽及其引出的甜蜜蛋奶香。

自家製的焦糖醬點綴其中也能嗅到微焦的香氣，鹹甜的滋味反而更加突顯布丁的美味。來到福岡的糸島除了走訪文青咖啡廳以外，非常推薦大家來到這間美味的花鹽工房享受悠閒的海景時光。

1

✉ 糸島市志摩芥屋3757
☎ 0923308732
🕙 10:00～17:00；年末到翌年初公休
💲 ¥500起
➡ 搭JR築肥線於「筑前前原站」下車；或從「筑前前原站」北口乘坐計程車約25分鐘
⏱ 1～2小時
http mataichi.info/tottan
IG @mataichinoshio

1.木造工房冒著冉冉煮鹽青煙／2.花鹽布丁(塩をかけて食べるプリン)使用糸島產新鮮蛋、奶原料

翼宿 Tsubasa International Guest House

台灣人經營之藝術民宿推薦

在糸島市的加布里，有間在地民宿「翼宿Tsubasa International Guest House」，為來自台灣的女主人Q醬營運，其名「翼宿」取自「藝術」的諧音。在這間由日式老屋改建成的民宿裡，巧妙地融入了駐村藝術家作品，更與台灣花布品牌「in Blooom印花樂」聯名設計主題房。而離民宿約3分鐘的距離，即是加布里漁港和遠山相對望的美景。想要享受與世隔絕的日本鄉村度假氛圍，就來糸島拜訪Q醬一家，來場「來去日本鄉下住一晚」與藝術的知性旅程吧！

✉ 糸島市加布里854-1
🕙 15:00～10:00
➡ 搭昭和巴士至「加布里東口站」後，步行約4分鐘
http facebook.com/tsubasa.itoshima

1.在漁港小村內的在地藝術民宿／2.房內還有民宿主人收藏的美麗傳統和服古董

人氣文青打卡點

糸島除了擁有天然的山海美景之外，亦有許多人工設置但卻充滿巧思的裝置藝術。並成為海岸的獨特風景線，來到糸島想留下專屬回憶就跟著以下景點一一打卡留念！

天使翅膀
天使の羽

彩繪翅膀

利用海堤彩繪出可互動的塗鴉藝術十分有創意

PALM BEACH 咖

啡廳旁的天使翅膀是糸島人氣景點，繪製於海灘旁堤防牆上。巨大七彩翅膀塗鴉讓人彷彿身在紐約布魯克林的塗鴉區，只要站上石階就可如添翼翅成為翱翔的天使一回。

✉福岡市西區西浦285(PALM BEACH THE GARDENS旁海灘堤防)
🚇搭地下鐵空港線(與JR筑肥線接續)至「九大學研都市站」，轉乘巴士「西之浦線」至「PALM BEACH站」下車後步行2分鐘
⏱0.5小時

造型各異的鞦韆

一整排盪鞦韆非常壯觀

心型盪鞦韆很上鏡，是人氣設施

✉福岡縣福岡市西區大字小田79-6
🚇搭地下鐵空港線(與ＪＲ筑肥線接續)至「九大學研都市站」轉巴士「西之浦線」至「ざうお本店站」下車即抵達
⏱0.5小時

椰子樹盪鞦韆
ヤシの木ブランコ

「椰子樹鞦韆」位於糸島東側的「ざうお本店」前的海灘上。這片海灘上有各種不同款式的鞦韆，比如二層疊式、吊床式、長凳式，還有利用了傾斜椰子樹打造的天然鞦韆，大人小孩都可以在這裡盡情體驗擺盪的快樂。

海邊咖啡・Sunset 的東屋

ビーチカフェ・サンセットの東屋

由海邊咖啡廳「Sunset Cafe」打造的飄流木小涼亭，仿如童話裡的奇幻木屋，其面海的窗口如相框般將當下的景色框成一幅自然構組的畫作，留下與糸島專屬美景共組的美好回憶吧！

相框小涼亭

以飄流木裝飾看起來就彷彿童話小屋

在小屋裡拍下旅遊當時的美好記憶

✉福岡市西区西浦284
🚇搭地下鐵空港線(與JR筑肥線接續)至「九大学研都市站」，轉巴士「西之浦線」至「PALM BEACH站」下車後步行2分鐘
⌛0.5小時
IG @sunset.1990

倫敦巴士咖啡廳

ロンドンバスカフェ

位於二見之浦海岸和芥烏大門間，大紅車身的英倫巴士於藍天輝映下相當搶眼。看似景點但實為咖啡廳，由老闆親手改裝退役巴士而成，下層為點餐窗口，上層設有座位，可坐在情調十足的復古車廂內邊品嘗美食邊眺望海景。

英倫風巴士

本該成為廢鐵的倫敦巴士成了糸島海岸獨特風景

✉糸島市志摩野北2289-6
🕐11:00～日落；不定休
🚇搭地下鐵空港線(與JR筑肥線接續)至「筑前前原站(北口)」下車，轉乘野北線於「野北站」下車步行約10分鐘
⌛0.5小時
🌐itoshima_london_bus_cafe
IG @instagram.com/

牡蠣小屋

冬季限定！

大啖鮮美肥嫩牡蠣

造訪寒風凜冽的冬日糸島必嘗牡蠣這道季節限定美食，
躲進「牡蠣小屋」讓身心都被暖和吧！

糸島牡蠣小屋

　　牡蠣小屋每年僅於冬季 11～3 月營業，散布於糸島市內，有三處規模較大的主要集中地，分別為船越、岐志與加布里漁港，在漁港腹地內可見排排並列的牡蠣小屋與慕名而來的人龍。進入鐵皮搭建的牡蠣小屋內卻別有洞天，看似簡易但內部相當舒適，每間店設施不太相同，座位有木製或鐵製等，亦分有提供瓦斯爐具或炭爐，但相同的是都提供糸島盛產的新鮮牡蠣、海產和自家製料理！

1. 有些小屋亦貼心提供防風防潑濺外套，穿上後更有到牡蠣小屋的氣氛了／2. 經由乾淨水流與紫外線消毒的新鮮牡蠣

牡蠣小屋攻略方針

　　每間小屋點餐方式不太一樣，如「唐泊惠比須」採自助結帳，於冰櫃選擇食材後再至櫃檯結算牡蠣與食材費用；船越漁港「正榮」則採劃單點餐形式。

　　來到糸島吃新鮮牡蠣，通常以 1 公斤或 1 盤單位計價，而 1 盤內約有 10 個以上的數量，建議可依用餐人數每兩人先點 1～2 盤並搭配其他海鮮，吃不夠再加點。

　　每間店除食材費外的必須開爐費或額外開殼用具費用不一，以各店現場為主。冬天裡圍在烤爐享受溫暖炭火，邊吃牡蠣邊大口暢飲啤酒，與親友共享痛快過癮的美食時光！

1. 糸島冬季鮮美的牡蠣與海鮮令人食指大動／2. 先烤平面約 3 分鐘後轉至凸面再烤 3 分鐘至微開即可品嘗／3. 搭配橙醋或檸檬汁可引出牡蠣的鮮甜

唐泊惠比須牡蠣小屋

唐泊惠比須かき小屋

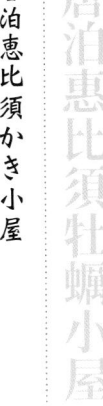

糸島宮浦地區的唐泊惠比須牡蠣小屋，由福岡市漁業協同組合唐泊支所直營，以鐵皮搭建成可以同時容納300人的堅固場地，店家位在海釣公園（海づり公園）的旁邊，從福岡市區開車約40～50分鐘就可以到達。店內提供紫外線消毒過的牡蠣、扇貝、魷魚、蔬菜和焗烤海鮮等，也有販售酒精和軟性飲料，座位較狹窄，使用木炭和鐵桶燒烤的料理方式。

✉福岡市西區小田
☎0928092311(福岡市漁業協同組合唐泊支所)；週六～日0928091047
🕐11:00～17:00，週六～日及國定假日11:00～18:00；週二、年初年尾公休(如遇國定假日照常營業)
💲牡蠣1公斤¥1,000、500公克¥500、開爐¥300、牡蠣小刀1支¥100
➡搭JR筑肥線至「九大學研都市站」或「今宿站」，接著從站前搭昭和巴士西浦線於「海釣公園前站」下車
⏳2小時
🌐karatomari.jp

牡蠣小屋正榮

かきハウス正榮

糸島船越漁港內最大間的「正榮」人氣牡蠣小屋，在旺季時常可見大排長龍的景象，以鐵皮搭建的棚屋內，乾燥溫暖，還有乾淨的廁所，這是由老闆一家親自經營的牡蠣小屋，其氣氛相當溫馨，同樣提供紫外線消毒過的牡蠣、扇貝、蛤蜊、蔬菜、一夜干和冰淇淋等餐點，也有販售酒精、軟性飲料可搭配享用。店內的座位及桌面也滿寬敞，用餐空間舒服，其料理方式使用瓦斯爐。

✉糸島市志摩船越415-17
☎0923281701
🕐09:00～17:00；全年無休
💲牡蠣(中)¥1,000、(大)¥1,300、開爐¥300
➡搭地下鐵「空港線」(與JR筑肥線接續)至「筑前前原站」下車，於北口轉乘昭和巴士船越線(車程約31分鐘、車費¥200)於「船越站」下車
⏳2小時
🌐kaki-shoei.com

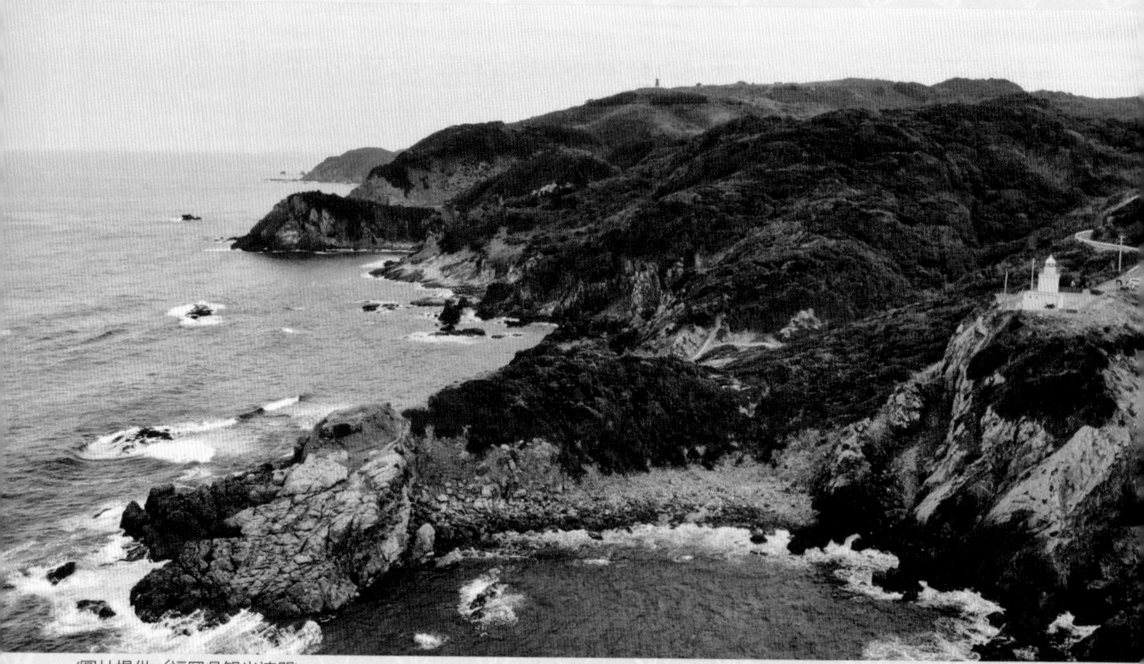

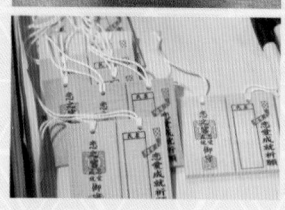

宗像市＆
福津市地圖

宗像市 & 福津市

位於福岡縣北部的宗像市地處福岡市與北九州市中間，同屬福岡市與北九州都市圈。轄區接鄰北九州市響灘與玄界灘，並包含大島與沖之島，境內的宗像大社、大島（おおしま）和沖之島（沖ノ島），以「「神宿之島」宗像・沖之島和關連遺產群」』之名登錄為世界文化遺產；福津市則緊鄰宗像市，其市內景點「新原・奴山古墳群」於2017年時與宗像市的「沖之島和關連遺產群」齊登錄為世界文化遺產。

欲前往宗像市、福津市，多數搭乘JR九州鹿兒島本線電車前往，若至特定景點可搭高速巴士。宗像市和福津市區巴士班次較少，搭乘大眾交通工具逛景點時間需拿捏較緊，否則難以銜接交通班次。

宗像市 & 福津市交通

從福岡、北九州市搭乘電車

從福岡、北九州市區搭JR鹿兒島本線，至「東鄉站」即可前往大島和宗像大社，至「福間站」則可前往福津市的宮地嶽神社。

從福岡搭乘巴士

在福岡市「西鐵天神高速巴士總站」搭乘「特急宗像號」(特急むなかた号)巴士，約1小時多車程即可抵達「宗像大社前」站。若欲前往大島，亦搭乘特急宗像號，至「神湊波止場站」下車後，在神湊港渡船口轉搭渡船，約半小時航程即可抵達大島港口。

特急むなかた号(特急宗像號)巴士

➡️西鐵天神高速巴士總站～宗像大社站、神湊港碼頭站(神湊波止場)
🕐平日3次往返；週六～日與國定假日5次往返
🔗nishitetsu.jp/bus/rosen/munakata
💳可使用現金、IC卡、SUNQ PASS付費

宗像 & 福津市內巴士

路線1

從JR鹿兒島本線「福間站」搭西鐵巴士往「津屋崎橋」的5號巴士；或往「JR東鄉站」的1-2號巴士，在「宮地嶽前站」下車，可到宮地嶽神社等景點。

路線2

從「福間站」搭乘每小時1～2班的「西鐵1號、1–2號」巴士，可抵達「宗像大社前站」或「神湊波止場站」。

神湊波止場巴士站位在「神湊港渡船口中心」(神湊港渡船ターミナル)前

往來大島與神湊港口連絡船

1

2

宗像大社邊津宮

宗像大社辺津宮

宗像三女神信仰的中心地

位於日本本土的宗像大社裡奉祀天照大神的三位女兒——宗像三女神，又稱宗像大神，三位女神分別在三間神社被供奉，田心姬神在沖之島「沖津宮」、湍津姬神在大島「中津宮」，以及市杵島姬神在九州本土「邊津宮」，這三座神社統稱為「宗像大社」。在日本共計有7,000多座宗像神社，嚴島神社及奉祀宗像三女神的神社，在宗像神社之中為總本宮地位，因此吸引許多信眾前來參拜。

目前宗像大社的本殿、拜殿於16世紀末重建，被指定為日本國家重要有形文化財，本殿後方境內的

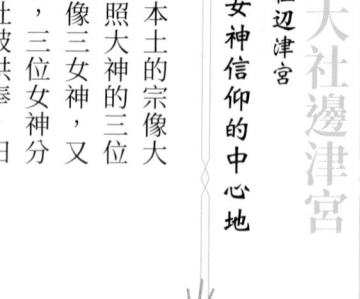

觀光案內所

豐富藏物的宗像大社神寶館

緊鄰朝鮮半島與中國的宗像地區，為古墳至平安時代日本引入古代東亞器物與文化的要衝，聯合國教科文組織在沖之島附近海底挖掘到許多古代寶物，沖之島也因此成為對於神道考古學、美術史、宗教史相當珍貴的場所。多次調查後，證實古代的宗像大社祭祀活動可列入國家等級，足見宗像大社在古時作為連結日本和東亞海路有重要的貢獻與地位。而挖掘到的古代儀器、寶物等，收藏在宗像大社的神寶館內，購買門票即可觀賞到古代的重要遺物。

宗像大社境內的神寶館

✉宗像市田島2331
☎0940621311
🕐整日；全年無休
💰免費
➡搭JR鹿兒島本線到「福間站」轉乘往「神湊波止場站」方向的巴士，約12分鐘到「宗像大社前站」
⏱1小時
🔗munakata-taisha.or.jp/index.html
📷@munakata_taisha

第二宮、第三宮，分別祭祀著沖津宮與中津宮御分靈，供無法上島的一般信眾參拜。

宗像沖之島和大島等遺產群為日本第21個登錄之世界文化遺產關連遺產群，宗像大社三神社串連起的龐大文化遺產相當具歷史價值。喜歡日本神道文化和歷史遺產，或日本鄉村風情的朋友，不妨將「宗像大社」行程放入口袋名單吧！

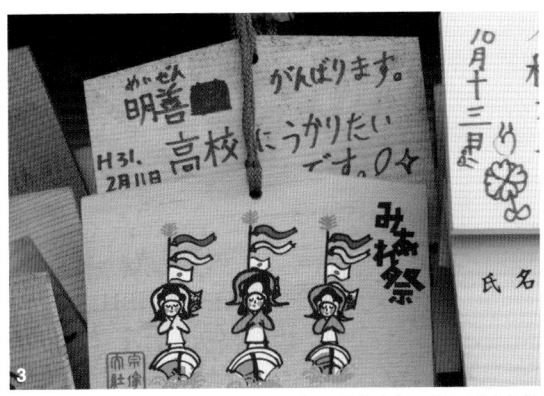

1 本殿以「柿葺(こけらぶき)」(是種加工過的木片，為有形文化財的一種)鋪設屋頂／2 宗像大社邊津宮內，設有沖津宮、中津宮遙拜所以便信眾參拜／3 宗像三女神繪馬相當可愛

旅遊小學堂

沖之島和關連遺產群傳說

根據日本最早正史《日本書紀》和《古事記》記載，宗像三女神是天照大神把十拳劍折為三段再嚼碎後，從他吹出的氣息中所誕生，也就是由三女神組成的「三位一體神」。

宗像三女神鎮守在沖之島上，守護前往東亞的遣唐使與出海的漁民們。古時視其為守護航海安全的女神，現則為守護道路交通安全的神明，廣泛受到當地人的信仰，而沖之島整座島嶼都被視作御神體。

漂浮在玄界海上的「神宿之島」沖之島(圖片提供／福岡縣觀光連盟)

大島
おおしま
宗像三女神鎮守之島

大島和沖之島是福岡縣玄界灘上所浮著的兩座最大離島。位在福岡縣宗像市的大島本來是座充滿純樸民風、在地人所生活的島嶼，因其島上的神社「中津宮神社」在2017年被聯合國教科文組織列入世界文化遺產中，近年來開始成為福岡縣重要的觀光景點之一，因此交通隨之發展、方便了許多。

大島是個人口僅約700多人的漁村島嶼，來到島上除了可以欣賞沒有太多人為破壞的大自然景觀外，還可以欣賞到悠久歷史的文化遺跡。整座小島給予人十足的漁村質樸感，過了漁港後，大島的

後方是高聳的御嶽山，為島嶼增添了幾分雄偉的震撼感。

遍布山頭的樹林和荒野覆蓋了島嶼的大部分區域，島民居住區域集中在大島的南側，也因大島四面環海和位在玄界灘的地利，為島民帶來豐富的魚貝類收穫，漁業是大島的核心產業，也是福岡筑前的重要捕魚區。

✉0940-72-2226(大島觀光案內所)
🕐整日開放，全年無休
▶見P.125
⏱1小時
http www.muna-tabi.jp/list/140/010

1.「夢之小夜島(夢の小夜島)」由日本古代詩人「宗祇」命名／2.於大島觀光案內所可以租借電動腳踏車環島／3.停泊眾多漁船的大島港口

1 中津宮本殿／2.山下鳥居需走一段、再爬階梯才能至本殿

佇立大島邊崖上的沖津宮遙拜所，可透過所內窗口看到沖之島

宗像大社其一的中津宮就位在大島上，中津宮供奉宗像三女神中的次女「湍津姬神」。此處也是七夕傳說發祥之地，神社內有傳說中的七夕天野川流經。天野川兩旁小山上分別有織女神社和牽牛神社，並稱為星之宮流傳著浪漫七夕傳說。

✉宗像市大島1811
☎0940621311
🕐整日開放；全年無休
➡抵達大島後由大島港口出發，沿西南側海岸步行約10分鐘
💲免費
⏳1小時
http munakata-taisha.or.jp/about_nakatsu.html
IG @munakata_taisha

沖津宮遙拜所位在大島北岸岩瀨海岸，沖之島則在離大島約50公里遠的海上。沖之島距離約島」、「不言島」，是座禁止女性進入的神祕小島。每年沖之島僅於5月27日開放200名男性信眾和神職人員上島一天，為了無法至沖之島參拜的信眾們，因而在大島設立沖津宮遙拜所。

沖之島祭祀著宗像三女神中的田心姬神；在其海域及島上挖掘許多日本古墳時代至平安初期的祭祀遺跡與神聖寶物，因有「海上正倉院」美名(正倉院為收藏天皇各種珍貴寶物之倉庫)。天氣良好時，可以在大島上的沖津宮遙拜所，隔海與沖之島相望。讓眾人能景仰神祕日本神明傳說。

✉宗像市大島1293
☎0940621311
🕐整日開放；全年無休
➡抵達大島後由港口出發，往大島的西側步行約半小時抵達
💲免費
⏳1小時
http munakata-taisha.or.jp/about_okitsu.html
IG @munakata_taisha

✉ 福津市宮司元町7-1
☎ 0940-52-0016
🕐 整日開放(受理時間09:00～17:00)；全年無休
💲 免費
🚌 JR鹿兒島本線「福間站」搭往津屋崎橋方向的西鐵巴士，至「宮地嶽前站」；或JR「福間站」自駕約10分鐘
⏱ 1小時
http miyajidake.or.jp
IG @miyajidake

宗像市

宮地嶽神社

坐擁人氣絕景的福岡三大社

宮地嶽神社是座可直線眺望到玄界灘的山腰神社，負載1,600多年悠遠歷史，至今仍是當地居民的信仰中心，並為日本全國宮地嶽神社之總本社，其獨特地勢與久遠的歷史讓宮地嶽神社與筥崎宮、太宰府天滿宮並列福岡三大社。走訪本殿能欣賞到巨大注連繩，前往後山逐一參拜奧之院八社，感受後山裡的靈驗氣氛。在接近夕陽日落的時間可回到「男坂」參道前，等待夕陽落入海前所照射出的那一道，令人震撼不已的「光之道」。

宮地嶽神社人氣御守與紀念物

1.「光之道御守」將金黃燦爛的落日繡在其中非常漂亮／2.第五宮的戀之宮(恋の宮)繪馬可拆分為隨身掛的左半、留掛神社的右半／3.參道商店街販售的「光之道神酒」背面隱藏著玄機

4.五月菖蒲祭典時的光之道／5.擁有悠久歷史的福岡三大神社之一宮地嶽神社

巨大注連繩、大太鼓和大鈴（三つの日本一／三個日本第一）

在神社本殿上掛著的注連繩，曾是日本第一大紀錄的注連繩，直徑有2.6公尺、長11公尺、重達3噸，這條巨大掛繩每年由1,500名信眾親手製作並更替。不論遠近觀看都能感受其壓倒性的存在感與魄力。

1 大注連繩為建立結界、避邪之用／2 曾為日本第一大大鈴(圖片提供／福岡縣觀光連盟)／3 曾為日本第一大大太鼓(圖片提供／福岡縣觀光連盟)

充滿靈驗氛圍的「奧之宮八社」

宮地嶽神社內祭祀以「奧之宮八社」為名共8座神社，就是「最深入的神宮」之意，所謂「奧之宮」，此處有著「一社一社參拜後就能實現大願」的傳說，從前就吸引許多信眾前來參拜，一次可參拜到多座神祇與神社相當特別。其中三番社「不動神社」設立於日本最大規模橫穴式石室古墳內。

可拿起體驗的不動神社金之鳴小槌複製品

聲名大噪的人氣「光之道」

神社正面通往宮地海濱，是條綿延百公尺的筆直朝向西方的「男坂」參道。每年9月秋季大祭時為「御神幸行列」(指神輿隊伍)牛車路線，更為偶像團體Arashi出演的日本航空廣告背景而得「光之道」美名。每年2、10月下旬夕陽會沿著綿長的參道形成美麗的「光之道」，這期間神社會舉辦「夕日祭典」，參道前的樓梯會作為觀賞席。

舉辦「夕日祭典」時參道前主階梯會作為觀賞席並需排隊進入

北九州市地圖

北九州市

九州交通「玄關口」北九州市從明治時代起，成為工業革命起點與日本主要口岸，與日本本州山口縣下關市僅隔「關門海峽」之遙，形成關門都市圈。

坐擁響灘、關門海峽與瀨戶內海三片大海，背靠百億夜景皿倉山與獨特地形的平尾台；最熱鬧的小倉區擁有許多美食與歷史建築；門司港懷舊區保留有明治至昭和時代風格的洋式建築；重工業代表八幡區，百年工業城市風貌深受注目。

擁有特色懷舊風情與製造業重鎮等多重面貌，待旅人發掘其魅力之處。

北九州市主要交通中心為JR小倉車站，若欲前往其他縣市地區以JR鹿兒島本線、新幹線為主要交通路線。從北九州市前往北九州機場，需至小倉車站前巴士總站8號站牌搭乘付費接駁巴士前往；小倉市區內多以巴士、步行往來景點，門司港市區則以步行和「門司～下關」接駁船為主要交通方式。

1 JR小倉車站設有特色紀念章可蓋／2 與百貨、輕軌共構的小倉車站

北九州市交通

從北九州機場進出

從北九州機場直達JR小倉站，可搭乘北九州機場接駁巴士直達車(北九州空港エアポートバス)，車程約33分鐘，車費¥710。

需注意北九州機場直達福岡市博多、天神地區的高速巴士僅在凌晨有車次，供往來的日本商務人士使用，如從台灣前往北九州機場的旅客，會因航班時間通常無法銜接搭乘此班巴士。

北九州機場接駁巴士

🄲 每小時兩班，有分直達車、區間車

✉ 小倉巴士總站櫃檯、北九州機場售票機，或IC卡、現金下車付費

http kitakyu-air.jp/access/access_buss.html

因班次於凌晨出發，不建議搭乘往福岡市博多、天神地區之高速巴士

接駁巴士車身有標明「北九州空港」

北九州市內交通

巴士

「小倉巴士總站」(小倉バスターミナル)位在JR小倉站的小倉城口前,可搭乘前往北九州機場的接駁巴士(北九州空港エアポートバス)、西鐵巴士市區路線,這兩種巴士是至小倉旅遊主要會搭乘的交通工具;如欲前往門司區與八幡區的旅客,則需轉乘JR列車前往。

從小倉城口2F平台搭電扶梯至1F即抵達小倉巴士總站

小倉市內單軌列車:北九州モノレール

行駛於小倉市內的單軌列車「北九州モノレール」(monorail),只有一條路線共13個車站,總車程僅約19分鐘。想要俯瞰欣賞小倉市區可搭乘,但從小倉車站欲前往平和通、旦過站,建議步行即可,站與站距離非常近不太需要搭乘。

從小倉車站駛出的monorail

關門聯絡船:往來門司港與下關渡船

往來於門司港和下關之間的關門聯絡船,僅需5分鐘航程即可抵達下關市。若天氣晴朗、海況良好的話,推薦坐在戶外座位,可觀賞連接兩市的關門大橋並享受清新的海港空氣。

關門聯絡船(関門連絡船)

✉ 購票地點:門司港、唐戶港連絡船搭
💲 單程成人¥400、兒童¥200
http kanmon-kisen.co.jp/index.html

1.3.從JR門司港站步行3分鐘即可抵達門司港棧橋/2.可坐在船上層欣賞關門海峽風光

觀光案内所

大學丼美味祕訣 大公開

想搭配出美味又在地的大學丼，推薦北九州市名物「米糠味噌鯖魚煮」（サバのじんだ煮）、河豚鯨肉等特殊食材。旦過名物「魚板カナッペ」、福岡必吃明太子、新鮮生魚片等。搭配其他喜歡的熟食小菜，一碗專屬於你旦滿滿在地味的大學丼就誕生啦！

推薦與親友一起分享可以品嘗更多種小菜

旦過名物「魚板カナッペ」

✉地址：北九州市小倉北区魚町4丁目420
☎08064581184
🕐10:00～17:00；週三、日公休
❓購買完需返回大學堂內享用

旦過市場

北九州的廚房

擁有「北九州的廚房」稱號的旦過市場，為歷史悠久的百年民生市場，「旦過」一詞指清晨趕路經過，約120公尺的天棚式市場內擁有逾百家店鋪，販售肉類、海產、果蔬、茶酒、各式熟食與醃漬品等應有盡有的商品，間半開放式食堂「大學堂」，提供僅有白飯的「大學丼」，購買大學丼後可自由地拿著白飯在旦過市場內，購買喜愛的配菜隨心所欲打造美味丼飯，有趣吃法相當受到歡迎。

充滿昭和懷舊氛圍的市場人聲鼎沸，讓人彷彿踏入昭和時代，體驗當時的生活感與熱鬧朝氣。要注意的是市場商家的營業時間，約莫14:00後就陸續收攤，建議安排上午前往。旦過市場的中間地帶，有

✉北九洲市小倉北區魚町4-2-18
🕐09:00～18:00(14:00開始陸續收攤)
💲免費
➡從JR小倉站出發步行15分鐘；或在單軌列車「旦過站」下車步行2分鐘
⏱1～2小時
🌐tangaichiba.jp
📷@daigakudo

1.位在旦過市場後段的大學堂／2.旦過市場是當地人生活的去處，逛街時留意勿干擾他人

小倉城

挺拔優美的小倉象徵

位在小倉市區中心的小倉城，是座名列日本百大名城之一的美麗古城。其天守閣為唐造風格，而城堡結構為梯郭式平城。小倉城的歷史可回溯至1569年，由在日本中國地區具相當影響力的毛利家族所建，在關原戰役中，毛利家將小倉城贈予細川忠興，其自1600年開始管治豐前、豐後地區（今福岡、大分），並對小倉城和城下町進行擴大改建，爾後小笠原氏占領小倉城與其附近區域，並新建了小倉城庭園，但在1837年遭遇祝融而全毀，直至1959年天守閣等建築才得以重建。

現今小倉城已成為小倉象徵的代表建築物，從護城河旁可觀賞壯觀石垣牆和雄偉挺拔的城堡，旅客可登上小倉城內，在各樓層遊歷體驗小倉城今昔歷史。

✉北九州市小倉北区城内2-1
☎0939671036
🕐4～10月09:00～18:00；11～3月09:00～17:00
💲成人¥350；13～18歲¥200；6～12歲¥100；城內、庭園、松本清張記念館三施設共通票券：成人¥700；13～18歲¥400；6～12歲¥250
➡從JR小倉站步行約10～15分鐘
⏱1～2小時
🔗kokura-castle.jp
IG @kokura_castle

觀光案內所

探索小倉城內部

1F設有重現昔日城下町風情的立體模型，2F有許多互動體驗設施如可免費換穿古代武士服、公主服、騎馬射箭與模擬抬轎等。3F則利用動畫介紹小倉城歷史，5F為可遠眺小倉市區的瞭望台。小倉城內設有電梯，讓所有旅客都能輕鬆登上一探小倉城的風采。

小倉城內設有可以體驗古代和服與武士服飾的設施

乘坐古代轎攆體驗古代貴族的交通

①小倉市的精神象徵小倉城／②春天時的小倉城是人氣賞櫻地點（圖片提供／福岡縣観光連盟）／③ 以生動人偶造景述說小倉歷史／④ 小倉城內設有無障礙升降電動梯

小倉城庭園

小而美的江戶風情庭園

在八坂神社鳥居的對面是小倉城庭園，這座庭園利用江戶時代遺留下來的結構作為修建基礎，重現昔日大名府邸和武家書院。踏入小倉城庭園可以欣賞到優雅池景的回遊式庭園，園內一年四季都擁有不同的絕倫風情；而書院內部保留日式房屋的傳統建築樣式，現今則作為介紹日本傳統生活、禮儀的展示專區，可以在庭園內的茶室「立礼席」（指有桌椅）品茶與體驗茶道之美，從書院的「懸造」走廊可以一覽廣闊的庭園美景。

回遊式庭園的雅緻風情

✉北九州市小倉北區城內1-2
☎0935822747
🕐11～3月：9:00～17:00，4～10月：9:00～18:00；12/29～12/31公休
💰成人¥350，13～18歲¥200，6～12歲¥100；城內、庭園、松本清張記念館三施設共通票券：成人¥700，13～18歲¥400，6～12歲¥250
➡JR小倉站步行15分鐘；或JR西小倉站步行7分鐘
⏱0.5～1小時
🌐kokura-castle.jp
📷@kokura_castle

八坂神社

小倉中心的總鎮守神社

一整排注連繩和鈴顯示八坂神社香火鼎盛，一旁古色古香的東樓門全由木材打造，其挑高構造讓人感佩古時建築工法之嚴謹；特別的是神社手水社的守護神為象徵智慧的貓頭鷹；境內還奉祀金比羅社、稻荷神社、春日社。

✉北九州市小倉北區城內2-2
📞0935610753
🕐整日開放(受付時間08:30～16:30)；全年無休
💲免費
➡JR小倉站下車步行約8分鐘
⏱1小時
🔗yasaka-jinja.com/index.html

1.挑高的樓門相當特別，連車輛都可通過／2.多款可愛繪馬令人眼花撩亂

旅遊小學堂

北九州市夏季三大祇園祭

每年7月第三個週六、日，八坂神社會舉辦小倉祇園太鼓祭典，供奉「祇園神」以祈願疫病退散，其與「黑崎祇園山笠」、「戶畑祇園大山笠」並稱北九州市夏季三大祇園祭。想體驗熱鬧的祇園山笠祭，除福岡市的博多祇園山笠祭外，北九州市這些祭典也都值得體驗！

松本清張紀念館

松本清張記念館

世界推理小說巨匠的創作世界觀

小倉城旁的「松本清張紀念館」為紀念出身北九州市的推理小說作家松本清張所建。

1樓「松本清張的世界」有共700多本著作組成的巨大書牆、生平年表和代表作《日本之黑霧》推理劇場電影。橫跨1～2樓的「思索與創作之城」將其整棟住家於館內真實再現，可一窺其壯觀書庫、寫作書房和生活創作等空間。地下1樓為可查閱松本清張資訊之圖書室、紀念品店、閱讀室和特別企劃室等。

松本清張紀念館緊鄰著小倉城

✉北九州市小倉北区城内2番3号
📞0935822761
🕐09:30～18:00(入場至17:30)；12/29～12/31公休
💲成人¥500、中、高中生¥300、小學生¥200；城內、庭園、松本清張紀念館三施設共通票券：成人票¥700、13～18歲¥400、6～12歲¥250
➡搭JR至「西小倉站」步行5分鐘；小倉車站步行20分鐘
⏱1～2小時
🔗www.seicho-mm.jp
ℹ館內禁止攝影

THE OUTLETS KITAKYUSHU

THE OUTLETS 北九州

ジ・アウトレット北九州

九州最大型OUTLET

北部九州最新大型OUTLET商場，開設於北九州市已停業的宇宙主題老牌遊樂園原址上，因此場內設有北九州市科學館「スペースLABO」。除設有170間以上的品牌店鋪外，亦與AEON八幡東店購物中心以空橋相連，遊客們可同時體驗日本居民假日採購生活。

距離小倉市中心僅20分鐘電車時程，可與小倉市區、皿倉山夜景、恐龍博物館等景點地區搭配行程。

✉ 福岡県北九州市八幡東区東田4丁目1番1号
☎ 0936637251
🕐 商店區：10:00～20:00／美食街：10:00～21:00
💲 免費
➡ 搭JR鹿兒島線從「博多站」約50分鐘到「太空世界站(スペースワールド駅)」後步行2分鐘
⏳ 5小時
🌐 the-outlets-kitakyushu.aeonmall.com

1.相當大氣的OUTLET入口／2.ASOBLE館內有許多免費遊樂設施。(本頁全部圖片提供／九州阿金姐)

1.在6F入口處和真人大小的《宇宙船長哈洛克》模型拍張照吧／2.可站在模擬漫畫效果的看板前成為漫畫人物

✉ 北九州市小倉北區淺野2丁目14-5 Aruaru city5、6F
☎ 0935125077
🕐 11:00～19:00(最後入館18:30)；週二(逢國定假日，則順延隔日)、年底年初、館內整理日公休
💲 普通票￥400，中學生￥200，小學生￥100，小學生以下免費；特展需另行購票
➡ 搭JR至小倉站後步行約2分鐘
⏳ 1小時
🌐 ktqmm.jp
IG @ktqmm2012

開設於動漫與次文化聚集之百貨「あるあるCity」大樓內，館內展出日本漫畫歷史、收藏與製程等文獻資料。北九州市曾誕生多位名漫畫家，其中以北九州市出身的漫畫家松本零士為代表，其作品《銀河鐵道999》、《宇宙戰艦大和號》成為小倉的文化形象之一。

館內「漫畫之七大不可思議」區，以知名漫畫為範本，解說漫畫多樣表現形式、介紹漫畫誕生歷程，以及展示漫畫家專用工作桌、漫畫字體等。閱覽區還提供5萬本日文漫畫可自由翻閱，讓民眾沉浸體驗漫畫文化的有趣。

1.魚町銀天街的發祥紀念碑／2.從小倉車站一路延伸到旦過市場都是魚町銀天街／3.巷弄裡面還隱藏著小小的「鳥町食堂街」

✉ 北九州市小倉北区魚町1丁目4-6
☎ 0935216801(魚町商店街振興組合)
🕐 商店：10：00～18：00，飲食店：17：00～00：00
💲 免費
➡ 搭JR至小倉站步行3分鐘
⏳ 2～3小時
🌐 uomachi.or.jp
IG @uomachi_ginten_gai

堪稱北九州市最熱鬧商店街的魚町銀天街，其名取「銀光天棚閃耀之街」之意。源於1602年的魚町商業區，起初為小倉城城下町民生商業區，聚集許多商販後於1951年創建魚町銀天街，建立全日本首座長130公尺的商店街，成為日本拱廊式商店街發祥地。目前商店街全長400公尺，有許多藥妝雜貨、餐廳食堂和生鮮蔬果店等，街內還隱身一小條由多間老居酒屋、食堂組成的「鳥町食堂街」，洋溢濃厚昭和時代氛圍。

1.九州最大規模的的登山纜車／2.皿倉山登山纜
車「山麓站」／3.璀璨如千萬星辰的北九州工業
夜景

福岡縣——北九州市

皿倉山

日本新三大百萬夜景之一

北九州市與長崎市、札幌市同列「新日本三大夜景城市」之名，而想一覽無遺這座融合獨特工業區與海港夜景的美麗城市，就要登上位在北九州市中央位置的皿倉山。搭乘九州最大規模的登山纜車及360度全景橫向單軌纜車，約5分鐘就能抵達標高622公尺的山頂觀覽台，從山頂觀覽台可遠眺北九州市區、若戶大橋與玄界灘上航行的船隻等，天氣好時甚至可看到山口縣下關地區。夜色籠罩下猶如顆顆閃耀寶石的城市燈光，匯聚成有「價值百億美金」稱號的皿倉山夜景。在距離觀覽台約5分鐘路程的東側山坡頂設有約會勝地「戀人聖地」；觀覽台內還有一間餐廳，可以在200度寬廣視野下，邊吃美食、邊欣賞百億夢幻夜景。前往皿倉山交通方式略微不便，前往時請參考書中交通方式並衡量時間，推薦於日落前半小時抵達觀景台，可同時欣賞到夕陽落日的瞬間美景與入夜後的夜景。

✉ 北九州市八幡東區大字尾倉1481-1
☎ 0936714761
🕐 登山纜車：10:00～18:00(上山最後班車17:20)，週六～日、國定假日及特別夜間10:00～22:00(上山最後班次21:20)；山頂展望台：10:00～登山纜車結束前30分鐘
💲 來回票：成人¥1,200，兒童¥600
➡ 1.從JR八幡站步行25分鐘或搭計程車5分鐘；
2.從JR黑崎站乘西鐵巴士42號前往「帆柱登山口」約12分鐘下車，步行10分鐘至山麓站；
3.搭高速巴士砂津號至「高速皿倉山纜車站」下車，步行5分鐘至山麓站；4.免費接駁車：週六～日、國定假日往返JR「八幡站」與皿倉山山麓站
⏳ 1～3小時
🌐 sarakurayama-cablecar.co.jp
IG @sarakurayama.cablecar

旅遊小學堂

日本三大夜景

夜景觀光會展事務局主辦專門研究夜景對旅遊業影響的夜景峰會，從2009年開始每3年評選一次，由約5,500名夜景觀賞員投票選出日本新三大夜景城市。

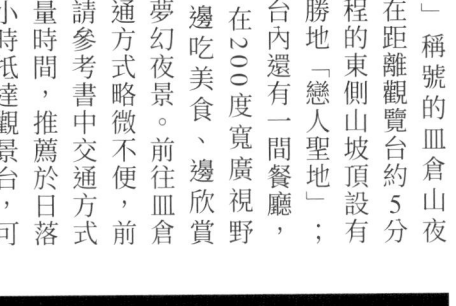

河內藤園

令世界為之傾倒的藤花紅葉美景

曾被美國媒體CNN評比為「日本最美場所31選」之一的河內藤園，一年之中僅開放紫藤花季與楓葉季兩個時期供遊客賞遊。

紫藤花季賞花期間約在4月下旬～5月上旬，占地上千坪的廣闊園區內共種植22種、高達100萬株紫藤花。在深長的隧道裡，紫藤就像是絨簾般密密麻麻地垂掛在空中，形成一簾簾閃著夢幻粉紫色彩的穹頂。

園區還利用紫藤花打造出兩條百公尺長的夢幻群花隧道，紫、白、粉色花朵相間的隧道會隨著陽光和花色變化而讓人產生迷離夢幻的感觀享受。園內的百年紫藤老樹與圓拱形花棚架也是熱門景點之一，每年吸引來自世界各國的旅客爭相進入這景觀奇幻、香味馥郁的紫藤花園內欣賞美麗花卉。

另外在11月中旬起的楓葉季，由圍繞著紫藤花棚共700棵楓樹與30年大楓樹，也讓河內藤園成為著名的賞楓景點。

1.2.百公尺長的夢幻群花隧道／3.紫藤爬滿圓拱形花棚架，形成一獨特花球

✉ 北九州市八幡東區河內2-2-46
☎ 0936520334
🕐 季節時期：09:00～18:00，非賞花期間休園
💲 入場券¥500，依開花程度再增加¥500～1,500
🚌 JR「八幡站」轉搭園區免費接駁巴士約30分鐘；或從站前搭計程車約30分鐘
⏱ 3～4小時
🌐 kawachi-fujien.com
ℹ️ 每年接駁巴士營運狀況可能依實際狀況更動，請留意官網資訊

北九州市

門司區

福岡縣 —— 北九州市

門司港懷舊區

1889年開港的門司港，在明治至大正時代為國際貿易港口，有著連接本州到九州各地鐵道和通往世界各國的航線，因作為日本國內外交通要鎮盛極一時，後因交通重心轉移，其地位逐漸式微，如今洋溢濃厚大正懷舊氛圍的「門司港懷舊」（門司港レトロ）成為受歡迎的人氣景區。

「門司港懷舊」為門司區觀光景點的統稱，以分布門司港車站附近、建於大正時代的西洋風格建築物群為主，獨特的日本昔日景觀成為人氣旅遊勝地，每年吸引逾200萬人次造訪，並入選日本都市景觀百選，漫步於此，猶如走入古典與現代並存的時光城市。

門司區地圖

1.猶如一艘船艦的外觀／2.復古沙發休息區可眺望關門海峽／3.大正時代的門司港人文風景／4.互動展區適合親子同遊

關門海峽博物館
關門海峽ミュージアム

重回大正時代的門司港

博物館的外觀猶如科幻宇宙飛船般，象徵著門司港的未來。以「全方位體驗關門海峽」為概念，透過展覽、影像、音樂等五感，讓遊客深入了解關門海峽的自然、歷史和文化。展覽內容透過充滿技術感的展示，介紹了關門海峽的地理環境、航運歷

史、文化交流等。非常適合親子同遊。

館內尤為特別的是1樓展覽廳重現了大正時代的門司港風貌。海峽復古街道有可愛的路面電車停靠，透過重建的街景，彷彿時光倒流至明治、大正和昭和時期繁華的國際貿易港口。

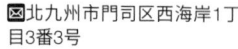

✉北九州市門司区西海岸1丁目3番3号
☎0933316700
🕐09:00～17:00(最終入館16:30)
休一年六次不定休(請洽官網)
➡JR門司港站步行9分鐘抵達
⌛1～3小時
http mojiko-retoro9.jp/spot/kanmon_kaikyo_museum

1

3 幸運の手水鉢
大正3年の建築当時からあり、戦前からもあ金が付いたものが現在も保存されているものがあります。

2 棒示板

門司港駅

洋溢大正風情的復古車站

門司港地區的代表建物無非就是建於1914年的JR門司港車站，為九州所有車站裡最古老的車站，也因其悠久歷史成為首座以「車站」為主體被指定為國家重要文化財。門司港地區在大正時代作為九州地區的玄關口，其車站結構也輝映出當時龐大的運輸需求與熱鬧程度。

在站前廣場仰望車站，可以欣賞到兩層樓高的西式風格木造車站，呈現出左右對稱的完美新文藝復興風格。

交通貿易的玄關口，其車站大廳、復古的木造設施和燈飾都讓人彷彿重回大正時代，在車站的各個角落都能感受到洋溢著摩登華麗感的大正風格，亦保留著當時的各種設施，如從戰爭時徵收金屬殘存的「幸運的手水鉢」、九州鐵道的起點「0哩標」，以及讓回到門司港的士兵可以潤喉的「歸來之水」等設施。旅客可感受這座擁有百年歷史車站的韻味，廣場在整點時刻會有約10分鐘的水舞秀，和背後的車站構成華麗復古的景致。

穿越門廊走入偌大的車站大廳，復古的木造設施和燈飾都讓人彷彿重回大正時代，在車站的各個角落都能感受到洋溢著摩登華麗感的大正風格，亦保留著當時的各種設施，如從戰爭時徵收金屬殘存的「幸運的手水鉢」、九州鐵道的起點「0哩標」，以及讓回到門司港的士兵可以潤喉的「歸來之水」等設施。旅客可感受這座擁有百年歷史車站的韻味，廣場在整點時刻會有約10分鐘的水舞秀，和背後的車站構成華麗復古的景致。

✉ 北九州市門司区西海岸1-5-31
☎ 0933214151(門司港懷舊綜合諮詢櫃台)
🕐 整日開放；全年無休
💲 免費
🚉 搭JR鹿兒島本線至「門司港站」
⏱ 0.5小時
🌐 www.mojiko.info/spot/jrmojiko.html
❓ 門司港站站前噴水表演時間：週一～日10:00～19:20整點演出

1 九州鐵道的起點「0哩標」／2 歸來之水／3 幸運的手水鉢／4 入夜打燈後的門司港車站與站前水舞秀看起來相當有氣氛

4

福岡縣
——
北九州市・門司區

門司港車站

九州鐵道紀念館

九州鉄道記念館
蒐藏九州列車與歷史的鐵道迷天堂

九州鐵道紀念館分為戶外展示區與本館室內展示區，設置了許多互動式設施，讓民眾可以親身體驗曾經氣勢非凡的九州鐵道明星列車。館內的多元設施，讓大人小孩都能在此地領略鐵道的有趣，不僅展示著九州鐵路的風光歷史，更是作為鐵道迷的風采與旅客的回憶中心。戶外列車展示區展出九州退役列車，好玩又有趣的迷你鐵道樂園可體驗駕駛列車的快感；而本館內靜態文物展示將昔日輝煌的鐵道歷史重現在眾人眼前，走訪一趟九州鐵道紀念館感受九州的鐵道風采吧！

1 莫哈485系交直流電車「にちりん」(日輪，為太陽之意)／2.九州鐵道紀念館位在門司港車站緊鄰鐵軌旁的區域／3.本館內有許多九州鐵道的歷史文獻、文物與體驗設施等

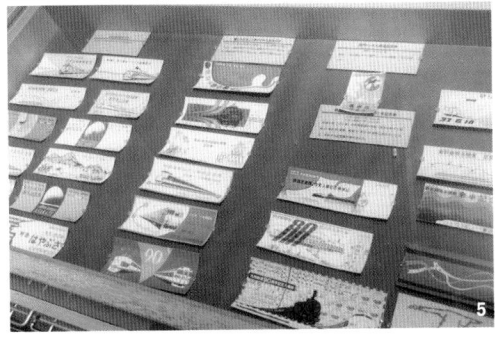

4.各式各樣的鐵路便當／5.舊時的特色車票展示，每款都能勾起鐵道迷的回憶／6.戶外的3台鐵道列車車頭，還可以入內參觀操作

✉北九州市門司区清滝2丁目3番29号
☎09332210061
🕐09:00～17:00(入館時間至16:30)；每月第二個週三(8月除外)及7月第二個週三～四公休(每月第二個週三若逢國定假日，則順延隔日)
💲成人¥300，初中以下¥150，3歲以下免費
➡JR「門司港車站」出站後，往右手邊步行約5分鐘
⌛1～3小時
🔗k-rhm.jp

舊大阪商船

旧大阪商船
門司港與世界各國之交流據點

舊大阪商船建於明治時代1917年，紅磚砌成的煉瓦風格外牆、北側獨特的八角形塔屋和高達一層樓的大型拱窗，成為門司港極富歷史風情與特色的建築風采點。

現今舊大阪商船建築1樓為北九州出身插畫家渡瀨政造的同名畫廊（わたせせいぞう畫廊），和販售北九州出身作家的品牌商品店「門司港設計屋」。

✉北九州市門司区港町7-18
☎0933214151
🕐09:00～17:00；全年無休
💲免費
➡JR「門司港站」步行1分鐘
⌛1小時
🔗mojiko.info/spot/osaka.html

獨特的燈塔建築外觀讓此地成為門司港的代表物之一

舊門司關稅

旧門司税関
登上展望室將關門海峽美景盡收眼底

位在藍翼門司吊橋旁的舊門司關稅，建於明治時代1912年，後成為門司港的象徵建築物，以紅磚砌成的煉瓦風格建築外牆和屋頂，將其打造為具新文藝復興風格的近現代建築。在昭和初期1927年原作為稅關廳舍使用，經過復原等建築工程，現今則作為門司港展覽藝廊與休憩空間，其1樓設有寬敞挑高的入口大廳及咖啡廳モーン・デ・レトロ(Moon de retro)，常設門司稅關宣傳展示室介紹走私技術等；另還可以在3樓展望室俯瞰橫渡關門海峽的船隻和吊橋景色。

醒目的赤煉瓦(紅磚)外觀建築

✉ 北九州市門司區東港町1-24
📞 0933214151
🕐 09:00～17:00；全年無休
💰 免費
➡ JR「門司港站」步行8分鐘
⏱ 1小時
http mojiko.info/spot/zeikan.html

關門人行海底隧道

関門トンネル人道
世界珍奇的人行海底隧道

橫跨關門海峽、連接本州山口縣下關市與九州福岡縣北九州市門司港的「關門人行海底隧道」，分為車輛行駛的上層車道，步行者專用的下層步道。下層隧道長780公尺，徒步約15分鐘，隧道最中間即為最深處，可感受同時橫跨兩縣海底邊境的奇特體驗。

隧道最中間畫有兩縣交界處，是人氣打卡畫面(圖片提供／張亦)

✉ 隧道人行道入口(門司口)：福岡縣北九州市門司區門司；隧道人行道入口(下關口)：山口縣下關市みもすそ川町22
📞 0832223738
🕐 06:00～22:00
💰 步行者免費，自行車、摩托車¥20
➡ 隧道人行道入口(門司口)：搭西鐵巴士至「關門隧道步道口站」；隧道人行道入口(下關口)：搭SANDEN交通巴士至「御裳川站」
⏱ 0.5小時
http mojiko.info/spot/jindo.html
⁉ 此段不可騎乘自行車，若經過須推著走

觀光案內所

至關門海峽行人隧道交通方式

從門司港車站到關門海峽人行隧道口約2.4公里，步行約50分鐘；另可搭乘11～3月期間限定「潮風號」列車，或1小時一班的西鐵巴士前往，建議事先查好交通資訊和衡量體力。

門司港懷舊展望室

門司港レトロ展望室

全方位飽覽關門海峽及下關市景觀

豎立於門司港灣的門司港懷舊展望室，由日本代表性建築師黑川紀章所設計，擁有31層樓高的絕佳視野，透明玻璃牆面讓人可以將關門海峽附近的風景和復古懷舊的城市景觀一覽無遺，甚至能看到宮本武藏與佐佐木小次郎進行決鬥的嚴流島。不同時間到訪呈現不同氛圍，白日可以欣賞遼闊的美景，夜晚則可以享受浪漫復古的門司街景燈飾氛圍。

✉ 北九州市門司区東港町1-32
☎ 0933214151(北九州市觀光協會)
🕐 10:00～22:00 (入館21:30)；一年4次不定休
💰 成人¥300，國中生以下¥150
➡ JR「門司港站」步行5分鐘
⏱ 1小時
http mojiko.info/spot/tenbo.html

1. 從展望室看出去的山口縣下關景色／2. 聳立在門司港口的展望室，可以將關門海峽的風光一覽無遺／3. 夜晚時以不同的角度欣賞門司港夜景(1.3 圖片提供／門司港レトロインフォメーション)

福岡縣 —— 北九州市・門司區

大連友好紀念館

大連友好記念館

與大連市友好關係的象徵性建物

大連市為中國遼東半島的城市，在過去曾與門司港雙雙作為相連的繁榮貿易港口，1979年時兩市締結為友好城市，爾後門司港為紀念其友好關係，複製了1902年由俄羅斯帝國製成的，1 樓為中華餐廳「中國料理大連槐花」，2、3 樓則收藏中國和東亞各國約 1 萬 8 千冊圖書，以及介紹大連市的展室空間。

建於大連之鐵路汽船公司的德式建築外觀，設立大連友好紀念館。充滿歐式風格的褐白相間外牆、煙囪和屋頂，猶如童話故事裡的小屋，1

外形猶如歐洲建築般精緻可愛

✉北九州市門司区東港町1-12
☎0933214151
🕐09:00～17：00；每月第四個週一公休
💲免費
➡從JR門司港站步行8分鐘
⏱1小時
🌐mojiko.info/spot/kokusai.html

舊門司三井俱樂部

旧門司三井俱樂部

愛因斯坦曾入住的百年歐式木造建築

舊門司三井俱樂部位在門司港車站對面，歐式建築風格外觀相當醒目，採半木結構的傳統歐式建築，木造骨架為其建築特色，與JR門司港站同被指定為日本國家重要文化財產。

館內每間房可見壁爐、門框、窗框和大樓梯的支柱，充滿幾何風格的室內展現大正時代的流行建築樣式。物理學家愛因斯坦曾於1922年訪日期間入住過，其當時住宿的2樓客房今作為「愛因斯坦記憶櫥窗」以示紀念；另還有出身門司的作家「林芙美子紀念室」。

外形猶如歐洲建築

✉北九州市門司区港町7-1
☎0933214151
🕐09:00～17：00；全年無休
💲免費；2樓資料室：成人¥150，中小學生¥70
➡JR「門司港站」步行2分鐘
⏱1小時
🌐mojiko.info/spot/mitui.html

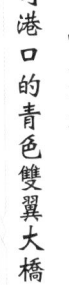

觀光案內所

觀光列車潮風號搭乘資訊

車站數：共4站(九州鐵道記念館駅、出光美術館駅、ノーフォーク廣場駅、關門海峽めかり駅)

行車時間：10分鐘

行車距離：2.1公里

票價：大人¥300，兒童¥150，來回票¥500，指定席券加價¥100

運行時間：3月中～11月下：週六～日及國定假日；3月下～4月上、黃金週、7/21～8/31為每天行駛

網址：retro-line.net

IG @shiokazego

潮風號的藍色車體帶來的海風感(圖片提供／北九州市資訊傳播強化委員會)

潮風號

日本最小型觀光列車

門司港地區在每年3～11月底會運行期間限定觀光列車「潮風號」，搭乘充滿復古風格的日本最小型觀光柴油火車，寶藍色的車體看起來相當有海風之感。可以從JR門司港站旁的九州鐵路紀念館站搭乘至關門海峽和布刈站，約2公里的距離，緩慢行駛10分鐘，僅有兩節車廂的半露天車體，讓乘客能自在悠閒地欣賞行經關門海峽的優美風光。

北九州市門司區浜町4-1

吊橋張開時間10:00、11:00、13:00、14:00、15:00、16:00 (20分鐘後關閉)

免費

從JR門司港站步行約3分鐘

10分鐘

www.gururich-kitaq.com/spot/blue-wing-also-flip-drawbridge

藍翼門司吊橋

ブルーウィングもじ

門司港口的青色雙翼大橋

藍翼門司吊橋位於門司港懷舊地區內，其名來自升起時的兩側橋梁猶如展翅雙翼，為日本規模最大步行者專用吊橋，也是日本唯一的步行者專用吊橋。每日有6次升降，升起時與海面呈60°高角度。從此橋眺望可將關門海峽美景盡收眼底。

圖片提供／張亦

山口縣
下關市

山口縣下關市
地　　　　圖

山口縣下關市為日本本州最西端的都市，其南側隔著關門海峽與九州門司區相望。坐擁三面環海的絕佳風景，更因出產大量河豚而以「河豚之鄉」聞名，處處可見河豚象徵。

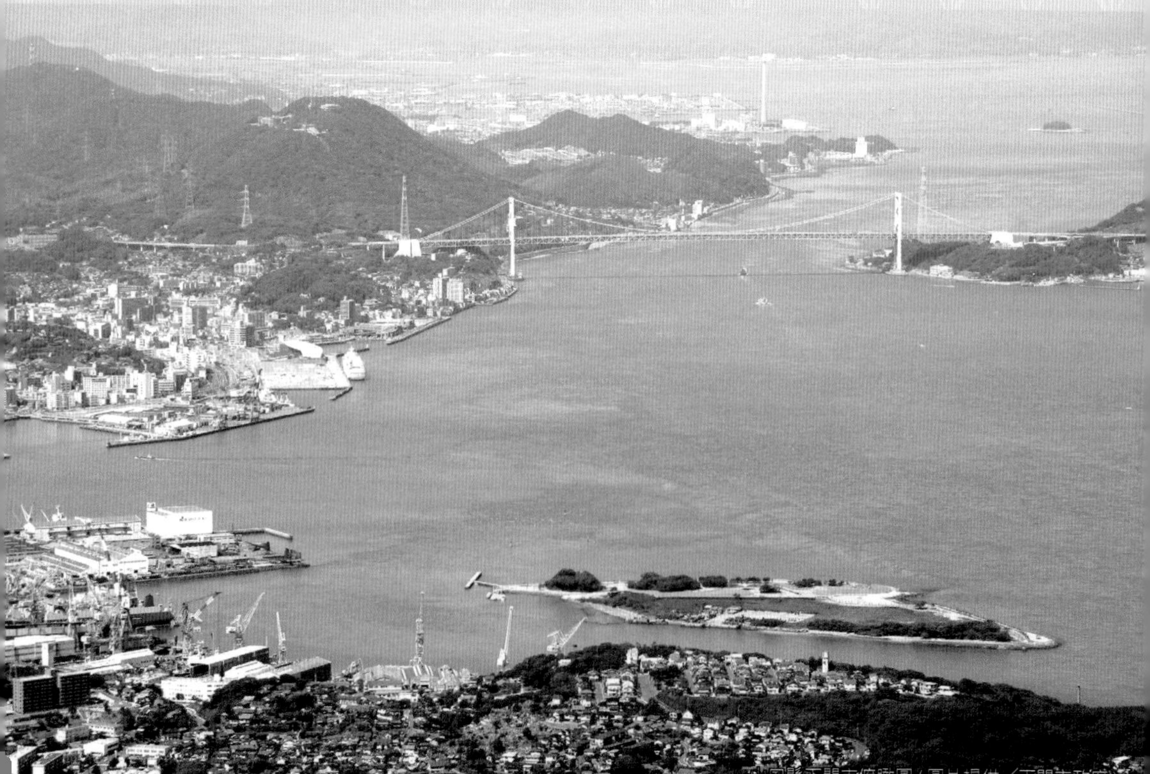

瓦礫蕎麥麵／瓦そば
山口縣奇特鄉土料理

這是一道將屋頂上的瓦礫作為鐵盤炒製蕎麥麵的奇特料理，從山口縣川棚溫泉地區發祥。源於戰爭時士兵用瓦礫燒烤食物的做法，使用芥綠色抹茶蕎麥麵，將其煎烤微脆後鋪上細蛋絲、牛肉，再撒上海苔、蔥碎等，相當道地的美味。

造型奇特的瓦礫蕎麥麵相當美味 (圖片提供／下關市政府)

河豚
高級和食料理的致命美味

日本高級料理——河豚，因體內含有劇毒而不易料理，曾被日本政府禁止食用，明治時代時僅有山口縣開放食用河豚，因此河豚也成為山口縣代表料理之一，肉質清淡、有彈性的河豚肉最美味的吃法為片成半透明生魚薄片，亦可以煮湯或油炸。想知道河豚肉的滋味嗎？在下關市可以吃到各式各樣的河豚料理。

排成蓮花狀的河豚生魚片 (圖片提供／下關市政府)

在唐戶市場內可買到河豚生魚片

高達 60 公尺的彩虹摩天輪也是唐戶沿岸的醒目建築

唐戶港邊的七彩摩天輪親子樂園

はい！からっと横丁

從門司港可以看見下關市的海岸有座大摩天輪，這座高達 60 公尺的彩虹摩天輪坐落在「はい！からっと横丁」遊樂園內，內，有許多個別收費的遊樂設施，如旋轉木馬、碰碰車、迴轉鞦韆和小型雲霄飛車等，此處的設施較適合幼稚園到國小年紀的兒童遊玩。

搭乘摩天輪可以眺望欣賞到關門海峽不同面向的風景。在自由入場的園區

✉ 下關市あるかぽーと1−40
📞 0832292300
🕐 每日營業時間不定，請見官網
💲 各設施單獨收費，¥100～700不等
➡ 搭乘「下關唐戶關門連絡船」約5分鐘後，從碼頭步行約5分鐘抵達
⏱ 2～3小時
🔗 haikarat.com

✉ 下関市唐戶町5-50
📞 0832310001
🕐 公眾開放時間：週五～六10:00～15:00，
週日、國定假日8:00～15:00；週一～四不
開放，年末年初公休
💴 活力馬關街(零售壽司市集)依各店販售價
格為主
➡ 搭乘「下關唐戶關門連絡船」約5分鐘
後，從碼頭步行約2分鐘抵達
⏱ 1～2小時
🌐 karatoichiba.com/bakangai
📷 @karatoichiba_shimonoseki

1.可隨心所欲選購便宜又豐美的握壽司／2.又
大又美味的握壽司絕對是下關之旅不容錯過
的一環／3.熱鬧的「活力馬關街」總是吸引眾
多饕客前往／4.唐戶市場週一～四為當地漁獲
拍賣中心，僅週五～日有零售壽司

下關市的人氣景點之一，就是位在關門
大橋旁的唐戶市場，唐戶市場被稱為「關門
的廚房」，週一～四為不對外開放的海產漁獲批發地，
週五～日與國定假日時，市場搖身一變為「活力馬關
街」。市場內魚販攤位轉而叫賣握壽司、海鮮炸物與海
鮮丼飯等，亦有擺盤如盛蓮花狀的河豚刺身。觀光客們
熱切的尋找中意的美味握壽司，攤位間此起彼落的叫賣
口號讓整個市場非常熱鬧。想到唐戶市場品嘗新鮮實惠
的海鮮料理，建議留意行程時間，若沒趕上週末市集時
間，也可在市場內餐廳品嘗新鮮海產料理。

满满海膽鮭魚
子丼飯

海響館

日本最大規模的企鵝生態空間

下關市的代表動物是姿態搖擺可愛的企鵝，其由來自位在下關碼頭旁的海響館。海響館擁有日本最大規模的企鵝生態館「企鵝村」，共5種品種、約140隻企鵝在館內生活。

其中又分為室外溫帶區與室內亞南極區，重現了企鵝的生存環境，室內設有巨大水槽與水中隧道設施，讓企鵝擁有足夠活動空間，遊客亦能感受猶如置身海底的神祕幽靜氛圍，另有模擬日本海、關門海峽等下關周遭海域的水槽，和展示逾百種的河豚種類等多種展演。特別的是室外溫帶區為露天狀態，沒有設置玻璃帷幕，讓遊客可近距離觀賞企鵝生態。

☒ 下関市あるかぽーと6番1号
☎ 0832281100
⏰ 09:30〜17:30(最終入館17:00)
💲 成人(高中生以上)¥2,090，小、國中生¥940，幼童(3歲以上)¥410
➡ 搭乘「下關唐戶關門連絡船」約5分鐘後，從碼頭步行約2分鐘抵達
⏳ 3〜5小時
🌐 kkaikyokan.com
📷 @shimonoseki_aquarium_kaikyokan

1.位在下關唐戶碼頭旁／2.1〜2F電扶梯繪有遨遊企鵝群，彷彿和企鵝一起游向海面／3.1F大廳展示日本唯一壯觀雄偉的藍鯨全身骨骼標本／4.在室外區域生活的溫帶企鵝／5.下關市代表動物是姿態搖擺可愛的企鵝(4.5.圖片提供／下関市政府)

巖流島

日本武士的最後對決之地

巖流島是座位於關門海峽上的無人小島，相傳為日本武士宮本武藏與佐佐木小次郎的決鬥之地，因戰敗的佐佐木小次郎自稱「巖流派」，故以此典故命名之。從下關碼頭搭船上島僅10分鐘船程，可以欣賞下關沿岸風光。巖流島的島嶼面積並不大，且島上沒有特殊的建築，只因作為日本武聖宮本武藏的決鬥歷史之地而成為觀光景點。

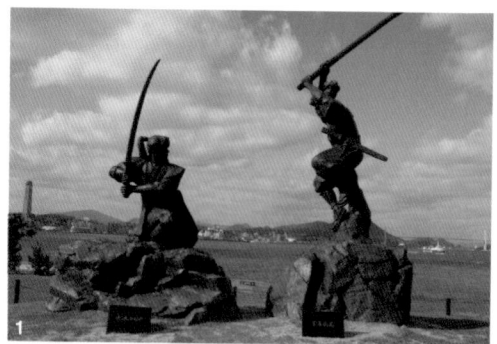

1.宮本武藏與佐佐木小次郎的決鬥雕像／2.從空中俯瞰人工小島「巖流島」(以上圖片提供／下関市政府)

- 下関市彦島
- 0832311350(下關市觀光交流部觀光政策課)
- 整日開放；全年無休
- 免費
- 從下關唐戶1號棧橋乘船約10分鐘
- 0.5～1小時
- mojiko.info/6toku/musasi.html
- 需注意船隻最終班時間

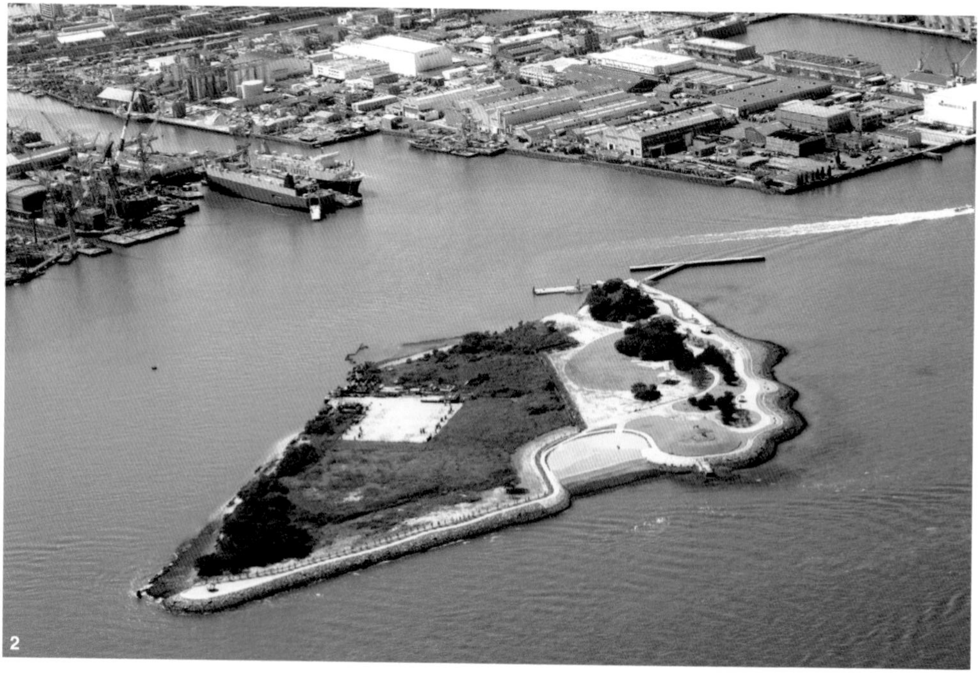

1.談判場石碑／2.議和館內重現簽訂《馬關條約》時的談判現場（圖片提供／下關市政府）

擁有百年歷史的河豚料理店「春帆樓」，除了是日本首間取得河豚料理許可的料理店之外，更作為歷史景點聞名。1888年時日本內閣總理大臣伊藤博文在此品嘗到河豚料理後，即將食用河豚禁令解除。此地亦為1895年日清談判簽訂《馬關條約》的場所，但原建物在戰爭空襲中燒毀，現今餐廳主建物為重建物，餐廳旁另建有「日清議和紀念館」，重現當時場景、李鴻章等人使用桌椅和展示相關文獻資料。

✉下関市阿弥陀寺町4-2
☎0832237181
🕒09:00～22:00
💲日清議和紀念館：免費參觀
🚌搭SANDEN巴士至「赤間神社前站」下車即達
⏱0.5～1小時
🌐shunpanro.com/location/shimonoseki
📷@shunpanro_official

1.紅、白、綠相間的建築與背後大海相輝映／2.造型猶如海底龍宮的赤間神宮是為慰藉安德天皇／3.繪有安德天皇樣貌的繪馬

赤間神宮供奉平安時代末期的安德天皇與平家一族，於壇之浦戰役中戰敗的平家一族，攜僅8歲的安德天皇投海自盡，戰勝的源氏家族遂興建神宮供奉平氏一族。如海底龍宮的造型設計相傳為安德天皇投海前，其外祖母告訴他「海浪底下也有皇宮」之故，象徵慰藉海底的天皇神體。每年5月初安德天皇忌辰會舉辦先帝祭，能見到古代花魁獨特的「外八文字道」步伐與「再現源平合戰」等各式表演。

✉下関市阿弥陀寺町4-1
☎0832314138
🕒整日開放；全年無休
💲免費
🚌從JR「下關站」搭巴士至「赤間神宮前站」，步行約1分鐘
⏱1小時
🌐www.tiki.ne.jp/~akama-jingu

來到素有「溫泉天國」之稱的大分縣，定會被縣內隨處可見的溫泉震撼。號稱日本第一湧泉量的溫泉地區「別府」，是觀光客來到九州泡湯的首選。別府市內有數百座溫泉，如被稱為「別府八湯」的8種不同泉質溫泉、像極了地獄恐怖景象的「別府地獄」、最受外國觀光客歡迎的由布院溫泉等。被雄偉山川包圍擁有美麗自然景觀的「湯之坪商店街」街道，林立販售土產、名品和各式伴手禮的店家。在冬日清晨時可見到仙氣十足的「金鱗湖」，湖面四周有著裊裊白煙猶如仙境。大分溫泉風格百百種，可謂任君挑選！不妨到大分將泡湯賞景一次滿足吧！

走到哪泡到哪的日本第一溫泉鄉

大分縣
おおいたけん

圖片提供／大分縣ツーリズムおおいた

前往別府與由布院

由於大分縣緊鄰福岡縣，多數旅客會從福岡機場、北九州機場前往大分縣。欲搭乘公共交通工具的旅客，主要以JR列車與高速巴士前往大分。可依據已持有的票券(PASS)規畫交通方式。

前往地區	JR列車(持有JR PASS)	高速巴士(持有SUNQ PASS)
別府	從博多車站搭乘「音速號列車」至別府車站，車程約1小時50分鐘，車票單程指定席¥6,470	從「福岡機場國際線航廈」出發： 1.「鐵輪口巴士站」下車：可以直達別府地獄巡禮區域或在鐵輪地區的住宿 2.「別府北濱巴士站」下車：若要到別府車站附近的景點或住宿可搭乘，至別府北濱巴士站車程約2小時，車票¥3,250(單程)
由布院	從博多車站搭乘觀光列車「由布院之森」至由布院車站，觀光列車均為對號座，需事先於JR車站內「綠色窗口」預約劃位，乘車約2小時10分鐘，車票單程指定席¥5,690	從「福岡機場國際線航廈」搭乘「ゆふいん号」出發前往「由布院院前巴士中心」，乘車約1小時50分鐘，車票¥3,250(單程)

＊資料時有異動，請以官方公告為準(製表／王彥涵)

在大分縣內移動以租車自駕較方便，若非自駕者，建議早上規畫景點較集中的由布院地區；下午搭乘列車、快速巴士，再轉搭巴士往來景點較散落的別府地區。

1.夜晚的別府車站／
2.高速巴士車票／
3.由布院車站／4.別府車站

大分市內巴士

別府與由布院之間的交通

　　來往大分觀光地區別府、由布院，主要可搭乘觀光快速巴士「ゆふりん」(Yufurin) 與 36 號路線巴士

路線	觀光快速巴士「ゆふりん」(Yufurin)	36 號路線巴士 (別府湯布院線)
行車次數	平日、週末、國定假日均約7趟往返車次	平日12趟往返、週末與國定假日17趟往返
行經車站	於別府車站東口出發，途經別府北濱巴士中心、別府交通中心、鐵輪口、別府纜車、城島高原公園，終點為由布院車站前巴士中心	於別府車站西口出發，途經主要巴士站如別府公園前、市役所前、城島高原前、由布登山口、湯之坪，終點為由布院車站前巴士中心
出發地點	別府車站東口	別府車站西口3號乘車處
抵達地點	由布院車站前巴士中心	由布院車站前巴士中心

(製表／王彥涵)

別府龜之井巴士

由布院巴士總站即位於由布院車站外

別府北濱巴士總站距離別府車站約20分鐘步行時間

My beppu free別府巴士一日券(龜之井巴士一日券)

　　可無限次暢遊除三麗鷗和諧樂園、高崎山、海之卵水族館以外之別府景點。可根據行程安排多寡決定是否需購買，假設只前往7個地獄景點就不需購買。

票種	使用範圍	價格	售票地點
Mini	別府市內、城島高原地區(參照DM上的粉紅色虛線內無限搭乘)	大人¥1,100、學生¥900、兒童¥550	由布院巴士站、別府車站觀光案內所
Wide	別府市內全線、城島高原、湯布院、九州自然動物園地區無限搭乘	大人¥1,800、兒童¥900	由布院巴士站、別府車站觀光案內所

資料時有異動，請以官方公告為準(製表／王彥涵)

鐵輪地區交通

鐵輪1

　　別府站西口2號巴士站搭「5、16、16A、17、24號」路線巴士，可以往來別府市區與「海地獄」巴士站間，車費約¥320。

鐵輪2

　　搭乘「16、16A號」路線巴士，可以往來「鐵輪」巴士站與「血池地獄」巴士站之間，車費約¥180。

伊勢龍蝦
イセエビ

伊勢龍蝦體型壯碩，肉質結實鮮美，包在暗紅色盔甲般的堅硬外殼、內潔白剔透的龍蝦肉，不論是做為刺身或燒烤、川燙後食用，都可品嘗到清甜高雅的滋味。東九州大分縣佐伯市依傍著豐後海峽，其流經的黑潮暖流孕育了豐富海洋生物。沿大分縣佐伯市到宮崎縣延岡市的日豐里亞式海岸有「東九州伊勢龍蝦海道」的稱號，每年9～12月日本會舉辦「伊勢龍蝦節」，能體驗親手料理伊勢龍蝦的活動。

坐擁漁獲充沛的豐後海峽與群山綿延的自然環境，大分縣的物產可說是吸收了自然的精華。不需多加調味，只需盡情品嘗食材最單純的味道！

物產

岡本屋：地獄蒸布丁
岡本屋：地獄蒸しプリン

別府地獄的蒸氣除了可以在鐵輪溫泉用溫泉蒸氣蒸熟各式生鮮蔬菜外，在「明礬溫泉」的甜點老鋪岡本屋更是利用溫泉蒸氣做出「地獄蒸布丁」的人氣甜點。地獄蒸布丁是使用溫泉蒸氣蒸熟，可以將溫泉中的精華與獨特氣味融入蛋液中，扎實濃郁的布丁體可以品嘗到滿滿的蛋香，布丁底部綴以略帶苦味的焦糖，每一口都吃得到真材實料。除了卡士達原味，另有咖啡、抹茶和草莓等口味。在別府車站可購買到方便攜帶的包裝，適合當伴手禮。

— 岡本屋
✉別府市明礬3組 ➡從JR日豐本線別府站搭乘開往鐵輪、立命館亞洲太平洋大學方向的龜之井巴士，30分鐘後於「地藏湯前站」下車即抵達 🕒08:30～18:30 🌐jigoku-prin.com

(圖片提供／大分縣ツーリズムおおいた)

雞肉飯團
鶏めし

將雞肉切成細碎小塊狀加入牛蒡拌炒後，先以糖、醬油與清酒調味。再加入米飯炒製一遍，蒸熟後混合均勻做成飯團。這道「雞肉飯團」料理在日本各地相當常見，據說起源為從前獵人使用野雞或鴿肉做成飯團來招待客人。「めし」在日文裡為飯之意，因大分縣是日本「一村一品運動」起源地，因而將雞肉飯團指定為其代表產品。在九州許多家庭餐廳都可吃到充滿質樸滋味的雞肉飯團。

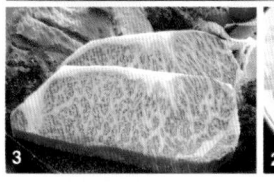

1 鮮美滋味讓人回味無窮／2 將脂肪少的牛腱子肉做成刺身品嘗的「腱刺」相當美味／3 滋味豐美的牛肉(圖片提供／大分縣ツーリズムおおいた)

豐後牛
大分養育的鮮美上等和牛肉

頂級黑毛和牛「豐後牛」是在擁有豐饒自然的大分縣裡，讓牛隻悠閒成長才能成就「大分豐後牛」的美味。在大分養育、不滿36個月的黑毛和牛品種，且肉質等級在4級以上才能稱作「大分豐後牛」，其肉質特徵分布著細緻的霜降油花，滋味鮮美濃郁、入口即化。在別府站前擁有40年歷史的人氣燒肉老店「燒肉一力」，能以親民價格吃到最高等級的A5豐後牛肉，推薦厚切牛里脊肉切塊，可以大口品嘗到口感柔軟、滋味豐美的牛肉，另外店內還有生牛肉刺身，新鮮的牛肉切片沒有腥臊味的清爽滋味，讓人回味無窮。

—— 燒肉一力

📧別府市駅前本町6-37　➡️從別府車站步行5分鐘　🕐17:00～24:00
IG @yakinikuichiriki_beppu

酸橙汁
かぼすジュース

大分縣從江戶時代就開始種植酸橙，原本僅是當地人作為藥材使用。酸橙含有豐富的檸檬酸與維生素C的天然營養，其氨基酸含量更為柑橘類水果之首。一顆酸橙的果汁含量相當高，醇厚酸味與清爽香氣全蘊含在果汁裡。現今大分人會將酸橙汁搭配炸物、烤物、生魚片、味噌湯、火鍋等各式料理，可謂全能配角。

乾香菇
干し椎茸

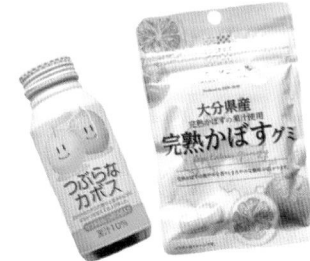

作為農產大縣的大分縣擁有相當適合栽培香菇的氣候與環境，從江戶時代起大分縣有栽培香菇的歷史。尤以乾燥香菇更為出名，乾香菇產量占日本產量40%。大分乾香菇的豐富香氣與厚實口感，使其成為日本高級伴手禮的代表之一。且因使用天然原木栽培，乾香菇會因收成季節不同而有不同的香氣口感。推薦給喜愛日本在地農產品的旅人。

大分特色

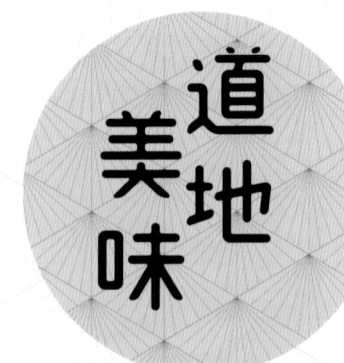

道地美味

大分縣擁有背山臨海的絕佳自然環境,可一嘗利用溫泉地熱料理的地獄水煮蛋、地獄蒸布丁等別府美食,使用大分縣所產的油脂豐美的「豐後牛」料理,在地樸實的鄉土料理「團子湯」,融合異國風味「別府冷麵」與「雞肉天婦羅」等餐點,或是漫步在由布院湯之坪的街道來場甜點巡禮。

團子汁／だんご汁
大分家庭的質樸美味

在大分的家庭料理店與餐廳都可以品嘗「團子汁」,是凝聚了大分自然食材的一道鄉土料理,嘗起來類似台灣麵疙瘩。

大分縣沒有太多平坦土地,從前沒辦法豐收水稻的時期會改種植小麥,因此當地有許多小麥製成的料理,先將小麥粉製成麵團,以手工捏製成不規則的薄皮狀,再將麵團放入以紅蘿蔔、香菇和牛蒡等大量根莖類蔬菜和豬肉片熬煮的味噌湯內,烹煮而成。飽足感十足又營養,讓人彷彿吸收滿滿自然能量。

甘味茶屋(あまみじゃや)
✉別府市実相寺1-4 🕙10:00〜21:00(最後點餐20:30);不定休 ➡從別府車站搭24號亀之井巴士往「立命館アジア太平洋大学」方向在「別府総合庁舎站」下車 http amami.chagasi.com IG @amamichaya

❶吸飽美味湯汁的Q彈團子／❷雞肉飯團與團子汁是具滿滿營養的樸實料理

別府冷麵
中韓日文化碰撞出獨特清爽料理

別府冷麵據說為二次世界大戰後昭和25年(西元1950年)時，由中國東北滿州歸來的人將朝鮮冷麵料理方式傳入別府。別府冷麵能分為在冷麵專賣店與燒肉店販售兩大種類，在冷麵專賣店內使用的是以小麥麵粉或蕎麥麵粉，製成極具咬勁的Q彈粗麵條；而在燒肉店內的冷麵，則是使用口感像蒟蒻般滑溜且較細長的麵條。

別府冷麵以醬油口味的冷湯頭作為基底，加入高麗菜泡菜、牛肉塊和雞肉等配料，食用時一口吸入清爽有勁的麵條，搭配酸辣脆口的泡菜與日本少見的牛肉塊，體會這道兼容中、日、韓料理的獨特風味，令人驚豔。目前別府約有30家店鋪提供別府冷麵，其中推薦冷麵專賣店「六盛」以及創始店「胡月」。

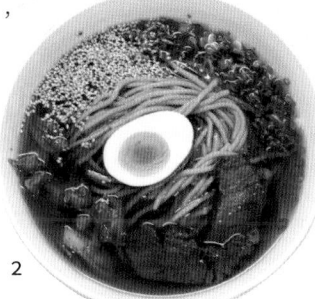
❶還可以看到冷麵的製作現場，相當有趣／❷與韓式冷麵十分相像，但湯頭更添了點日式的醇厚

別府冷麵 六盛（本店）
✉ 大分県別府市松原町7－17 🕐11:30〜14:00,18:00〜20:00；每週三公休 ➡別府車站步行5分鐘即抵達 IG @rokusei_beppureimen

胡月
✉別府市石垣東 8-1-26 🕐週一11:00〜16:00；週三〜五 11:00〜17:30；週六、日11:00〜19:00；週二公休 ➡搭24號巴士至「立命館アジア太平洋大学」巴士站下車，步行10分鐘

雞肉天婦羅／とり天
大分縣鄉土料理代表之一

❶❷比日式炸雞塊略厚的麵衣口感十足／❸大分特產酸橙製作的酸橙醋滋味清香

由別府老牌中式餐廳「東洋軒」廚師製作出日本人口味的雞肉料理，起初是因當時雞肉價格便宜且容易取得，因而製作出人人都能料理又美味的雞肉天婦羅，將新鮮雞肉切成一口大小後醃製，裹上麵糊、油炸成多汁Q彈的大分雞肉，再搭配大分常見的酸橙醋醬汁一起享用，在酸爽醬汁的提味下引出鮮甜的雞肉滋味。在大分縣的中華料理店、家庭餐廳和居酒屋等都有機會品嘗到。

東洋軒
✉別府市石垣東7丁目8番22号 ➡搭24號龜之井巴士往鐵輪・APU方向，於「船小路站」下車，步行5分鐘 🕐11:00〜15:30(最後點餐15:00)、17:00〜22:00(最後點餐21:00)；週二公休 🌐toyoken-beppu.co.jp IG @rokusei_beppureimen

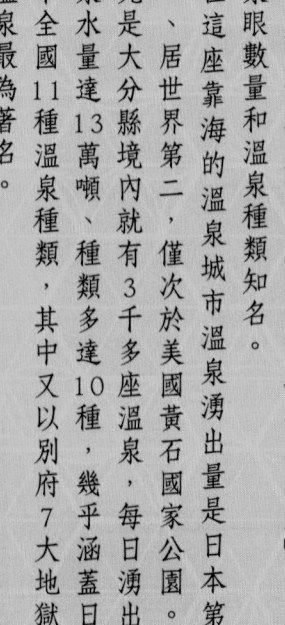

別府市

自奈良時代起別府市就以遍布溫泉、湧泉的景觀成為日本著名的「溫泉之鄉」，以泉眼數量和溫泉種類知名。

在這座靠海的溫泉城市溫泉湧出量是日本第一、居世界第二，僅次於美國黃石國家公園。光是大分縣境內就有3千多座溫泉，每日湧出泉水量達13萬噸、種類多達10種，幾乎涵蓋日本全國11種溫泉種類，其中又以別府7大地獄溫泉最為著名。

別府市地圖

別府溫泉 地獄巡禮

別府溫泉最出名的景點當屬「7 大溫泉地獄巡遊」，在別府地區共有 7 處擁有自地底百公尺深處噴湧出的蒸氣、滾燙泥水與沸騰溫泉，形成如地獄景致的溫泉湧泉。這 7 處分別是：海地獄、鬼石坊主地獄、灶地獄、鬼山地獄、白池地獄、龍捲地獄和血池地獄，其中海地獄、白池地獄、龍捲地獄與血池地獄等 4 處湧泉，被指定為日本國家名勝景點。

海地獄

可愛的溫泉地獄鬼娃娃

藥用入浴劑

觀光案內所

別府地獄巡禮組合套票

別府地獄的一座地獄入場費多要 ¥300～400，共有 7 座溫泉，若預計參觀超過 5 座的人，推薦可購買「別府地獄組合套票」會划算許多。

販賣地點	各地獄售票口、別府車站觀光案內所
販售價格	大人 ¥2,000、高中 ¥1,350、國中 ¥1,000、小學 ¥900(購買時出示折價券)
票券優惠	官網有 10% off 折價券，每張可 5 人使用

＊資料時有異動，請以官方公告為準 (製表／王彥涵)

別府地獄巡禮組合套票

別府地獄巡禮巴士以日本「鬼」為造型設計，車身上還有鬼角相當可愛

7 大地獄參觀路線推薦

巴士路線有紅 (直線往返)、綠 (環狀線) 兩條，巴士站牌上亦有清楚路線圖。坐到「海地獄前」站下車，逛完 5 個地獄後 (海地獄、鬼石坊主地獄、鬼山地獄、灶地獄、白池地獄)。到「鐵輪站」搭綠色環狀線巴士，前往另外 2 座地獄 (血池地獄、龍捲地獄)。

龜之井巴士鐵輪站

1. 看起來像汽水般清涼的鈷藍水池／2. 利用溫泉熱種植的熱帶睡蓮

海地獄

如鈷藍色海洋般的海地獄，奇異的藍色泉水是因為溫泉中的硫酸鐵成分溶於水中而形成。溫度高達98度，池內不斷湧出的泉水持續散發出濃密的白煙，讓人彷彿真的置身於炙熱的地獄裡。園區內還有利用溫泉熱來種植源自亞馬遜的熱帶睡蓮。

✉別府市大字鉄輪559-1
☎0977660121
🕐08:00～17:00；全年無休
💲大人¥400，高中生¥300，國中生¥250，小學生¥200
➡️於JR別府站東口搭地獄溫泉巴士至海地獄；或JR別府站西口搭龜之井巴士2、5、9、24、41號，往鐵輪方向至海地獄前下車後，步行1分鐘
⏳0.5～1小時
🌐www.umijigoku.co.jp
IG @umi_jigoku

1. 鬼石坊主地獄範圍以數個柵欄圍起的泥池構成／2. 不斷冒出咕嘟聲的黏稠泥漿

鬼石坊主地獄

位在海地獄旁的鬼石坊主地獄，曾被記載於西元733年編寫的《豐後風土記》裡，因其泥漿樣貌如和尚的頭頂，所以稱此溫泉為「鬼石坊主地獄」。園區內由一窪窪沸騰如岩漿般的泥水所構成，在池中不斷湧出的泥漿，與不時傳出響徹園區的咕嘟咕嘟氣泡聲，更添地獄般詭異而迷離的氣氛。

✉別府市大字鉄輪559-1
☎0977276655
🕐08:00～17:00；全年無休
💲大人¥400，高中生¥300，國中生¥250，小學生¥200
➡️於JR別府站東口搭地獄溫泉巴士至海地獄；或於JR別府站西口搭龜之井巴士2、5、9、24、41號，往鐵輪方向至海地獄前下車後步行1分鐘
⏳0.5～1小時
🌐oniishi.com

灶地獄（かまど地獄）

離海地獄約步行5分鐘的路程即到達灶地獄，園區內設有6種地獄溫泉景觀，1丁目為不斷噴湧出茶褐色熱泥的地獄溫泉；2丁目有伴隨陣陣熱煙的巨大灶地獄形象「灶鬼雕像」裝飾；3丁目為溫度高達85度的天藍色地獄溫泉泉池；4丁目為80度高溫熱泥地獄溫泉，此區工作人員會表演吐出煙氣後，水蒸氣附著於煙霧的現象；5丁目泉池每年都會變色數次，濃淡不定、時藍時綠；6丁目則因為地底含有鐵元素，構成現今如鐵鏽般的熱泥地獄樣貌。

✉別府市大字鉄輪621番地
☎0977660178
🕐08:00～17:00；全年無休
💲大人¥400，高中生¥300，國中生¥250，小學生¥200
➡於JR別府站東口搭地獄溫泉巴士至海地獄；或於JR別府站西口搭龜之井巴士2、5、9、24、41號，往鐵輪方向至海地獄前下車後步行3分鐘
⏳0.5～1小時
🌐kamadojigoku.com

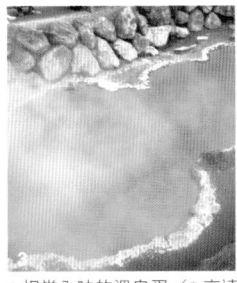

1.相當入味的溫泉蛋／2.高達兩層樓的地獄造景／3.6丁目看起來和地獄血池一樣

鬼山地獄

鬼山地獄又名為「鱷魚地獄」，其名由來為1923年開始成為日本第一家利用溫泉熱飼養鱷魚的園區。園區內的溫泉溫度高達99度，熱氣奔騰與鱷魚交雜的情景，看起來猶如在可怕的地獄一樣，園內飼養著尼羅河鱷、短吻鱷等來自世界各地約80多頭的鱷魚，其中生於1992年的鱷魚「一郎」是園內的動物明星。另外，園內還展示著鱷魚實體標本與骨骼標本，讓人可以更了解鱷魚，在每週三、六、日還有鱷魚的餵食表演秀。

✉別府市大字鉄輪625
☎0977671500
🕐08:00～17:00；全年無休
💲大人¥400，高中生¥300，國中生¥250，小學生¥200
➡於JR別府站東口搭地獄溫泉巴士至海地獄；或於JR別府站西口搭龜之井巴士2、5、9、24、41號，往鐵輪方向至海地獄前下車後，步行5分鐘
⏳0.5～1小時
🌐oniyama-jigoku.business.site

鬼山地獄內住著許多鱷魚

白池地獄

洋溢著日式傳統風情的和風庭園內，其中的大池為會隨季節變化顏色的溫泉，普通呈藍綠帶白的水色，在噴出時為透明湧泉，落入池內後，因為溫度和壓力降低而轉變為青白色的淡雅色彩。園區內亦設有利用溫泉飼育食人魚、象魚等熱帶魚館。

1.猶如牛奶般的白色泉池／2.飼有數隻巨大美麗的巨骨舌魚

✉別府市大字鉄輪278
☎0977660530
🕐08:00～17:00；全年無休
💲大人￥400，高中生￥300，國中生￥250，小學生￥200
➡於JR別府站東口搭地獄溫泉巴士至海地獄；或於JR別府站西口搭龜之井巴士2、5、9、24、41號，往鐵輪方向至海地獄前下車後，步行7分鐘
⏳0.5～1小時
🌐beppu-jigoku.com/shiraike
📷@beppushiraikejigoku

龍捲地獄

龍捲地獄與血池地獄位在離其他5座地獄距離約10分鐘巴士路程的鐵輪地區。龍捲地獄如其名，是一座定時噴出熱泉的間歇湧泉，這裡的溫泉進行著週期性的噴湧，溫泉在地下時約有150度高溫，噴出後降低為105度，噴發間隔約30～40分鐘，一次噴發持續約5分鐘，在噴射前，園區會進行廣播通知，到這廣場前欣賞壯觀又奇特的地獄景象吧！

2 奔騰的熱水蒸氣齊發相當壯觀

✉別府市野田782
☎0120459219
🕐08:00～17:00；全年無休
💲大人￥400，高中生￥300，國中生￥250，小學生￥200
➡從「鐵輪站」搭乘16A號巴士前往「血之池地獄前站」下車候，步行1分鐘
⏳0.5～1小時
🌐beppu-jigoku.com/tatsumaki

血池地獄

血池地獄為日本最古老天然地獄溫泉，滿池鮮紅的顏色彷彿用鮮血將池塘填滿，這般腥紅奇異泉色是因地下高溫、高壓而引起的自然化學反應，使地底噴射出富含氧化鐵、氧化鎂的紅色熱泥漿，將整座池水染成紅色。園區內還販售使用從血池地獄汲取的泥土所製成的皮膚病藥膏，吸引許多遊客嘗鮮。

1.超人氣的血池皮膚軟膏／2.以紅、綠和藍鬼概念做設計的造型販賣機／3.看起來格外辣的血池地獄限定柚子胡椒／4.猶如地獄裡的滿池血水景色／5.擁有鬼外型的有趣石桌

✉別府市野田778
☎0120459554
🕐08:00～17:00；全年無休
💲大人¥400，高中生¥300，國中生¥250，小學生¥200
➡從「鐵輪站」搭16A號巴士前往「血の池地獄前站」，下車即抵
⏳0.5～1小時
🔗chinoike.com

大分縣 別府市專題：別府溫泉地獄巡禮

大分 Marine Palace
海之卵水族館
大分マリーンパレス水族館うみたまご
與藝術共遊的美麗海洋世界

海之卵水族館坐落於別府灣岸上，面向高崎山、背臨遼闊的瀨戶內海。館內擁有世界第一座模擬自然海洋潮流的回游水槽，進入水族館2F後幽暗大廳內，首先可以在演奏的優美音樂下，欣賞重現大分縣豐後水道生態的巨大水槽，水槽內有許多種類的鯊魚和約90多種的魚類。

水族館分為五大區域，有展示大分河川生態的自然區域、充滿獨特魅力的花園鰻與多種毒蛙，室外有可近距離接觸海象、桃鵜鶘的表演區，還有海獅、灰海豹、麥哲倫企鵝與水獺的生活空間等，能

觀賞到在寒帶與熱帶不同環境的海洋生物生態；而在海豚表演區的後方是可以眺望別府灣的觸摸體驗區。館內1樓的海洋兒童遊戲室內，有許多海洋生物造型的遊樂設施，連大人都會愛上這個區域。在參觀完海之卵水族館別忘了分別位在1、2樓的紀念品區，兩間店內容稍有不同，販售有許多獨家的可愛海洋生物周邊產品。

✉大分市大字神崎字ウト3078番地の22
☎0975341010
🕐3～10月：09:00～18:00；11～2月：09:00～17:00
💲成人（高中以上）¥2,600，國中小生¥1,300，兒童（4歲以上）¥850
➡於大分車站或別府車站東側巴士站搭大分交通路線巴士往「大分車站」方向至「高崎山自然動物園前」下車
⏱4～5小時
http www.umitamago.jp
IG @umitamago_staff

1.大廳天花板遨遊著巨大的鯨魚／2.海象和訓練師共同演出的可愛表演，結束後還可以與海象近距離接觸／3.海洋生物造型遊樂區可以讓孩子瘋狂放電／4.以「海之卵」為設計靈感，讓人猶如走進深海和孕育生命的起點／5.奇幻又充滿生命力的熱帶區域大水箱

竹瓦溫泉

別府歷史最悠久的百年溫泉會館

因百年歷史和獨特建築構造被列入日本國家有形文化財

✉別府市元町16-23

☎0977231585(不接受電話預約)

🕐普通浴：06:30～22:30；砂浴：08:00～22:30；12月的第3個週日公休

💲普通浴¥300；砂浴¥1,500

➡JR別府站東出口搭巴士至「流川ゆめタウン前站」下車

⏱1～2小時

🌐www.city.beppu.oita.jp/sisetu/shieionsen/detail4.html

📷@takegawara_onsen

西元1938年將屋頂改建成9世紀日本特有的波浪屋頂造型「唐破風式」，原本的屋頂為竹材料，之後改為使用屋瓦，因而命名為竹瓦溫泉。館內設有砂浴及一般男女澡堂，體驗獨特的室內砂浴時，全身僅能著著浴衣，躺入砂浴場後鏟沙人員會鏟起經溫泉加熱後的砂覆蓋於全身，僅剩頭部裸露在外，讓全身受到均勻加熱促進血液循環，體驗完後會有神清氣爽的舒暢感。澡堂保留傳統日式大浴場設計，男女湯各僅有一座充滿熱燙溫泉的浴池，在滿覆復古氣息的明治時代建物中，享受身心都適意的傳統溫泉洗禮。

全身被掩埋在熱燙的沙中非常舒服

「九州自然動物園」位在大分縣宇佐市的山區裡，廣闊的自然開放園區內生活著許多大型動物，為日本最大自然野生型態動物園。與一般動物園不同，人們才是被關在籠裡的一方，超人氣體驗活動是搭乘生態觀察巴士「叢林巴士」，進入大型野生動物所生活的「野生狩獵體驗區」，能近距離觀察、餵食大型動物，整趟巴士車程約50分鐘，並設有中文的叢林巴士服務，需事先上網預約才能搭乘，共有11種以大象、犀牛和獅子等動物形象設計的叢林巴士，搭乘前別忘了和叢林巴士拍照留念！

野生狩獵體驗區內有兇猛的獅子、老虎、獵豹與黑熊等，還有草食動物如長頸鹿、斑馬、羚羊、犛牛、大象等；小動物互動區內有天竺鼠、松鼠猴等，還可進入袋鼠生活區域內與牠們零距離相處。動物園入口處旁設有名貓

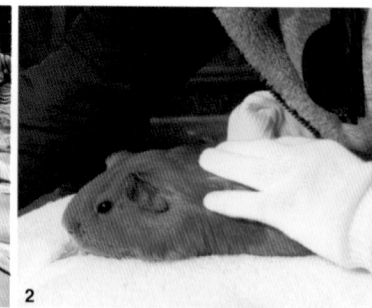

館、名犬館，可付費體驗互動，館外設有水豚與迷你馬生活區，到九州自然動物園感受如身在非洲觀賞動物的獨特體驗吧！

✉ 宇佐市安心院町南畑2-1755-1
☎ 097882331
🕐 3/1～10/31：09:00～16:30；
11/1～2/28：10:00～16:00
💰 入園費成人￥2,600，兒童￥1,500(騎馬體驗、叢林巴士等費用另計)
➡ 從別府車站西口搭龜井巴士到「サファリ站」，下車即抵達
⏱ 3～5小時
http www.africansafari.co.jp
IG @africansafari_lion

1.造型相當可愛的「叢林巴士」／2.3.能摸天竺鼠和與袋鼠近距離接觸的特別體驗／4.犛牛

鐵輪蒸溫泉

鉄輪むし湯

感受沁入鼻息的療癒藥草香

鐵輪蒸溫泉建築古色古香

別府市鉄輪上1
0977673880
06:30～19:30(20:00閉館)；每月第四個週四公休
入浴費：小學生以上¥700，浴衣租借：¥220；蒸足：免費(可自帶T恤和短褲，或出借浴衣)
從JR日豐本線別府站搭開往鐵輪方向的龜之井巴士，於鐵輪下車，步行5分鐘
1～2小時
bit.ly/374svoq
@kannawaonsen

「鐵輪溫泉」是別府湧出溫泉最為集中的地區，因此保留相當完整的溫泉鄉風情，走在鐵輪溫泉街上可看見不斷湧出的溫泉蒸氣，街上亦有不少可免費體驗的足湯溫泉。溫泉街中心為日本高僧一遍上人於1276年所創建之「鐵輪蒸溫泉」，傳統木造溫泉建築內分為男女湯，可租借浴衣或自備衣服。換上衣服後隨即指示進入蒸氣石室，加熱的石室地板上鋪滿石菖蒲草藥。充滿藥草香的三溫暖，彷彿連毛細孔都張開排毒，排完汗後再溫泉泡澡，身體會感受到無比輕盈。

地獄蒸工房

地獄蒸し工房鉄輪

用溫泉地熱蒸煮食材的有趣體驗

1.戴上手套體驗親自蒸煮食物的有趣經驗／2.新鮮食材用蒸氣蒸熟，滋味單純鮮美

別府市風呂本5組
0977663775
09:00～21:00；每月第三個週三公休
於JR別府站搭龜之井巴士往鐵輪至終點站下車
1～3小時
is.gd/1WdqjG
@jigokumushikoubou

地獄蒸工房位在古意十足的鐵輪溫泉街上，是間保留江戶時代利用溫泉天然地熱的蒸籠料理餐廳，可體驗利用「蒸釜」產生蒸氣的淡淡鹹香，更添料理風味。工房提供數十種食材，如新鮮魚貝海鮮、大分產牛豬雞肉、蔬菜、各式包子與餃類等，亦提供飯類讓遊客能吃得飽足，品嘗食材單純滋味是鐵輪溫泉地區能夠體驗不同溫泉觀光的方式。

方式，由於不使用任何一滴油，又以蒸氣蒸熟料理，保留食材本身的鮮甜與營養，還帶有「鹽化溫泉」蒸氣的淡淡鹹香，更高達98度的溫泉蒸氣料理。

由布院地圖

由布院

由布院溫泉是大分縣的觀光溫泉渡假勝地，深受日本海內外人士的喜愛，擁有全日本第三大的溫泉湧出量，因此在由布院地區聚集著許多溫泉旅館。

從設計感十足的由布院車站出發，沿著由布院通林立的商店與餐廳，前往熱鬧的觀光區域「湯之坪街道」，路途看不見現代化的高樓大廈，有的是保留日本鄉間矮房的鄉村風情，讓人有種舒適、悠閒的遺世獨立感。

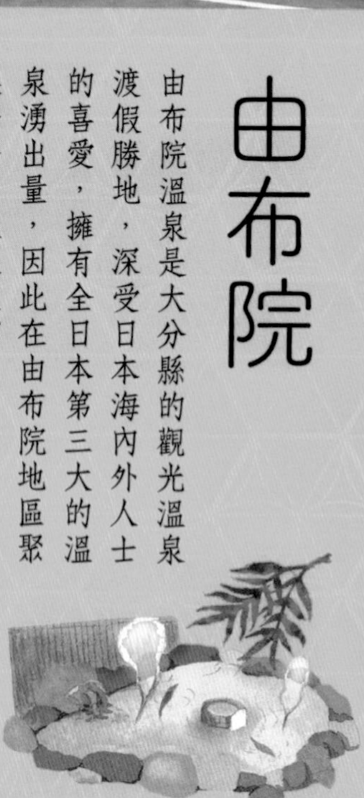

金鱗湖

由布院溫泉區代表景點之一的金鱗湖，是座周長僅約400公尺、步行一圈僅10分鐘的小湖泊，在湖邊可欣賞到湖旁森林與倒映於湖面的樹影美景。相傳1884年儒家學者毛利空桑看見湖中魚鱗在夕陽照耀下顯得金燦奪目，故將此地命名「金鱗湖」。

因其湖畔西側會湧出溫泉，東側卻湧出清水的奇特現象。在9～3月間的清晨，湖中熱燙的溫泉與冷空氣相會所產生的蒸氣飄散於湖面上，彷彿仙境般的景象，期間限定的金鱗湖成為遊客趨之若鶩的隱藏美景。

秋季時的多彩楓景也是由布院人氣觀光時期

大分
由布院

📧由布市湯布院町川上
📞0977843111(由布市工商觀光課)
🕐整日開放；全年無休
💲免費
➡從JR久大線「由布院車站」步行約20分鐘
⏳0.5～1小時

天氣好時可以看見照映整片乾淨天空的金鱗湖面

當地最熱鬧的觀光區域「湯之坪街道」以壯觀由布岳山巒為襯，保留江戶時代的懷舊建築，組成連貫四通的傳統風情商店街。在長達1公里的湯之坪街道上，有各式土產、雜貨店、甜點和咖啡廳等，其中更有米菲兔餐廳「Miffy森之廚房」、宮崎駿商品專賣店「どんぐりの森」、玻璃工藝品專賣店「玻璃之森」，以及雜貨店「由布院の猫屋敷、犬家敷」等特色商店，更設有集多間特色土產、日式甜點等店鋪的「湯の坪橫丁」，日式復古建築設計別有一番風情。

旅遊小學堂

由布院還是湯布院？

經常可見「由布院」和「湯布院」兩個地名，其日文發音同為「ゆふいん」(Yufuin)，其實是指同一個地區。

1955年時日本各地都在進行將自治體合併的工程，大分縣「湯平村」與「由布院町」兩個地區被重新合併為「湯布院町」，又於2005年併入「由布市」，因而造成外國人對地名混亂的情形，故當地有許多路標及店家招牌直接以平假名「ゆふいん」標示，可解讀成「由布院溫泉」為溫泉名，「湯布院町」則為行政區域名。

⊠由布市湯布院町
◎整日開放；全年無休
⑤免費
➡搭JR久大本線至「由布院站」下車步行約7分鐘
⏰1～2小時

1.玻璃工藝品專賣店「玻璃之森」／2.宮崎駿商品專賣店「どんぐりの森」／3.米飛兔餐廳處處都有兔子圖樣

花麴菊家

★ 布丁
銅鑼燒
大注目！

將銅鑼燒與布丁結合的創作甜點「布丁銅鑼燒」，在扎實溼潤的銅鑼燒內，夾入特製的卡士達奶油，再搭配苦甜的焦糖醬布丁，和洋並存的美味和菓子讓人耳目一新。

✉由布市湯布院町川上1524-1
🕐09:00～18:00

YUFUIN MILCH
(由布院ミルヒ)

曾獲「世界品質評鑑大賞」(Monde Selection) 金賞的由布院人氣甜點，擁有冷熱雙重品味方式的半熟起司蛋糕。奶香十足的蛋糕表面下，有著綿密柔滑的香濃起司內餡。

✉由布市湯布院町川上3015-1
🕐09:30～17:30
📷@hanayori_yufuin

★ 半熟
起司蛋糕
大注目！

菓匠花より

★ 日式團子
大注目！

金鱗湖附近的「菓匠花より」販售多彩可愛的和風日式團子，使用日本產糯米粉製成充滿彈性的白玉團子。搭配特色醬料如藍莓、柚子，亦有日式傳統抹茶、醬油與黃豆粉等多種口味。

✉由布市湯布院町川上1488-1
🕐09:30～18:00；不定休
📷@hanayori_yufuin

★ 鋼琴造型
羊羹
超人氣商品！

爵士與羊羹
(ジャズとようかん)

鋼琴琴鍵造型的質感羊羹相當精緻，經典黑白琴鍵口味加入無花果乾。柔軟羊羹口感伴著Q軟果乾，甜味與酸味讓人欲罷不能。搭配熱茶一起吃，感受日本傳統甜點與視覺的雙重饗宴吧。

✉由布市湯布院町川上3015-4
🕐10:00～16:30；週四公休

B-SPEAK

★ 蛋糕卷
大注目！

由布院湯之坪街道超人氣的生乳捲「P-roll」，來訪遊人幾乎都會買上一條品嘗，可事先預約或現場購買。使用在地雞蛋與上等砂糖製成溼潤且充滿氣孔的糕體，配上低脂清爽生乳鮮奶油，單純醇厚的滋味擄獲無數的味蕾。

✉由布市湯布院町川上3040-2
🕐10:00～17:00；不定休一年2次
📷@bspeak_yufuin

背靠由布岳美景的名家美術館

在由布院老街裡有間小小的美術館「COMICO ART MUSEUM YUFUIN」，雖然館藏作品不是很多，卻蒐藏了奈良美智、村上隆、杉本博司等名家作品。連建築本體都是隈研吾設計的，2樓展品更有襯著壯觀由布岳背景的奈良美智《Your Dog》，對稱的屋簷像是天然的畫框框住了狗狗。計畫至由布院老街旅遊時推薦先上網預約看展，美術館就位在老街裡面相當方便。

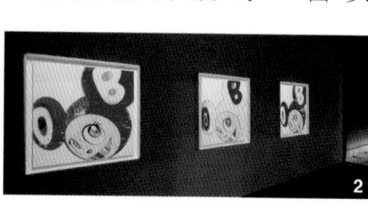

1.可以近距離欣賞作品／2.村上隆作品

🖂 大分県由布市湯布院町川上2995-1
📞 0977768166
🕐 09:30～17:30，隔週週一公休
💲 成人¥1,700、學生¥700～1,200日圓、學齡前兒童免費
➡️ 從「博多站」搭乘JR九州久大本線至「由布院站」步行約15分鐘抵達
⏱ 2小時
http camy.oita.jp
IG @comicoartmuseum1022

繪本般的夢幻童話村落

坐落於湯之坪街道的「YUFUIN FLORAL VILLAGE」異國風情村，重現電影《哈利波特》取材地的英國Cotswold小鎮。踏入以鵝黃石塊打造的英式鄉村小石屋和花園內，讓人彷彿來到奇幻童話世界。園區內有主要販售如彼得兔、愛麗絲夢遊仙境等童話故事相關的商品專賣店，可以體驗親近貓頭鷹的貓頭鷹森林店與紀念品店等約20間商店。園內還有展示多輛英式古汽車，處處洋溢著濃厚的異國風情。

1.一棟棟小屋販售著人氣動畫品牌的周邊產品／2.園內建築造型猶如歐洲小鎮

🖂 由布市湯布院町川上1503-3
📞 0977855132
🕐 09:30～18:00
💲 免費
➡️ 從JR久大線「由布院車站」步行約15分鐘
⏱ 0.5～1小時
http floral-village.com

九重「夢」大吊橋

登上日本最高吊橋

位在大分縣九重町的九重「夢」大吊橋，是座橫跨九醉溪谷的日本第一高人行專用吊橋。橋的兩側都有售票處，皆能通行進入，也可從不同角度展望到吊橋不一樣的壯觀姿態。走上吊橋，可從兩側鏤空設計的橋面，將腳下九醉溪谷360度一覽無遺。山谷隱藏著「日本百選名瀑」的「震動之瀑」，水源充足的雄瀑與雌瀑，夏季可欣賞到因奔騰霸氣形象而命名的雄瀑，以及如溫婉女子涓涓細流命名的雌瀑。秋季時九醉溪谷遍布楓樹，猶如潑灑紅橙黃綠的瑰麗色塊，這無邊無際的美麗楓景是九州人氣賞楓景點。

玖珠郡九重町田野1208
0973733800
1~6月、11~12月：08:30~17:00，7~10月：08:30~18:00
國中生(含)以上¥500，小學生¥200
1.從由布院站自駕約40分鐘抵達
2.從由布院車站搭乘JR久大本線至豐後中村公車站，再轉乘「九重町コミュニティバス」公車約20分鐘抵達大吊橋中村口公車站，即到景點
1~3小時
yumeooturihashi.com
@kokonoeturihashi

1.九重夢大吊橋的入口／2.日本百選名瀑的震動之瀑／3.可以漫步在吊橋上遠眺九重連山的壯麗／4.踏上堪稱日本第一的雄偉吊橋

進擊的巨人 in HITA
「獻出你們的心臟吧」進巨粉絲必朝聖

觀光案內所

下載專屬 AR 程式，討伐巨人

遊客可下載專屬 AR 應用程式，化身主角在日田市展開巨人討伐。遊戲路線遍布日田各個角落，包括日田車站、豆田町、咸宜園等著名景點，讓遊客在享受遊戲樂趣的同時，也能深入探索日田風土人情。

✉ 株式會社 T&S 大分日田市中央 1 丁目 1-16(進擊的日田城市振興協議會)
☎ 0973275041
⏱ 4～5 小時
http shingeki-hita.com

人氣漫畫《進擊的巨人》作者諫山創，在創作了爆紅作品《進擊的巨人》而聲名大噪後，一心希望能為自己的故鄉一盡一份心力、回饋故鄉。諫山創出生於日田市，在當地度過了童年和青少年時期。為了回饋故鄉，諫山創與日田市政府合作，推出了「進擊的巨人 in HITA ～進擊的日田～」活動。

進擊的巨人 in HITA 博物館 ANNEX

位於「SAPPRO 九州日田工場」內的「進擊的巨人 in HITA museum ANNEX」。展示包含了從第 1 卷到第 34 卷的原畫，並佐有諫山老師的精選內頁，介紹老師當初的創作理念。還展出諫山創老師的童年作品、大型牆壁拼貼、立牌以及掛毯等多種作品。

位在啤酒工廠內部的博物館外觀

✉ 大分縣日田市大字高瀬 6979 號地(SAPPORO 啤酒九州日田工廠廠區內)
🕐 10:00～19:00；不定休
$ 成人(18 歲以上)¥700，兒童(18 歲以下)免費
🚗 從日田站開車 10 分鐘、從日田交流道開車 3 分鐘
⏱ 1～2 小時
http shingeki-hita.com/spot/022.html

配合日田當地與漫畫劇情的標語

進擊的巨人 里維兵長像

「進擊的巨人」裡的人氣角色里維兵長的銅像，佇立日田市的市中心日田車站南廣場。這座銅像高約3公尺。銅像以里維兵長手持雙刀、準備戰鬥的姿態呈現。完美呈現漫畫裡的兵長形象。

極富動感的里維兵長

⊠ 大分縣日田市元町11-1
➜ 日田車站站前南廣場內
⟐ 0.5小時
http shingeki-hita.com/spot/016.html

大山水壩

銅像以大山水壩的牆面重現了瑪利亞之牆，象徵著初次遭受巨人襲擊的「戰端之地」。銅像高約25公尺，重現少年時期艾連、米卡莎、阿爾敏仰望超大型巨人的姿態。進巨的粉絲絕對要來朝聖！

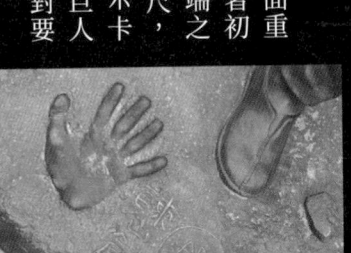

老師的手印

三人的恐懼表情相當逼真

⊠ 大分縣日田市大山町西大山2008-1
✆ 0973522445
⊙ 雕像所在下游廣場全年365天開放；管理處：週六、週日、例假日公休
$ 免費
➜ 從日田交流道開車21分鐘、從日田站開車20分鐘
⟐ 0.5小時
http shingeki-hita.com/spot/001.html
i? google maps導航會引導至水壩管理處，跟隨當地路牌指示即可

最特別的是場內還有一尊超大型巨人

珍貴的原稿

進擊の巨ノ in HITA ミュージアム

展示了許多珍貴的原稿畫，粉絲們可以欣賞到諫山老師的創作進程。原稿旁還搭配展出由諫山老師所編寫珍貴的創作說明，亦展示老師創作「進擊的巨人」時的工作桌！還有沒有公開的手稿，另外在休息站（道之驛）內售有許多博物館限定周邊，很有收藏價值！

⊠ 大分縣日田市大山町西大山4106
✆ 0973522445
⊙ 平日09:30～16:00，週六、週日、假日09:30～17:00(以道之驛水邊之鄉大山營業時間為準)
$ 成人(18歲以上)¥700，兒童(18歲以下)免費
➜ 從日田交流道開車20分鐘、從日田站開車19分鐘
⟐ 1～2小時
http shingeki-hita.com/spot/017.html

佐賀縣在古時是肥前王國的所在地，有日本最大的人類歷史遺跡
「吉野里遺跡」，北側鄰靠玄界灘，南邊有日本第一大灘有明海，
堪稱擁有最豐富的自然資源。在佐賀北部有著豐富的溫泉資源與綿
延的群山，武雄與嬉野地區都是有著千年悠久歷史且盛名遠播的傳
統溫泉聚落，嬉野溫泉被譽為日本三大美肌之湯，其溫泉有美顏護
膚的功效，受到許多女性的歡迎；而武雄溫泉自古以來就是當地將
軍如鍋島藩主等人泡湯的去處。佐賀縣還有揚名海外的「有田燒」
傳統工藝，吸引許多海內外人士前來探詢精緻優美的陶器工藝品。

佐賀縣
さがけん

不只有佐賀阿嬤，佐賀玩法北九州之最！

佐賀車站規模不大，但為往來佐賀各地區的主要交通據點

交通情報

佐賀縣內交通以汽車最為便利，其次為貫穿佐賀縣內的JR鐵道，進到佐賀市區後才較有巴士可搭乘。如果要玩遍佐賀縣內景點，建議租車自駕或是包車較能善用旅遊時間。而最近的機場為九州佐賀國際機場，也可以從福岡機場再前往佐賀縣。若在佐賀縣內行程多以搭乘巴士居多，推薦購買SUNQ PASS。

前往佐賀縣市

搭乘JR電車

可使用九州JR PASS往來佐賀縣內的電車班次較少，如要使用JR Pass建議事先查詢好相關班次，才能順利銜接行程。

從JR博多站搭JR特急列車海鷗號(かもめ)、綠號(みどり)、豪斯登堡號(ハウステンボス)前往JR佐賀站，JR特急車程約45分鐘。也可前往縣內景點如武雄溫泉站(JR特急車程20分鐘)、有田站(JR特急車程35分鐘)、鳥栖站(JR特急車程22分鐘)等。或搭乘福岡市營地下鐵線延續JR筑肥線至唐津站(車程約90分鐘、¥1,170)。

海鷗號

綠號

豪斯登堡號

搭乘高速巴士

從福岡機場國際線航廈入境大廳出來，即有巴士交通可搭乘至佐賀市。

巴士公司	起站	目的地	車程	單程車資
西鐵高速巴士	福岡機場國際線航廈入境大廳出口4號高速巴士站	佐賀站巴士中心	約1小時15分鐘	¥1,260
わかくす号	西鐵天神高速巴士中心(西鉄天神高速バスターミナル)		約1小時16分鐘	¥1,050
昭和巴士	從福岡機場國際線航廈入境大廳出口轉搭機場免費接駁巴士至福岡機場國內線航廈	唐津	約1小時50分鐘	¥1,230
		伊萬里	約2小時	¥2,060

＊資料時有異動，請以官方公告為準(製表／王彥涵)

佐賀縣交通

鐵道

往來佐賀主要景點欲搭乘鐵道列車，可因目的地不同，選擇不同的車種搭乘。

列車	起站	迄站	車程	車資
鐵道列車	佐賀站	唐津站	1 小時 10 分鐘	¥1,110
特急列車 (綠號みどり号)		武雄溫泉站	24 分鐘	¥1,180
		有田站	41 分鐘	¥1,460
	有田站	鳥栖站	13 分鐘	¥760
松浦鐵路		伊萬里站	25 分鐘	¥460

＊資料時有異動，請以官方公告為準(製表／王彥涵)

縣內營運巴士

佐賀縣內營運的巴士以祐德巴士、昭和、JR 九州巴士 3 間公司為主。

巴士種類	起站	目的地	車程	車資	班距
JR 九州巴士	武雄溫泉車站南口	嬉野溫泉	33 分鐘	¥660	每小時 2 班
昭和巴士	唐津巴士總站	呼子	30 分鐘	¥750	每小時 1 班

＊資料時有異動，請以官方公告為準(製表／王彥涵)

佐賀市市內交通

佐賀巴士一日乘車券 (SAGABAI 1DAY PASSPORT)

計畫在「佐賀市」景點遊玩的遊客，可以考慮購買佐賀市政府推出的一日巴士周遊券，可以無限次搭乘佐賀市內除了臨時巴士以外的所有巴士路線。

佐賀市營巴士

票券售價	¥900
購票窗口	佐賀市觀光案內所 (JR 佐賀車站內)、佐賀市觀光交流 PLAZA(S-Platz 2F)

＊資料時有異動，請以官方公告為準(製表／王彥涵)

佐賀機場直達佐賀巴士中心

若從台灣桃園機場直飛佐賀機場，佐賀機場有機場接駁巴士、路線巴士可直達佐賀巴士中心。單程 ¥600、車程 30 分鐘可輕鬆抵達佐賀市區。

佐賀機場租車自駕

位於佐賀機場航廈旁的租車中心，囊括了日本 7 大租車公司：TOYOTA、NIPPON、TIMES、ORIX、AVIS、Budget、日產汽車，可以輕鬆租借到想要的車型、天數方案，暢玩佐賀各地景點。

道地美味

佐賀縣擁有農業需要的清澈水源與溫和氣候，依傍著盛產新鮮烏賊的呼子海岸、適合孕育上等海苔與豐富海產資源的有明海。如此的自然環境造就佐賀在地的料理，通常都使用當地產的新鮮農海產。使用佐賀牛、佐賀鮮蔬的家庭料理西西里飯，吃咖哩還能免費帶走美麗有田燒的有田燒咖哩，來佐賀嘗盡在地好風味！

西西里飯／シシリアンライス
佐賀市超人氣B級美食

佐賀的美食特產「西西里飯」和長崎的「土耳其飯」一樣都是有著異國風情的名字，但料理內容卻和名稱沒相關。西西里飯是將以甜辣醬油拌炒的牛肉片與洋蔥鋪在白飯上，再放進萵苣、番茄、小黃瓜等當地新鮮生菜與半熟蛋，最後淋上美乃滋的料理，食用時將所有食材均勻攪拌品嘗。

據說西西里飯起源於昭和時代，佐賀市中心某間西餐廳所發明的員工餐，因為受到員工的好評迴響，便將這道餐點放到自家餐廳的菜單上，西西里的名稱則是因為料理中的紅色番茄、白色半熟蛋與生菜的綠色，和義大利國旗顏色相似而命名。

這道簡單又健康的西西里飯，不僅成為佐賀相當受歡迎的家庭料理，目前在佐賀市內，有超過30家餐廳與咖啡廳都有販售西西里飯，而各家西西里飯的造型、食材與口味略有不同，到佐賀相當推薦品嘗這道有趣又健康美味的B級美食唷！

健康新鮮的在地B級美食

さがんれすとらん志乃
✉佐賀市城內1-1-59 13F ⊙週一～六10:00～22:00(最後點餐21:00)，週日、國定假日11:00～21:00(最後點餐20:00)；不定休 ➡從佐賀車站前搭經「縣廳前站」的巴士約15分鐘抵達，進入縣政府後乘電梯至12F IG @shinokentyouten

アリユメ
✉佐賀市中央本町1-10寺元ビル地下 ⊙週一～五08:00～17:00，週六08:30～17:00；週日、國定假日公休 ➡從佐賀市營巴士「中の小路站」步行2分鐘

使用佐賀當地有機食材製成，吃得到單純的美味

有田燒咖哩／有田焼カレー
九州人氣鐵路便當優選美食

有田的名產除了有陶瓷器之外，還有使用有田燒瓷器盛裝的「有田燒咖哩飯」。由出身佐賀的「創Gallery太田」老闆推出的有田燒咖哩飯，使用28種辛香料、佐賀牛和各種佐賀當地農產精心熬煮而成，表層還有香濃的牽絲焗烤起司，香氣撲鼻的佐賀在地咖哩就盛裝在有田燒裡，享用完還能將美好記憶與裝咖哩的有田燒瓷碗帶回家，瓷碗花紋每年都有新設計，成為旅人的專屬回憶。

可前往創Gallery太田本店以及位在有田燒專賣購物中心Arita Será的分店享受悠閒的用餐時光外，也可以在JR有田站購買到這款超人氣咖哩便當。

有田テラス(Arita Será店)
✉ 佐賀県西松浦郡有田町赤坂丙2351-169 ☎ 0955426351 🕐 11:00～16:00(不定休請事先確認營業狀況) 📷 @aritayaki.curry

❶在車站亦可購買到含瓷碗的有田燒咖哩／❷內用還可使用有田燒杯裝的飲品／❸焗烤過後更為濃郁的咖哩，裹著潔白米粒讓人食指大動

觀光案内所

有田陶瓷村購物中心 Arita Será

由 22 間陶瓷專門店組成的 Arita Será 購物中心，從日常陶瓷器物到高級陶瓷藝術品一應俱全，可以在此一次瀏覽和選購各式各樣的有田燒。距離 JR 有田車站車程僅約 5 分鐘，不過步行路段為上坡，沒有接駁巴士可以前往，建議安排在自駕行程裡。

✉ 西松浦郡有田町赤坂丙 2351-169 🕐 09:00 ～ 17:00 ➡ 從 JR 有田站步行約 20 分鐘

佐賀海苔市售有分裝、整片等形式,可以靈活運用在料理上

佐賀海苔
佐賀のり

佐賀縣憑藉擁有世界第一大潮汐差的有明海,匯集陽光、潮汐與富含礦物質的海水,打造了製作海苔的絕佳環境,每天兩次乾燥的製作程序將自然的美味凝聚在海苔上,讓有明海生產的海苔蘊含豐富營養素與美味鹽分,其充滿濃郁的海洋香氣與滋味,閃耀著光澤黑紫色,火烤後會轉為深綠色,其品質是日本海苔中的逸品。

佐賀縣產的特產雖然種類不多,但卻都聞名全日本。提到佐賀便會想到的陶瓷器工藝品、天然恩惠的茶葉、海苔,充滿在地風情的銘菓等,都足以代表佐賀!

物產

有田燒陶器
有田焼き

佐賀最出名且具歷史意義的特產為產自佐賀縣有田町的「有田燒」,擁有400多年的歷史,是日本珍貴瓷器工藝品之一,也是日本歷史上最早的瓷器,其質感猶如玻璃般滑順清透,質地卻十分堅硬。以中國景德鎮及朝鮮半島傳入日本島內的製瓷技術發展出,造型風格似青花瓷,以鮮豔細緻的色料彩繪在白瓷後燒製。

❶充滿清麗風格的藍白色調/❷在Arita Será可見到逾50公分的巨大有田燒瓷盤

1

2

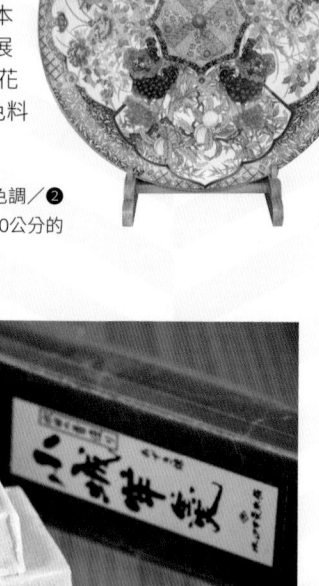

與一般羊羹相當不同表面乾燥的結晶是小城羊羹美味的祕密

小城羊羹

有「九州小京都」美名的小城,在日本鎖國時代有條連接長崎與小倉的「長崎街道」,因此成為砂糖文化中心地帶。佐賀特有的小城羊羹,有別於一般羊羹柔滑口感,其特色為表面覆有一層硬脆糖霜,切開後能品嘗到糖霜顆粒感與細緻綿密的羊羹內部,雙重的口感讓人著迷。

❶嬉野茶也是嬉野溫泉地區的特色名產之一／❷嬉野茶生產可追朔至15世紀室町時代

嬉野茶
うれしの茶

承襲百年製茶古法的傳統嬉野茶採用「釜炒茶」(釜炒り)工法，需費工地在鐵鍋中將茶葉炒乾，但此種製茶法相當費工，故全程使用釜炒茶工法的嬉野茶，也僅占產地的5%。嬉野茶又被稱為「玉綠茶」是因為片片茶葉都帶有綠茶的美麗色澤，在日本茶中相當罕見，並擁有濃郁的茶香和鮮味。

佐賀錦
さが錦

「**佐**賀錦」其名稱來自肥前鹿島藩主鍋島家的傳統織物，取其華美獨特質感之意象，製作出的和洋風格銘菓。層層年輪糕皮用巧克力貼合，混入甘甜栗子與粒粒紅豆的山芋蛋糕，猶如金線般的造型充滿層次感。華麗的外貌下是職人精細的手藝，蓬鬆綿密、甜而不膩的滋味，更榮獲了日本隱藏版甜點第二名。

❶以複雜工法層層堆疊出綿密且多層次的口感／❷ 比 一般長崎蜂蜜蛋糕略小的尺寸，可以輕易完食

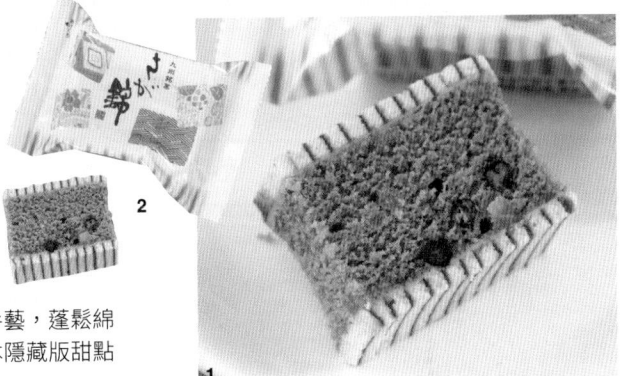

大原松露饅頭

佐賀唐津市的和菓子名產「大原松露饅頭」，外層為小麥粉、砂糖製成的蜂蜜蛋糕，以北海道產紅豆為餡，精心製成如硬幣般大小。據傳是名將豐臣秀吉出兵朝鮮時傳回日本的烤饅頭點心，其名則是創始人將此銘菓獻予唐津藩主時，認為其形似「唐津虹之松原」生長的松露而賜名。

❶小包裝的三角柱巧思造型／❷小巧可愛但甜度高，適合配茶當點心

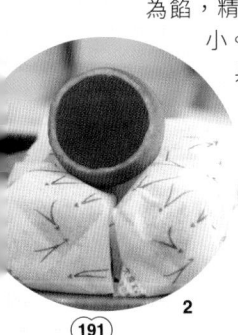

佐賀特色

佐賀縣 — 特色物產

唐津城

翔翔於唐津灣上的舞鶴城

唐津市臨海山丘上佇立的平山城「唐津城」，由豐臣秀吉家臣及唐津藩第一代藩主於江戶時代建造，因從遠處看其天守閣猶如仙鶴頭部，城旁左右的松原東西對稱形似仙鶴展翅高飛，因此又被稱為「舞鶴城」。廢藩制度下唐津城所遺留的古代石

牆、天守閣與高台，經過復原後成為唐津歷史的一部分，現今天守閣作為鄉土檔案館，展示藩制時代的珍貴史料、唐津燒工藝等文獻。天氣晴朗時，從5樓展望台可以清晰地眺望唐津海灣、虹之松原和唐津市區。

1.5月是充滿清香的紫藤花季（圖片提供／幸福の旅程，小導遊在九州！）／2.唐津城周邊的舞鶴公園每年賞櫻季會開滿櫻花，5月則是清香紫藤花季

✉唐津市東城內8-1
☎0955725697
🕐09:00～17:00；12/29～12/31公休
💲高中(含)以上¥500，國中、小學生¥250
🚌搭JR唐津線或JR筑肥線至唐津站，轉乘昭和巴士，東行至唐津城入口站，步行約7分鐘
⏱1～3小時
http karatsu-bunka.or.jp/shiro.html
IG @karatsucastle

鳥栖PREMIUM OUTLETS

九州最大規模的OUTLET

九州最大規模的OUTLET「鳥栖PREMIUM OUTLET SOUTLET」坐落於福岡縣與佐賀縣交界處，從福岡前往僅需不到1小時車程相當便利。以美國南加州的西班牙殖民風格所設計，園區皆為單一樓層、空間開闊且動線清楚，逛起街來相當舒適，共逾150間店鋪進駐，匯聚各國潮流服飾、鞋包品牌，從日系到歐美應有盡有，亦有生活家飾雜貨、廚具和運動用品等店家；園內設有餐廳及美食街，購物後可在此享用餐點再打道回府，推薦想血拼名牌的旅客，到此來趟滿載而歸的購物行程。

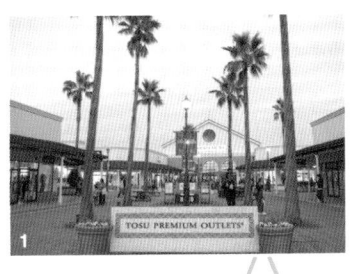

鳥栖市弥生が丘8-1
0942877370
商店：10:00～20:00，美食街：10:00～20:00(最後點餐19:45)，餐廳：11:00～21:00(最後點餐20:30)
從JR博多站搭鹿兒島本線至JR鳥栖站，再轉乘路線巴士即可抵達；從福岡天神站搭西鐵天神高速巴士至鳥栖PREMIUM OUTLETS，車程約40分鐘，車票單程¥750、來回¥1,000
3～4小時
www.premiumoutlets.co.jp/cht/tosu
@tosu_premiumoutlets_official

1.腹地廣闊的OUTLET逛起來非常過癮／2.有許多日系品牌店面

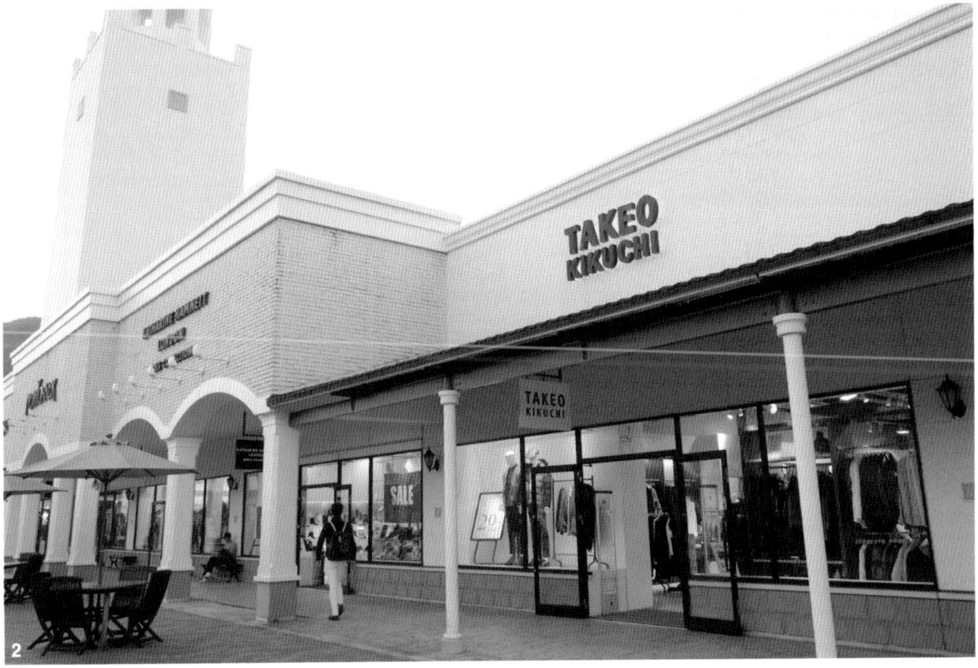

2

✉ 藤津郡太良町多良1874-9
📞 0954670065(太良町觀光協會)
🕐 整日開放；全年無休
💲 免費
➡ 搭JR長崎本線約1小時於多良站下車，
步行約10分鐘；搭JR海鷗號特急列車約
20分鐘至肥前鹿島站，轉乘長崎本線約
15分鐘至多良站，步行約10分鐘
⏱ 0.5小時
🔗 town.tara.lg.jp/chosei/_1017/_3276.
html

1.2.除了潮汐猶如被月球引力吸引外，海
灘也彷如月球表面

1

大魚神社的海中鳥居

漂浮於有明海上的幻之鳥居

佐賀縣最南端太良町位臨有明海，其海岸線有3座漂浮於海上的「海中鳥居」。「可以看見月球引力的小鎮」之稱的太良町，沿海潮漲退差甚大，景色隨潮汐與太陽升降展現不同風情，漲潮時水位會淹至鳥居的一半，退潮時能欣賞到完整鮮紅的海中三鳥居。

2

1

1.來到日本三大美肌之湯，不妨掛
上一塊繪有可愛鯰魚的繪馬祈願吧
／2.神社內的手水舍有一隻潔白巨
大的鯰魚，洗手時別忘了順便撫摸
牠唷／3.豐玉姬神社正殿

✉ 嬉野市嬉野町大字下宿乙2231-2
📞 0954430680
🕐 整日開放；全年無休
💲 免費
➡ 從JR「武雄溫泉站」搭往嬉野溫
泉巴士30分鐘，於「嬉野溫泉站」
下車後，步行5分鐘
⏱ 0.5小時
🔗 toyotamahime.wixsite.com/bihada

豐玉姬神社

向日本美肌之神祈求吹彈可破的肌膚

來到嬉野溫泉除了可以享受美肌溫泉、養顏美容外，也一定要來到於嬉野溫泉街中心上的豐玉姬神社，祭祀著春日大神、住吉大神和豐玉姬大神，其中豐玉姬大神是著名的海神女兒——龍宮城公主乙姬，傳說豐玉姬大神皮膚白皙、相貌清麗動人，因而被稱為美肌之神。神社內還供奉豐玉姬大神的使徒白色大鯰魚，據說用小瓢子舀起嬉野溫泉水淋在大鯰魚神像後再撫摸，皮膚就會和豐玉姬大神一樣白皙滑嫩，深受女性旅客歡迎。

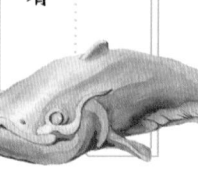

祐德稻荷神社

雄偉興盛的日本三大稻荷神社之一

祐德稻荷神社創建於300年前，與伏見稻荷、笠間稻荷並列日本三大稻荷神社，因其御本殿、御神樂殿、樓門等以總漆（總漆）塗妝出華偉壯觀形象，因而得「鎮西日光」美稱。稻荷大神被敬奉為衣食住的守護神，是人們祈求五穀豐穰、漁業豐收、商業繁昌、家運繁榮和交通安全等的參拜神社，每年有300萬信眾前來供奉。

在滿山翠綠的樹蔭襯托下，朱紅的祐德稻荷神社顯得莊嚴宏偉，裝飾風格獨特的樓門、巨大稻荷狐狸石雕，與京都清水寺舞台相像的本殿等，許多值得探索的景致，走進奉拜。

狐狸守護神的稻荷神社，處處可見狐狸雕像，沿著充滿歲月的青苔石階上山，在迷幻的千本鳥居與神社間，找尋清亮的山頂出口。

旅遊小學堂

將「厄」運留給神明

中間的「厄」字如拼圖可分離，書寫願望後將「厄」字留在回收處，象徵將厄運留給神明破除，再掛起破除厄運的繪馬來祈福。

佐賀縣

✉鹿島市古枝1855
☎0954622151
🕐09:00～17:00
💲免費
➡自駕由長崎自動車道武雄北方IC行車約30分鐘；或搭巴士於「JR肥前鹿島站」下車，再從站前的鹿島巴士中心轉乘祐德巴士(往祐德稻荷神社方向)，於「祐德神社前站」下車，步行約5分鐘
⏳1～2小時
http yutokusan.jp
IG @yutokuinari.shrine

1.以陶瓷做成的獨特神社境內地圖／2.抬頭可以欣賞到繪有絢爛羽翅的鳳凰雙飛圖，細膩的七彩天頂畫／3.祐德稻荷神社樓門上的社號匾額為書法家秩父宮妃真跡／4.建於117級台階舞台基座上的本殿，在石壁山山腰以數百根18公尺高的支柱建造而成的木椿高台

走入縈繞著獨特氛圍的陶山神社，可見獨特的陶瓷大鳥居、氣勢洶湧的陶製狛犬、細緻的陶瓷欄杆與陶瓶等陶瓷傑作，彰顯出當地燒窯名匠們的精湛技藝，也讓其擁有「野外博物館」美稱，祭祀有田當地窯業和居民的守護神——有田燒陶祖「李

參平」，為17世紀時豐臣秀吉出兵朝鮮時帶回日本的一位朝鮮陶工，李參平在有田町泉山發現了瓷器的陶石原土，成為日本史上首次成功燒製出瓷器的起點，後世為了紀念其功績，在有田燒創始300週年時於神社後的山頂，立碑祈求當地物業繁榮興盛，並於每年5月4日舉行「陶祖祭」。

有田町

時稱「有田千軒」的山谷街道設有許多瓷窯，聞名世界的有田燒便是以產地命名，有田町經社區再造後，保留許多當時歷史風格的建築，並結合觀光

成為人氣旅遊景點。每年4月29日～5月5日有田町一帶會舉辦日本最大型陶器市集「有田陶器市」，現場有上百間攤位參與，更吸引上百萬人由海內外前來造訪，在市集內可買到平價有田燒，並可與陶瓷藝術家、工匠本人互動。

✉西松浦郡有田町大樽2-5-1
☎0955423310
🕐整日開放；全年無休
💰免費
➡從JR佐世保線「有田站」搭有田町地域巴士，於「札の辻站」下車，再步行5分鐘
⏱1小時
🔗arita-toso.net
IG @komasan1568

1.陶瓷交通御守／2.陶山神社內每日會有數次火車經過的奇景，記得留意欣賞／3.由陶瓷製成的巨大鳥居相當獨特／4.日本唯一瓷器製人氣御朱印帳／5.要登上陶山神社需先攀登一段階梯

1.6.與「teamLab」團隊年年推出期間限定數位藝術展／2.互動式光雕展與其廢墟結合為獨特展覽／3.飯店大廳「呼應燈森林」(呼応するランプの森)常設展／4.雄偉御船山春有杜鵑夏翠綠,秋見楓紅冬雪白／5.御船山樂園正門入口

✉武雄市武雄町大字武雄4100
☎0954233131
🕐08:00～17:00
💲成人¥1,200,中學生¥800
➡從博多站搭JR九州特急列車約1小時多至JR「武雄溫泉站」,轉乘計程車至御船山樂園;或佐賀機場自駕約50分鐘
⏳2～3小時
🌐mifuneyamarakuen.jp
📷@mifuneyamarakuen

御船山樂園

御船山楽園

武雄藩主鍋島的美麗後花園

位於武雄市御船山西側的遼闊山林,起建於江戶時代後期,為武雄藩主鍋島茂義於1845年耗時3年建成,整座「御船山」形似唐朝海船而得名。御船山樂園擁有廣闊腹地及山林美景,亦為九州知名杜鵑花、賞楓勝地,以御船

山為中心,盛開20多萬株如可愛絨毛球毯的杜鵑花;而秋季時的楓紅,則會在夜間燈光的照耀下呈現火燒般的奇異美景,11月上旬～12月上旬舉辦的紅葉祭堪稱是日本最大型的夜間點燈賞楓活動。

嬉野溫泉

うれしの温泉
日本三大美肌之湯

有1,300年歷史的嬉野溫泉為九州著名溫泉勝地，名稱來自神功皇后西征歸途時，見到負傷的白鶴，原先有些擔心，但白鶴浸潤溪水後竟奇蹟恢復傷勢，皇后而嘆道「あな、嬉や」(啊、真開心)。其

名列「日本三大美肌湯」之泉質富含豐富碳酸氫鈉，有去除角質層、皮脂及柔滑肌膚功效，溫泉製作的「湯豆腐」料理為當地特產，其泉水含分解蛋白質成分，能使豆腐滑嫩稠密。

觀光案內所

嬉野大眾浴場「西博爾德之湯」(シーボルトの湯)

以對日本西洋醫學貢獻眾多的西博爾德 (Siebold) 為名，建築設計洋溢大正時代風格，其泉質屬碳酸氫鈉泉，對皮膚頗具滋潤功效，故又稱美人湯，深受日本女性歡迎。

✉ 嬉野市嬉野町下宿乙818-2
◎ 整日開放
➡ 從JR「武雄溫泉站」往嬉野溫泉方向乘巴士30分鐘，於「嬉野溫泉站」下車後，步行6分鐘

✉ 嬉野市嬉野町大字下宿乙
📞 0954430137(嬉野溫泉觀光協會)
◎ 整日開放；全年無休
💲 免費
➡ 從JR佐賀站搭長崎本線或從博多站搭Midori特急列車至「武雄溫泉站」，再搭巴士前往「嬉野溫泉站」即抵達
🕐 2～3小時
http spa-u.net

1.嬉野溫泉街口有免費足湯可供民眾體驗／2.擁有「美肌之湯」稱號

伊萬里大川內山

深入日本中世紀祕窯之鄉

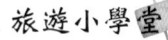

在四周環繞群山的大川內山坡上，獨特景觀使整座山中古城更顯神祕，窯場不時冒出冉冉濃煙，與山嵐相融如潑墨山水畫般迷人。在佐賀藩主鍋島直茂治理下，其御用窯發展出做工精熟、品質精緻的貴且風格獨特的瓷器。

地處佐賀縣伊萬里市的「大川內山」，和有田町同為佐賀陶瓷工藝品的兩大代表產地。從伊萬里車站搭車前往幽靜的祕窯之鄉，約需15分鐘車程，大川內山擁有製作瓷器所需的好水良土，一座座窯場山坡上冒出的濃煙，窯場山中古城更顯神祕，不時冒出冉冉濃煙，與山嵐相融如潑墨山水畫般迷人。「鍋島燒」；而大川內山約30多間窯場，也創造出「色鍋島」、「鍋島青瓷」、「鍋島藍釉」等珍貴且風格獨特的瓷器。

✉ 伊万里市大川内町乙1848
🕐 整日開放；全年無休
💰 免費
➡ 從JR伊萬里站購買至「大川內山」來回車票，搭西肥巴士約15分鐘至「大川內山站」
⏱ 3～5小時

旅遊小學堂

地區瓷器的分別

伊萬里大川內山與有田町同為佐賀陶瓷兩大代表產地，雖日本最早的瓷器為有田燒，但因江戶時代兩種瓷器都從伊萬里港輸出，故皆稱為「伊萬里燒」，其中有鍋島樣式之瓷器才能稱為「鍋島燒」，其技法堪稱日本瓷器藝品頂峰，作為進貢貴族的御禮。現今佐賀瓷器主要以地區做分類如有田燒、伊萬里燒。

「伊万里・有田焼伝統産業会館」可學習到窯燒的歷史

1.「伊萬里風鈴祭」於每年6月中旬～8月末舉辦，山林迴盪著陶瓷風鈴清脆的叮吟聲，令人不覺心靜如水／2.欄杆上鑲著美麗的色鍋島大壺鍋島藩窯橋／3.可買到鍋島燒、有田燒式樣瓷器，喜愛瓷器之人千萬別錯過／4.雲霧繚繞的大川內山猶如仙境般靜謐

圖書館內注意事項

需注意圖書館內禁止攝影，僅在2F書牆盡頭處與大門入口處設有拍攝區域；書店、閱覽、休憩等區域全部禁止攝影。另也因武雄圖書館為市民進修場所，參觀時請降低音量，切勿大聲喧嘩、干擾他人閱讀。

設有「photo spot」立牌之處才能攝影

✉武雄市武雄町大字武雄5304-1
☎0954200222
🕐09:00～21:00
💲免費
➡從「武雄溫泉站」步行約15分鐘；於「武雄溫泉站」南口搭嬉野線巴士至「ゆめタウン站」下車，約8分鐘；搭武雄祐德巴士循環線至「図書館前站」下車，約4分鐘
⏳1小時
🔗takeo.city-library.jp
📷@takeo_city_library

1. 武雄市圖書館是當地人的心靈滋養處，可見許多學生在內閱讀／2. 將咖啡廳、書店與圖書館結合的複合式市民休憩空間／3. 隱身武雄深山裡設計感十足的武雄市圖書館

武雄圖書館

隱身山野的最美文藝圖書館

武雄圖書館為武雄市區近年的人氣文藝觀光景點，雖地處偏僻山區，但在武雄市政府與日本知名蔦屋書店合作後，將原本平凡的市立圖書館改造成具現代感設計風格的複合式質感圖書館，結合圖書館、書店、影音中心和星巴克咖啡廳等多種服務，

讓武雄圖書館不再只是枯燥的場所，得以享受在優美環境下的閱讀感。

充滿時尚感的建築設計，吸引海內外遊客前來造訪，獨特的半圓形空間規畫與滿室書牆的壯觀畫面，締造近百萬的來客數，成為日本振興地方觀光的代表景點之一。

武雄神社

能量充盈的古老純白巨木神社

武雄神社位在武雄御船山的東麓，為武雄市內最古老的神社，神社內還保存有從平安至室町時代的古文書，可見歷史之悠久。在神社內還有許多特色景觀，如特殊的純白神殿建築與神社後山的武雄大楠，大楠樹齡超過3,000年以上，高達30公尺、樹圍達20公尺，是全日本第七大的巨神木。

在靠近如象腳般粗壯樹根地面處，有座祭祀著天神的中空大樹洞，據說這個大樹洞裡的空間有12張榻榻米之廣，這棵在竹林深處裡的大楠樹散發著莊嚴宏偉的氣勢，讓人感受到大自然不可思議的力量，不自覺沉澱身心。

✉ 武雄市武雄町武雄5335
📞 0954222976
🕐 整日開放；全年無休
💲 免費
➡ JR佐世保線於「武雄溫泉站」下車，轉乘往「武雄保養中心站」方向的祐德巴士，約5分鐘車程於「武雄高校前站」下車，再步行3分鐘
⏳ 1小時
🌐 takeo-jinjya.jp
📷 @takeojinjya

1 純白的正殿彷彿仙界建物／2 武雄神社的大楠繪馬予人滿滿正向能量感受／3 走入武雄神社後可看壯觀的參天巨楠／4 純白武雄神社與朱紅祐德稻荷神社為人氣的「紅白神社」

武雄樓門

陸上鮮紅的龍宮城

武雄市中心的溫泉街入口有座顯眼醒目的武雄樓門，樓門朱紅的外牆與形狀猶如龍宮城，在1915年時由設計東京車站的辰野金吾博士所設計的，爾後成為武雄溫泉地區的象徵，其特殊之處是在樓門2樓的天花板4個角落繪有象徵東、西、南、北方

向的子、卯、午、酉共4種干支動物（生肖動物）插畫，而辰野金吾所設計的東京車站南北棟天花板上，同樣有巳、辰等共8種干支動物插畫，將武雄樓門與東京車站的12種干支動物插畫結合，便成了充滿玄機的驚人設計。

旅遊小學堂

千年溫泉——武雄溫泉

武雄溫泉有著千年歷史，在日本古書《肥前風土記》中即有記載，更有神宮皇后曾入浴的傳說，也是許多日本古代名人如伊達政宗、宮本武藏造訪過的治癒溫泉鄉，其泉質色澤清透，屬弱鹼性溫泉，以紓緩痠痛、美肌保濕等效果聞名。

設有為大正天皇打造的「幻之浴場」，與專屬古代領主武雄鍋島氏的「殿樣湯」。

武雄溫泉大浴場內部（圖片提供／武雄溫泉株式會社）

2

📧武雄市武雄町武雄7425番地
📞0954232001
🕐整日開放；全年無休
💲免費
➡️從JR「武雄溫泉站」步行10分鐘至溫泉街即抵達
⏱️0.5小時
🔗 pse.is/NLZFX

1.2. 猶如海底龍宮城的樓門豎立在武雄溫泉街口

佐賀縣

玄海國定公園七釜

在佐賀縣唐津市的呼子海岸40公尺高的斷崖上，有7個被玄界灘激浪長年侵蝕而成的巨大洞窟「七釜」（七ツ釜），是7個海蝕洞的總稱，大自然鬼斧神工打造的柱狀節理，是熔岩碰到海水在急速冷卻後形成六角形玄武岩地質，獨特景觀被指定為日本國家天然紀念物。

最右側、入口最寬的洞窟深度達110公尺，滿潮的好天氣時，遊客可搭乘七釜遊覽船「烏賊丸號」，深入青色洞窟內欣賞壯觀的地質景致。除了搭乘遊覽船之外，遊客可以漫步在斷崖上的玄海國定公園展望台與步道，漫步欣賞壯麗的七釜洞窟，與青藍遼闊的玄界灘之美。

海浪侵蝕而成並列的7個天然洞穴相當奇特

- 唐津市屋形石・玄海国定公園内
- 0955537129(唐津市文化振興課)
- 整日開放；全年無休
- 免費
- 從JR唐津車站步行10分鐘至「大手口バスセンター」搭昭和巴士車程，約30分鐘，於「七ツ釜入口站」下車後，步行20分鐘
- 1～2小時
- IG @marinepal_yobuko

七釜遊覽船「烏賊丸號」(IKAMARU)

除了從懸崖頂部的公園上觀賞七釜之外，亦可以搭乘從呼子港啟航的七釜遊覽船烏賊丸號(IKAMARU)近距離欣賞奇特的7個洞窟。在海況安全時，遊覽船才能乘載遊客前出發往七釜前，可以正面欣賞到七穴洞窟齊聚的壯觀景象，不但可在洞窟外觀賞玄武岩斷崖，潮汐許可的話，遊覽船有機會能緩緩駛進青色的七釜洞窟探險！而遊覽船船程大約40分鐘。

- 唐津市呼子町呼子・呼子港内
- 0955823001
- 09:30～16:30
- 大人¥2,000，小孩¥1,000
- 步行至呼子漁港內即抵達
- 1小時(船程約40分鐘)
- marinepal-yobuko.co.jp
- 遊覽船1小時僅有一班，且需要潮汐狀況許可才可出航，請注意航班有無正常營運

烏賊丸號與海中展望船ジーラ(ZEELA)以烏賊和鯨魚形象設計，在海中行駛的模樣十分可愛

呼子朝市散策
體驗日本三大朝市的早市風情

九州人氣美味點心「烏賊燒賣」（いか燒売）可清蒸或油炸

當你聽見充滿元氣的歐巴桑、歐吉桑的輕快叫賣聲時，那就是呼子朝市開始的序曲。

呼子朝市自清晨07:30開始營業至約12:00，與石川縣「輪島朝市」、千葉縣「勝浦朝市」並列日本三大早市，始於江戶時代當地漁夫與農家互相交易，直至百年後的今日則轉為當地人向遊客兜售新鮮海產製品的市場。呼子朝市依傍著擁有豐富烏賊資源的玄界灘，故以「槍烏賊」漁業繁盛而聞名。

在約200公尺長的朝市街上，每日平均有50個露天攤販兜售著海產、鮮蔬與如烏賊、一夜干和魚乾等乾貨。漫步在呼子朝市可以聽到「很好吃唷～」、「來看看吧！」等呼聲在狹窄的街上迴盪著，充滿濃厚的在地氛圍，不時還會有熱情的歐巴桑們會教遊客如何料理海產，當地人的純樸與熱情，加上豐富的地方海產鮮貨，讓呼子朝市充滿親切而熱絡的往來人潮。

1.現場剖海膽給遊客吃的攤販／2.由於微血管破裂而使烏賊看起來通紅一片／3.朝市有許多行動攤販，在日本相當難得見到

呼子朝市

✉ 唐津市呼子町呼子呼子朝市通り
☎ 0955820678(呼子朝市組合)、0955743355(唐津市観光協会)
🕐 07:30～12:00；元旦公休
💲 免費
➡ 從JR唐津車站步行10分鐘至「大手口巴士中心」(大手口バスセンター)搭昭和巴士，車程約30分鐘，於「呼子站」下車後，步行約1分鐘
🌐 karatsu-kankou.jp/spots/detail/52

鯨組主中尾家屋敷

呼子朝市現以烏賊聞名，但從江戶時代起長達180年曾是捕撈鯨魚的重要基地，每年12月開始約有4個月的捕鯨季節，捕鯨團隊由千人和約50艘船隻所組成，其成員包括邊鋒和射擊的組員，他們以對抗龐大鯨魚的捕獵技能而自豪，這樣的捕鯨團隊中心成員就是鯨組主「中尾家族」，其擁有270年歷史的古宅位於朝市尾端，展示極富日本古代建築細節的家族遺跡、捕鯨歷史相關器物和文件。

1.入場券與解說小冊／2.館內禁止攝影，只能於門口拍攝展示物／3.以古時來說相當豪華的連排住宅／4.刻印相當細緻的紀念章

4

3

✉ 唐津市呼子町呼子3750-3
☎ 0955820309
🕐 08：45～17：00（最終入館16：30）；週三、12/29～1/2公休
💰 成人¥210，國中小生¥100，學齡前兒童免費
➡ 從JR唐津車站步行10分鐘至「大手口バスセンター」搭昭和巴士，車程約30分鐘，於「呼子站」下車後，步行10分鐘
⏱ 0.5～1小時
http pse.is/SRRK4

佐賀國際熱氣球節

百顆熱氣球上升的絕美畫面

每年11月上旬佐賀縣會舉辦兩場非常盛大、堪稱佐賀縣象徵的活動。其一是唐津市的唐津宮日祭，其二就是極富盛名的佐賀國際熱氣球節（佐賀インターナショナルバルーンフェスタ，Saga International Balloon Fiesta）。來自全世界超過100顆的熱氣球，在涼爽的秋季晴空裡緩緩上升。競賽時間通常為07:00～15:00，清晨破曉剎那熱氣球齊升空的場面壯觀、華麗，令人震撼，競賽結束後亦有許多表演活動，如可至競賽區域近距離觀賞熱氣球的「熱氣球幻想曲」、夜晚的熱氣球點火秀與露天音樂會都十分精采。

佐賀國際熱氣球節起源於1978年於福岡縣甘木市所舉辦的小型活動「熱氣球節in九州」，於1980年移至佐賀平野地區後，才開始舉辦佐賀國際熱氣球節，自此每年都在此舉行，每年超過80萬遊客前來共襄盛舉，而熱氣球競賽也成為日本與亞洲地區最大的熱氣球競速賽事，並於1989年舉辦首屆熱氣球亞洲世界錦標賽。

1.3.深受孩子人氣的「熱氣球幻想曲」動畫角色造型熱氣球／2.緩緩升天的熱氣球，彷彿將人類的夢想也載上天空

旅遊小學堂

人類夢想的起始點

日本氣球起源於1877年的西南戰役，首顆氣球由7名海軍學院成員製造並成功飛越東京，太平洋戰爭結束前，主要用於軍事用途。1969年日本首顆熱氣球「伊卡洛斯5號」(イカロス5号)於北海道起飛，揭開日本現代熱氣球歷史序幕，1973年日本熱氣球聯盟成立，並於1975發展為日本氣球聯盟。同時日本各地也陸續開拓適合熱氣球飛行的地區，熱氣球比賽亦隨之開始在日本各地舉行。

佐賀熱氣球博物館

非熱氣球節來到佐賀，可到日本國內首座熱氣球主題的常設博物館，館內展出熱氣球相關文獻與文物，1樓影片放映室播映國際熱氣球節的歷史畫面，讓遊客如臨活動現場；2樓有介紹佐賀為熱氣球城市的歷史、熱氣球原理、賽事種類與發展等空間；熱氣球駕駛「飛行模擬器」可體驗駕駛熱氣球的趣味。而在1樓商店可買到許多熱氣球相關紀念品，滿滿有關熱氣球的商品，讓遊客可滿載而歸。

✉ 佐賀市松原2-2-27
☎ 0952407114
🕐 10:00～17:00(最終入館16:30)；熱氣球節期間：07:00～19:00(最終入館18:30)
💲 大人¥500，中小學生¥200，小學生以下免費
➡ 從JR佐賀站搭市營巴士、昭和巴士、祐德巴士至「縣廳前巴士站」，步行1分鐘
⏳ 1～2小時
🔗 sagabai.com/balloon-museum/main.php
IG @sibfo

1.博物館外牆滿布熱氣球圖樣／2.館內2F展示熱氣球歷史文獻、模型等／3.熱氣球圖案的名產造型可愛

唐津宮日祭

唐津市街奔馳的巨大曳山車祭典

「唐津宮日祭」為唐津神社的秋季祭祀活動，亦為佐賀縣的知名年度大祭，其為感謝豐收之祭典，祭典以數十尊豪華絢爛、充滿魄力的「曳山」在唐津市內遊行的神明巡禮為主。最初始於1819年，其中赤獅子造型為最古老的曳山，在此後的60年內，曳山的數量新增到15台，現今只殘存14台，每台曳山外型都獨具特色，如青金獅子、祭典象徵的豔紅鯛魚、日本名武士頭盔和傳說的生物等，每年會於祭典時現身。

祭典上，一字排開的曳山場面相當震撼，負責拉動曳山的是當地各町身穿町代表服飾的「曳子」男兒們，隊伍全員要拉動重達2～3噸的曳山實在是門功夫，尤其轉彎瞬間相當驚險，於唐津市內遊行時，曳子高昂的士氣炒熱祭典氣氛、帶動民眾情緒。祭典共3天，曳山每天都會繞町一圈，在祭典第二天，會於祭典聖地「御旅所」上演祭典最高潮的環節，在沙地操作曳山的「曳込」。

祭典日程表

票券日期	名稱與時間	活動內容
11月2日	Day1 宵曳山 19:30 ～ 22:00	從唐津神社參道前「大手口」出發，繞行町內後回到唐津神社前
11月3日	Day2 御旅所幸神 09:30 ～ 16:30	曳山自唐津神社出發至「御旅所」，下午再出發回到各町
11月4日	Day3 翌日祭町巡回 10:00 ～ 17:30	從唐津神社前出發繞行町內，最終回到曳山展示場

(製表／王彥涵)

1

唐津宮日祭

✉ 佐賀唐津市內
☎ 0955743355(唐津觀光協會)
🕐 每年11/2～11/4
💲 免費
➡ 搭福岡市營地下鐵空港線往姪浜方向，轉乘筑肥線往唐津方向至唐津車站即抵達
🌐 omatsurijapancom

3

2

「唐津宮日曳山」世界最大的乾漆美術工藝品

日本祭典時的山車有山鉾、曳山、山笠等多種樣態，根據地方與時代其稱呼也會有所不同。「曳山」是指有裝飾物在其中之山車，尤以佐賀唐津宮日祭曳山最為有名。利用乾漆手法(かんしつづくり)先用黏土在木製框架上製成模具，並於其頂部用蕨糊將約100～200張的優質和紙貼至1～3公分厚。拆下模具並組裝龍骨，用亞麻和漆料硬化以打基礎。再以漆料整合形狀，最後塗上色漆並用金箔裝飾完成。主體由木製四輪車架上的支柱支撐，完成一台曳山需3～6年時間不等。

現存最大的唐津宮日曳山高6.8公尺、重達3噸；歷史最悠久的是於1819年製成的「赤獅子」曳山，而所有唐津宮日曳山皆被指定為佐賀縣重要有形民俗文化財。

1.曳山轉彎的瞬間相當驚險／2.共14台氣勢驚人的曳山於御旅所兩側排開／3.第11號曳山「酒吞童子與源賴光的兜」造型細緻連眼球血絲都栩栩如生／4.唐津神社內可欣賞到巨大的神社外，也可買到正常尺寸的繪馬

佐賀縣 — 佐賀縣專題：唐津宮日祭 —

曳山展示場

每年只有宮日祭的時候，曳山會離開展示場在唐津市內大放異彩，在祭典結束後所有曳山都會回到展示場等待明年的11月再度來臨。而在非祭典時間造訪唐津市的話，可以來到曳山展示場欣賞雄偉華麗的曳山，展示場內也會播放有祭典的回顧影片，而入口處能購買到許多設計感十足的唐津宮日祭與曳山的周邊商品唷！

✉ 唐津市西城內6-33(展示場改建中，請行前上網查詢詳細地址)
☎ 0955734361
🕐 09:00～17:00；12/29～12/31、12月第一個週二～三公休
💲 大人(15歲以上)¥300，小孩(4～14歲)¥150，20人以上20%折扣
➡ 從JR唐津站步行約10分鐘；或從大手口巴士中心步行3分鐘
⏳ 0.5小時
http karatsu-bunka.or.jp

1.精緻的曳山木雕像可以買回家珍藏／2.可愛的曳子造型貼／3.位於唐津神社旁的曳山展示場

長崎縣位於九州的最西端，長崎市在16世紀開港通商，是日本最早的西洋貿易窗口，長久以來便是日本主要的國際貿易港，並讓長崎成為天主教傳教的中心地，所以縣內保留許多極富異國情調的史蹟和建築物。而鄰近朝鮮半島和中國的地理位置，使得長崎也深受東亞大陸文化的影響，自古以來就是與東亞往來的要衝之地。

　　長崎在第二次世界大戰末期時被美國空投原子彈，使長崎成為繼廣島後第二個被摧毀的日本城市，這次的原子彈轟炸使長崎市區幾近毀滅，多達7萬人死亡，長崎縣成為時刻警醒著人們戰爭的可怕之地，來此的遊客可以在原爆資料館，體會到原子彈和戰爭的殘酷，也讓人們可以為世界的和平祈禱並予以借鑒。

揉合日本與異國風情的歷史古都

長崎縣
ながさきけん

狹長的長崎市區內不只有行人、汽機車，還有與車共用馬路的路面電車，充滿懷舊風情的街道上迴盪著「叮！叮！叮！」的聲響，乘坐上保留大正昭和時代內裝的傳統電車，在長崎市區體會不一樣的旅遊角度。

前往長崎

長崎市離博多車站平均約2小時的車程，從博多車站前往長崎市可以搭JR列車或高速巴士。

搭乘JR列車＋新幹線

福岡到長崎的鐵路交通主要會使用到特急接力海鷗號(リレーかもめ／Rirekamome)，於武雄溫泉站轉乘新幹線列車海鷗號(かもめ／Kamome)，博多車站到長崎車站車程約1小時20分鐘，車資約¥6,050，建議可使用九州JR PASS搭車。

搭乘高速巴士

搭高速巴士從福岡到長崎約2小時30分鐘車程，車資¥2,620，如果這趟旅行以搭巴士為主，可考慮購買SUNQ PASS搭巴士到長崎。另可從福岡機場國際線搭乘九州號(九州号)高速巴士，車資¥2,360直達長崎車站。

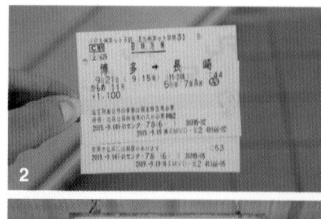

1.特急列車海鷗號(883系)的造型黝黑沉穩非常帥氣／2.特急列車票券，一次需投2張入閘口／3.月台上的站名標示牌

長崎市內路面電車

長崎縣——交通情報

如果只安排在長崎市內景點旅遊，建議購買¥500的「長崎路面電車一日券」，一天內可無限次搭乘，路面電車單程車資大人¥120、小孩¥60，金額算下來只要搭乘超過4次就值回票價了。

長崎路面電車分為藍、灰、紅、黃、綠5條路線，其中灰線和紅線僅單向運行，由於路面電車以次計價，轉乘路線時只能在有3條路線交會的「築町站」轉車。

乘車方式

乘車前確認電車頭前標示的終點站名，只要事先確認欲前往的景點位在哪一條線上就可輕鬆抵達。乘坐採取上車取票、下車付費的投幣制，如使用一日券須於下車時出示給司機看，且上車不需額外取票。亦可使用九州地區發行的「nimoca」IC卡，上、下車時於車門感應機付費。

轉乘方式

如需在「築町站」轉車，在第一次下車時投錢後向司機說「乘り継ぎ」(發音noritsugi，指轉車)索取「轉乘券」(乘り継ぎ券)，在轉乘後的第二次下車時，將「轉乘券」投入投幣箱，不需要再投錢。若使用「路面電車一日券」就不需要索取轉乘券，只要出示一日券給司機過目即可。

1

長崎路面電車一日券

販售價格： 大人¥600，兒童¥300

購買地點： 長崎市觀光案內所、長崎電氣軌道各營業所，以及各主要觀光飯店(注意：電車上無法購買)

使用方式： 一天內無限次搭乘長崎路面電車

注意事項： 僅限購買當日使用

1.九州地區發行的「nimoca」IC卡／2.於長崎車站出站後的綜合觀光案內可購買長崎路面電車一日券／3.長崎路面電車一日券／4.路面電車月台設立在電車兩側／5.電車內的螢幕可看到行經路線的站名

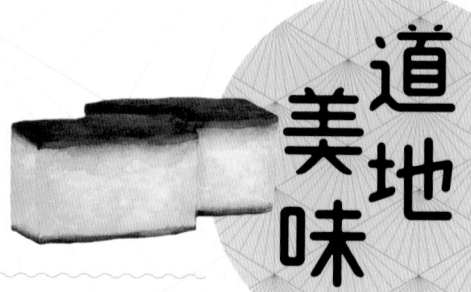

長崎美食兼融多元文化的身影，如「長崎強棒麵」與「皿烏龍麵」是日式融合中華文化的產物；因戰後美軍進駐而誕生出獨特的漢堡包文化「佐世保漢堡」；來自葡萄牙的人氣糕點「長崎蜂蜜蛋糕」，和帶有異國風情的「土耳其飯」等。

吉宗：茶碗蒸丼／茶碗蒸し丼
創業百年，代代相傳的傳統美味

結合中國、葡萄牙、荷蘭文化發展出圍著圓桌吃飯的長崎當地「桌袱料理」，其中的茶碗蒸料理可以在茶碗蒸專賣百年老店「吉宗」品嘗到。

吉宗據說是百年前有位來自四國愛媛伊予的吉田宗吉信武藩士，他到長崎後，開了屋台賣茶碗蒸，在1866年建立了以「吉宗」為名的茶碗蒸、蒸醋飯專賣店，直到現在仍是長崎的排隊名店，吉宗的「御一人前」定食可以品嘗到被稱為「夫婦蒸物」的茶碗蒸和蒸醋飯這兩道料理。

茶碗蒸使用柔嫩的蛋液製成吹彈可破的蒸蛋，可以品嘗到純粹的鮮美蛋香和醇厚高湯味，食用細緻優雅的茶碗蒸，享受傳承百年、昭和時代的單純美味。

吉宗(本店)
✉ 長崎市浜町8-9 ◷
11:00～21:00(最後點餐20:00)；新年第二個週二公休 ➡搭路面電車至「観光通り站」，下車後步行3分鐘 🔗yossou.co.jp 📷@yossou.nagasaki

❶「夫婦蒸物」茶碗蒸／
❷「夫婦蒸物」蒸醋飯／
❸保存了百年的老店外觀相當有時代感(圖片提供／張亦)

佐世保漢堡／佐世保ハンバーガー
日本最初！美式漢堡的起源地

分量滿點，需要張開大嘴咬下的佐世保漢堡，產自長崎縣第二大城市「佐世保」，這裡有二戰後由美國人進駐的佐世保美國海軍基地，也是主題樂園「豪斯登堡」的所在地。

在美軍進駐的時期，也隨之引入家鄉當地飲食習慣——漢堡，佐世保漢堡就是根據美軍漢堡發展出的美食，從1950年起歷經多年文化融匯後，衍生將日本食材加入美式漢堡中讓風味更加多元的做法。

佐世保尚有十多間維持濃厚美式風格作法的佐世保漢堡店，不過佐世保市內設有認定制度，規定只有使用佐世保食材製作，且具有原創性的手工現做漢堡店家才能稱作「佐世保漢堡」。

Log kit
✉佐世保市矢岳町1-1 2F ⏰10:00～21:00，週日10:00～20:00；每月第二、四個週二公休 ➡佐世保車站內 📷@logkit_sasebo

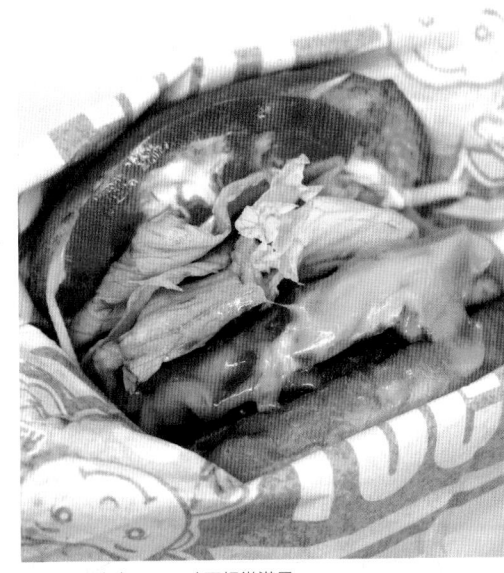
配料十足豐富，一口咬下相當滿足

土耳其飯／トルコライス
擁有異國風情的日式豬排飯

「土耳其飯」是一種將日式炸豬排、咖哩飯、肉醬義大利麵與番紅花抓飯裝在一起的日式洋風料理。其菜名充滿異國風味，但其實料理方式與土耳其卻完全沒有關係，關於菜名的起源眾說紛紜，一說為料理中的肉醬義大利麵代表義大利，番紅花抓飯代表亞洲料理，連接起歐亞的就是土耳其；一說為1958年松原三代治主廚，從色彩鮮豔的和服女性的打扮聯想而命名；還有一說是因當時大眾不熟悉遙遠的土耳其國度，所以土耳其飯有著「不清楚是什麼料理？」的意義。

鶴茶庵(ツル茶ん)
✉長崎市油屋町2-47 ⏰09:00～21:00(最後點餐21:00)；全年無休 ➡搭路面電車「思案橋站」下車，步行5分鐘

強棒麵／ちゃんぽん
濃厚海鮮滋味的中華風格料理

「強棒麵」由現在仍營業中的四海樓初代店長陳平順發明，為了讓明治時代在長崎的中國留學生能吃到營養高、具飽足感又便宜的料理，他將豬肉絲、海鮮貝類和蔬菜等十多種材料炒熟後，與豬骨、雞肋熬製的湯汁一起燉煮，再加入特製的粗麵條，豐富配料和獨特粗麵讓這項中日合璧的料理成為長崎的代表料理，能在強棒麵專賣店、中華料理店和強棒麵連鎖專賣店「Ringer Hut」品嘗到。

四海樓

✉長崎市松が枝町4-5 🕐11:30～15:00，17:00～21:00(最後點餐20:00)；12/30～1/1公休 🚃搭路面電車至「大浦天主堂」，再步行3分鐘 🌐shikairou.com

Ringer Hut(長崎出島店)
✉長崎市出島町1-5 🕐11:00～00:00；全年無休 🚃搭路面電車至「大波止站」，再步行1分鐘 🌐ringerhut.jp IG@ringerhut_jp

中日合璧的美味

店鋪遍及全日本的 Ringer Hut，在各地都能品嘗到強棒麵

細麵是經油炸、質地硬脆的乾麵條

皿烏龍麵／皿うどん
揉合日中特色的長崎特色料理

皿烏龍麵可分為細麵與太麵兩種麵條，細麵是類似粵菜的油炸乾麵條，通稱「バリ麵」(parimen)；太麵則為偏粗的中華麵條，點餐時建議指定要細麵或太麵，減少點餐誤會。皿烏龍麵也是由四海樓初代店長陳平順研發，因強棒麵在外送的途中湯汁很容易會灑出來，因此將容易灑落的湯汁改成大量勾芡的濃稠湯汁。

吃細麵皿烏龍的方法也很特別，先將乾麵條輕輕壓扁，淋上醬汁後，再將麵與配料攪拌均勻，就可以品嘗這道長崎美食！

圖片提供／長崎ながさき旅ネット

長崎原爆資料館

紀錄人類戰爭歷史的教訓原址

人類歷史上第一次且唯一一次在戰爭中使用的核武，就降落在日本九州地區的長崎與日本中國地區的廣島。在1945年8月9日11:02，暱稱「小胖子」的原子彈在長崎市空中被投放並爆炸，這顆原子彈徹底毀滅半徑1.6公里內的地區，巨大破壞力造成長崎市中心建築幾乎全被破壞殆盡，也奪走了數以萬計的生命。

長崎政府建造「長崎原爆資料館」等紀念設施，希望讓世人時刻謹記長崎核爆事件的人間煉獄。館內陳列著許多與核爆事件相關的殘骸、遺跡和逝去者、受害者的遺留物件，以及許多核爆相關資料與歷史照片，更有受害者口述語音檔，詳實地記錄二戰時期核武器的開發歷史及美軍投放原子彈的過程，讓參觀者領略到核爆的可怕後果與世界和平的重要性。

踏入原爆資料館後可以從每區展示的資料，深刻地感受到許多生命飽受戰爭所帶來的沉痛與悲傷。世界距離這場戰爭悲劇不到百年，而戰爭卻依舊頻繁，希望來到長崎的你們都能來造訪。

✉長崎市平野町7番8号
📞0958441231
🕐9～4月：08:30～17:30，5～8月：08:30～18:30，8/7～8/9：08:30～20:00；12/29～12/31公休
💲6～17歲¥100，18歲(含)以上¥200
➡於浜口町站下車後步行5分鐘
⏳2～3小時
http nagasakipeace.jp

1.館內重現原爆場景，令人震撼／2.當年引發長崎原爆的「小胖子」原彈模型／3.因原子彈爆炸衝擊而融化的玻璃瓶／4.可以看到一面被衝擊波毀壞變形的時鐘掛在牆上，時針永遠停止在原爆當下的時間

1.巨大雕像平靜的臉龐象徵祈求和平與祈福／2.折鶴塔、長崎鐘等祈願弔念物意為希望戰爭的悲慘不要再發生

✉長崎市平野町7番8号(長崎原子彈爆炸資料館)
◎整日開放；全年無休
$免費
➡搭路面電車至「浜口町站」下車後步行5分鐘
⌛0.5～1小時
http nagasakipeace.jp

平和公園

平和公園位在原爆資料館的下坡區域，這裡是1945年8月9日美國觀測戰機B-29投下的原子彈落地點中心區域，為祈求世界和平而建平和公園，園內的標誌物是座數公尺高的「平和祈念像」，巨大雕像的右手指向天空，象徵原子彈的威脅；向外張伸的左手象徵和平，雙眼微閉彷彿正為原子彈爆炸犧牲者的祈福。

每年8月9日原子彈爆炸日被定為「長崎和平日」，會在紀念像前的廣場舉行和平紀念儀式。「平和之泉」是為了弔念死前連滴水都喝不到的犧牲者而建，這座池水中永遠會有滿滿的水。

1.照映在河面上的倒影形成如眼鏡般的景象(圖片提供／張亦)／2.在眼鏡橋的附近堤防造型端正的心型石，是遊客的打卡熱點

✉長崎市魚の町、栄町と諏訪町、古川町之間
☎0958291193 (長崎市文化財課)
◎整日開放；全年無休
$免費
➡搭路面電車至「めがね橋站」下車，步行3分鐘
⌛0.5～1小時
http at-nagasaki.jp/spot/95

眼鏡橋

位於長崎縣中島川之上，由佛教興福寺的默子如定禪師於1634年建造的眼鏡橋為日本最古老的二連拱石橋，因其拱型的橋身和河面倒影形成如雙圓眼鏡的景色而得名，與東京都的日本橋、山口縣的錦帶橋並列日本三大名橋。眼鏡橋的兩側是由許多石塊組成、充滿歷史痕跡的堤防，在眼鏡橋附近的堤防有顆造型端正的心型石，據說找到後就可以得到戀愛的好運氣，因此眼鏡橋也成了日本女性遊客趨之若鶩的人氣景點。

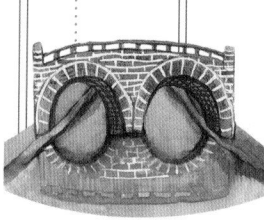

大浦天主堂
日本現存最古老的教堂

長崎縣

如今為長崎象徵建築物的大浦天主堂，為哥德式木教堂建築，教堂前的聖母瑪利亞像令人心生敬畏感動

✉ 長崎市南山手町5-3
☎ 0958232628
🕐 08:00～18:00(最後入場為17:30)
💲 成人¥1,000，高、國中生¥400，國小生¥300
🚋 搭電車至「松山町站」下車，步行10分鐘；或搭路面電車至「大浦天主堂站」，再步行5分鐘即抵達
⏱ 1～2小時
🌐 www1.odn.ne.jp/uracathe
❓ 教堂仍使用中，進入參觀時請保持肅靜，勿打擾正在禱告的信徒

「大浦天主堂」在江戶時代幕府末期日本開國後的1865年，由法國神父們在聖人的殉教地建立，教堂口擺放著天主教從法國運來聖母瑪利亞的雕像，教堂內部則保留著一些約一百年前生產的法國彩色玻璃，抬頭仰望教堂的內部頂端，可以看到中世紀時的教堂天花板是肋狀拱頂式，這座木造哥德式教堂在1933年被指定為日本的國寶。在大浦天主堂旁有兩棟作為資料館的舊建築，展示著「瑪利亞觀音像」、信徒的十字架，及當時天主教信徒為了堅持信仰受迫害的殘酷歷史文物。

浦上天主堂
殘留核爆痕跡的歷史之地

在教堂外還可以看到當時被炸毀的石雕像（圖片提供／長崎ながさき旅ネット）

✉ 長崎市本尾町1-79
☎ 0958441777
🕐 09:00～17:00(開放入內參觀)
💲 免費
🚋 搭路面電車至松山町下車，步行8分鐘；或搭巴士至浦上天主堂前下車，再步行1分鐘
⏱ 1小時
🌐 www1.odn.ne.jp/uracathe
❓ 教堂仍使用中，進入參觀時請保持肅靜，勿打擾正在禱告的信徒

浦上天主堂位於原爆資料館500公尺遠的距離，於1895年起歷時30年，由當地虔誠的天主教徒們建造了有高約26公尺的雙塔，及充滿新羅馬風格的浦上天主堂，其優雅的外型被譽為「東方美麗的磚造教堂」，也是日本最大的天主教堂，但由於美軍於長崎浦上地區投放原子彈，浦上天主堂當時就位在原爆中心東北方500公尺處，浦上天主堂及其石雕像、鐘樓等建築瞬間被輻射及震波摧毀。由於這個地方是當時天主教徒遭受江戶幕府迫害的象徵地，因此決定原地重建教堂，現在的建築物是在1959年時重建成更完整的教堂。

哥拉巴園
グラバー園
洋溢濃厚異國情調的西洋花園

哥拉巴園位在長崎縣的南山手丘陵地區，半山坡的位置可以將長崎港的景色一覽無遺。在16世紀幕府末期有許多外國商人來到長崎港通商，東山手與南山手是當時外國人集中居住的居留地。

哥拉巴園內共有9棟充滿異國風情的傳統歐式建築物，其中3棟具有150年歷史的舊住宅，以第一批來到日本經商的瑞典商人哥拉巴的宅邸「舊哥拉巴住宅」為中心，另有「舊林格住宅」(舊リンガー住宅)及「舊奧爾特住宅」(舊オルト住宅)展現出英式與日本傳統建築技術的結合特色，以及6棟原本位於長崎市內的西洋建築，陸續改建、修復並移築於此的「舊斯蒂爾紀念學校」、日本人開的第一家西洋料理店「自由亭」及「舊長崎地方裁判所長官舍」等。

園區內保留著當時的石板路與石階，在石板路中亦有兩顆心型石，據說只要找到並觸摸心型石就可獲得好運。從「舊三菱第2碼頭房」(舊三菱第2ドック八ウス)2樓往長崎港眺望，可將遼闊的海港風情納入眼底。

✉ 長崎市南山手町8-1
📞 0958228223
🕐 08:00～18:00；全年無休；部分季節開放夜間時段，詳情洽官網
💰 大人¥620，高中生¥310，小學、國中生¥180
🚋 搭路面電車至「大浦天主堂站」步行約7分鐘；或搭路面電車至「石橋站」下車步行8分鐘，再搭專用電梯直升哥拉巴園第二入口，由頂部往下逛；或搭路面電車至「大浦天主堂站」步行5分鐘，從哥拉巴通前往入口
⏱ 2～4小時
🔗 glover-garden.jp
📷 @glovergarden

1.「舊三菱第2碼頭房」為船員宿舍，從2F往長崎港眺望可以將遼闊的海港風情納入眼底／2.舊林格住宅為英國人弗雷德里克‧林格(Frederic Ringer)的故居，長崎強棒麵連鎖店「Ringer Hut」就是其名為靈感／3.哥拉巴邸宅在2015年被列為世界遺產「明治日本的產業革命遺產」(圖片提供／長崎ながさき旅ネット)

稲佐山千萬夜景

世界新三大夜景之一

長崎縣

在太陽尚未完全日落前可以欣賞到較清楚的街景
（圖片提供／長崎ながさき旅ネット）

從長崎市稻佐山公園眺望出的璀璨千萬夜景「稻佐山夜景」，是與香港及摩納哥齊名的「世界新三大夜景」，也與札幌、神戶並列「日本三大夜景」之一。稻佐山公園地處海拔333公尺處，與其他夜景相比地勢較低，可以更近距離的欣賞到入夜後的長崎市區景致，也因此較不易受氣候影響欣賞的視野。

可以搭乘稻佐山纜車上山，欣賞窗外不斷變化的山景風光，纜車車程僅需約5分鐘的時間即可抵達稻佐山

山頂展望台。登上位於頂樓的圓形露天展望台時，可以360度的觀覽長崎港與長崎夜景，晴朗的白天時還有機會能眺望到遠方的天草、雲仙地區，甚至可以看見海上的軍艦島與五島列島身影。

另推薦在日落前半小時抵達展望台，天氣狀態良好時可以欣賞到日落時的夢幻美景，待落日西沉後在靜默的夜色中，映入眼簾的會是讓人震撼不已的絢爛千萬夜景。在迷人的風景下和珍貴的人一同欣賞，絕對是人生裡難忘的回憶。

觀光案内所

長崎空中纜車

搭乘空中纜車，體驗將山城港灣一覽無遺的畫面。

🚠 淵神社站～稻佐岳站車程約5分鐘，每班間隔15～20分鐘
💰 來回票：大人￥1,250，國高中￥940，小學生與幼兒￥620；
單程票：大人￥730，國高中￥520，小學生與幼兒￥410
🔗 nagasaki-ropeway.jp/access

✉ 長崎市稻佐町364
📞 0958617742(稻佐山公園管理事務所)
🕐 08:00～22:00 💰免費
🚃 搭路面電車至宝町站下車，步行約15分鐘至淵神社站；搭長崎巴士3、4號路線往下大橋或相川方向(下大橋・小江原・相川行き)，至ロープウェイ前站下車，步行約2分鐘抵達淵神社站；搭5號路線巴士往「稻佐山方向」至山頂站，或長崎觀光巴士皆可直達山頂；或從長島、出島旁自駕約15分鐘抵達
⏱ 1～3小時
🔗 www.inasayama.com
🅿 汽車可開上山頂，提供收費停車場
📷 @inasayama_park

濱町拱廊商店街與觀光通商店街

廣闊的天棚商店街是長崎市最熱鬧的地區

由於長崎市是被群山包圍的地形，因此長崎市內的大型商店街很少；而由濱町商店街和觀光通商店街組合成長崎市中心最大的商業街道，兩條商店街結合起來約有上千間店家，非常熱鬧，其中有80年歷史的浜屋百貨店、茶碗蒸百年老店「吉宗」、

九州最老喫茶店「ツル茶ん」和福砂屋本店、文明堂分店、一整棟的大創百貨、百元商店CanDo、松本清、drug 11、愛電王等店家，還有男女服飾、鞋類、各式日常生活雜貨等。喜歡逛街的遊客來到長崎可以在這裡盡情購物。而位於濱町商店街的尾端區域就是思案橋橫丁，可以順道散步前往。

✉ 長崎市浜町10-21；長崎市銅座町14觀光通
☎ 05035256127(長崎濱町商店街振興組合聯合會)
🕐 商店多為10:30～19:00，餐廳多為17:00～24:00
💲 免費
➡ 搭路面電車至西濱町站下車
⌛ 1～3小時
🌐 hamanmachi.com

長崎水果公車站

長崎諫早市國道207號小長井町1段設有16座水果造型巴士候車站，以當地盛產的西瓜、番茄、草莓、橘子、哈密瓜作為設計靈感。以清澈有明海和美麗藍天為背景，公路上佇立著一顆顆巨大水果像是來到童話世界。藉由不同角度的錯位拍攝手法，可以拍出許多童趣打卡照。

✉ 長崎県諫早市小長井町国道207号線
☎ 0957342111(諫早市小長井支所)
🕐 整天開放
💲 免費
➡ 搭搭JR海鷗號從「博多站」轉長崎本線約2小時10分鐘到「小長井站」後，步行或搭公車至每一個巴士站
⌛ 3小時
🌐 www.nagasaki-tabinet.com/guide/63101

1.錯位手法拍出童趣打卡照／2.彷彿照了放大燈的西瓜巴士站

五島

擁有豐富自然景觀的長崎最美離島

✉長崎縣五島市
☎0959726111(五島市役所)
🕐整日開放；全年無休
$免費
➡從福岡機場、長崎機場搭乘飛機前往五島機場；從福岡、長崎可搭乘船運前往
⏳1～3天
http city.goto.nagasaki.jp/index.html

五島列島由140座大小島嶼組成，散落在長崎縣西方的海面上。新上五島和五島市是主要的觀光地。五島更是天主教文化的聖地，島上多座教堂建於17世紀，2018年五島上的許多教堂被列入世界遺產名錄。五島是上帝遺落人間的天堂。這裡有美麗自然風光、豐富歷史文化，以及淳樸的民風。如果你想逃離城市的喧囂，就來走訪這片淨土吧。

奇特的火山地理景觀

✉長崎縣五島市上大津町
☎0959-72-6111(五島市役所)
🕐整日開放；全年無休
$免費
➡從福江港開車前往約15分鐘
⏳0.5～2小時
http city.goto.nagasaki.jp/index.html

宮崎駿風景「鬼岳」

鬼岳從「福江島的玄關」福江港開車15分鐘就能到，是福江島象徵性的火山。海拔只有315公尺非常輕鬆就可以登頂。火山口被植被鋪滿，若走在其中感覺自己就像宮崎駿裡的主角，也可以眺望到福江港口與大海。

還原福江城外貌

✉長崎縣五島市池田町1-4
☎0959742300
🕐6月～9月09:00～18:00，10月～5月09:00～17:00
$成人¥300，小學、國高中生¥100，幼兒免費
➡從福江港步行前往約10分鐘
⏳1～3小時

五島觀光歷史資料館

這座福江城是江戶時代日本最後的城郭，築城5年後就明治維新了。在政府下令城郭解體後在原遺跡上建了五島中學（現在的五島高等學校）。現在的護河城城郭內有五島高中、福江文化會館、五島觀光歷史資料館、五島市立圖書館，是五島市的文化中心區域。

井持浦教會

當時五島列島的秘魯神父聽說1891年五島列島的秘魯神父聽說1891年在梵蒂岡再現了德國盧爾德地區的洞窟，於是向五島的信徒們呼籲收集了島內的奇岩珍石，1899年堆造出日本第一個的「盧爾德」。傳說喝了這裡的聖水病就會好，旁邊亦販售小瓶子提供旅客裝水。

煉瓦風格的教堂外觀

- 長崎縣五島市玉之浦町玉之浦1243番地
- 09:00～17:00(彌撒、冠婚葬禮時可能不開放，也有可能因特殊情況而關閉)
- 免費
- 從福江港開車前往約50分鐘
- 1小時

大瀨崎燈塔

福江島最西端的大瀨崎燈塔位於九州本島最西端的位置，有著「九州夕陽最後落下之處」的浪漫說法。矗立在懸崖峭壁上的白色燈塔與蔚藍大海形成美麗對比，被列為「日本燈塔50選」之一。

矗立在懸崖邊的孤獨燈塔

- 長崎縣五島市玉之浦町玉之浦
- 0959872216(五島市役所 玉之浦支所)
- 整日開放；全年無休
- 免費
- 從福江港開車前往展望台約55分鐘
- 0.5小時

觀光案內所

五島時光
GuestHouse

與先生一同經營旅館的老闆娘Lois是五島上極少數的台灣人之一。親切的闆娘彷彿是旅人們住在五島上的一位台灣朋友，不吝的與旅人們分享五島的一切風光與大小事。旅宿提供多種房型，從單人房到最多可以入住5人的和式房，可以滿足各種旅行型態。

✉長崎縣五島市江川町10-6 2F
☎0959889238
➡從福江港步行前往約10分鐘
http goto-times.com
IG goto-times510

頂樓可以眺望到福江港港口唷

也很適合背包客入住

五島現存最老天主教建物「堂崎教會」

日本江戶時代施行禁教令，當時有許多日本基督徒被迫害甚至殺害。在禁令解除後，肩負著五島天主教復興的使命，法國人傳教士馬曼神父1879年建造了這座五島上的第一座天主堂(木造)，後又於1908年建成了現在的磚制教堂。內部是木造的彩色玻璃窗、高森塔樓等超美的教堂建築。現在轉變為資料館不開放彌撒、內部禁止拍照。

✉長崎縣五島市奧浦町堂崎2019
🕐11/11～3/20：09:00～16:00，3/21～11/10：09:00～17:00(暑假期間18:00)；12/30～1/3公休
💲大人¥300，國高中生¥150，兒童¥100
➡從福江港開車前往約20分鐘
⏱1小時

給人溫暖感受的暖棕磚造教堂外觀

端島

探訪滿布歷史傷痕的軍艦島

長崎是日本在鎖國時代時唯一的進出港口，所以當地留有許多西化的痕跡和建築古蹟。到長崎最令人期待的就是世界遺產巡禮，其中長崎外海上有座黑暗小島，擁有致命的吸引力，讓許多人們前去一探究竟。

海洋中的孤寂島嶼正式名稱為端島的軍艦島，面積不大，是一座位於九州長崎縣海域上的半人工島嶼，因外形酷似軍艦而有「軍艦島」（ぐんかんじま）的別名。端島原本只是一座淺灘島嶼，但在明治時代時發現有煤礦，進而多次填海造地讓島嶼面積大幅增長。

在明治到昭和時代間，軍艦島因為開採海底煤礦而有上千人在島上居住，在二戰後軍艦島人口繁盛，設有學校、戲院和寺廟等設施，最多高達5,000多人居住，人口密度甚至遠高於東京的9倍，然而1974年煤礦關閉、政府下令撤離島民後，軍艦島就成了一座荒蕪的黑暗無人島。

神祕的軍艦島吸引世人韓國電影《軍艦島》即是以軍艦島歷史作為背景而拍攝，《007：空降危機》(Skyfall)片段以建築殘破的軍艦島景象作為電影設計參考，Google更派員工實

殘破的廠房在藍天之下格外寧靜

殘破且搖搖欲墜的廢墟中留存在當時人們的生活痕跡

從前採礦工人們的寫真，可以看出當時的工作情形(圖片提供／長崎ながさき旅ネット)

観光案内所

長崎市軍艦島資料館

軍艦島歷史資料館於2016年時重新改裝開放，館內展示軍艦島相關歷史文物和採礦時的寫真等文獻資料和模型。

✉長崎市野母町562番地1
🕐09:00～17:00；12/29～1/3公休
💲一般(15歲以上) ¥200，中、小學生¥100
http gat-nagasaki.jp/gunkan/museum
IG @gunkanjima_con_gdm

參加軍艦島方法及登島注意事項

一般民眾無法獨力登島參觀，只能參加當地的旅行團，目前約有5間公司經營登島行程，每天只有上、下午兩個航程，船隻來回加上參觀時間最長約3小時30分鐘，行程安排建議預留半天的時間。島上許多地層和建築都太過脆弱，上島後僅能團體行動，在已維護的開放區域參觀，亦禁止使用無人機拍攝。

端島(軍艦島)

💲登島行程價格依當地旅行團公司而定，¥3,600～4,200不等
➡搭路面電車至「大浦海岸通り站」，往港口方向步行50公尺即抵達港口
⏱4～5小時
http gunkanjima-nagasaki.jp
ℹ在天氣不佳(約7月)時，登島比例僅為34%，推薦2、9月前往，登島率高達90%

軍艦島於2009年時解禁，開放遊客可登島參觀，隨著許多電影在軍艦島取景和作為靈感，加上2015年被列入世界文化遺產「明治工業革命遺跡：鋼鐵、造船和煤礦」，島嶼的神祕角落逐漸為世人所知。看到軍艦島遺跡畫面，過去島嶼血腥和黑暗的歷史一一呈現，值得反思人類對自然的高度開發和人與人間的壓迫。

地取景，360度將島景拍攝紀錄下來。

熊本縣擁有豐富的自然景觀，是旅人爭相前往的選擇地，驅車前往火之國的中心阿蘇火山區域欣賞壯麗的自然地貌，走入山鹿市觀賞千古流傳下的燈籠舞，或是到黑川溫泉享受私房溫泉。走訪完山林美景後，更可以到熊本市區安排一場歷史與美食之旅。前往熊本城湧湧座，了解古今肥前國的歷史變遷與熊本城的修復教育解說；再到熊本熊部長辦公室與部長一起快樂的跳舞；在上下通漫步，品嘗著熊本道地的特色美食，純樸又具大城市風範的熊本，擁有重要的悠遠歷史地位，來到熊本感受歷史與現代交融的城市氛圍吧！

跟著呆萌熊本熊部長學歷史、吃美食

熊本縣
信用金庫
くまもとけん

交通情報

JR熊本站是熊本市往來外縣市的主車站，在熊本車站有著可以前往九州各地的交通方式。在熊本市內主要使用的公共交通有路面電車、巴士和熊本市營電鐵等。善用路面電車的「一日票券」即可以玩遍熊本市多數景點。而前往熊本縣區域旅遊，可選擇鐵道、高速巴士和自駕。

前往熊本

搭乘JR列車

福岡到熊本的鐵路交通主要是搭乘非常快速方便的九州新幹線，根據型號不同搭乘時間也不同。みずほ號32分鐘，さくら號37分鐘、各站皆停的つばめ號50分鐘。單程車票¥5,330，建議購買JR PASS搭乘。

使用北部九州3日JR PASS來回熊本非常划算

搭乘高速巴士

搭高速巴士從福岡到離熊本約2小時10分鐘車程，可從博多巴士中心或福岡機場國際線搭乘ひのくに號高速巴士，往返車資¥3,700直達JR熊本站前。若這趟旅行以搭巴士為主，可考慮購買SUNQ PASS搭巴士到熊本。

如欲購買高速巴士票券須至熊本巴士總站購買

熊本市內交通

在熊本市內的最佳移動方式首推熊本市電，基本上熊本市區內景點搭乘市電都可到達。熊本車站前的市電為A系統，可至熊本城、水前寺公園等。

市內交通票券

若當天僅會搭乘熊本市電路線，可考慮購買「熊本市電1日券」¥500。另「路面電車、巴士共通1日乘車券」則依指定使用區間分為3種版本。若當天會使用到熊本市電＋熊本市區巴士，建議購買「路面電車、巴士共通1日乘車券」(わくわく1dayパス，WAKUWAKU一日通行證)。

熊本市電1日券

熊本市電 (路面電車) 1 日乘車券

可在熊本市一天內無限次數搭乘熊本市營電車(路面電車)的乘車券。

販售價格	36號路線巴士(別府湯布院線)
販售價格	大人¥500、孩童¥250
販賣地點	路面車內、熊本車站綜合觀光案內所、櫻之馬場城彩苑綜合觀光案內所
使用方式	刮開欲使用的日期,於下車時向乘務員出示

資料時有異動,請以官方公告為準(製表/王彥涵)

路面電車、巴士共通 1 日乘車券 (わくわく 1day パス)

可在一天內無限次數搭乘指定區域內的熊本縣內巴士和市營電車的乘車券。

販售價格	分成3種版本:區間指定1:大人¥700;區間指定2:大人¥900;熊本縣內版:大人¥2,000
販售價格	熊本站綜合觀光案內所、巴士綜合案內所、巴士內、熊本市電車內
販賣地點	無限制次數搭乘熊本城周遊巴士,可搭乘熊本市電全線、指定區間熊本電鐵電車(熊本電氣鐵道)、指定區間的熊本產交巴士(產交バス)、都市巴士(熊本都市バス)
使用方式	刮開欲使用的日期,於下車時向乘務員出示

資料時有異動,請以官方公告為準(製表/王彥涵)

路面電車、巴士共通1日乘車券

市營路面電車

熊本市營路面電車簡稱「市電」,有A、B兩條東西向路線系統。途經熊本市內如熊本站、熊本城、水前寺成趣園和拱廊商店街等主要景點。車資為市區內任一站上下車均一價格,付費方式可下車投幣,或使用市電1日乘車券、nimoca、熊本地域振興IC卡、全日本交通系IC卡,對觀光客來說是相當便利。車種有懷舊款式、新式超低底盤電車「COCORO」等豐富造型。

熊本市營路面電車有種多種不同外觀

熊本市營路面電車內充滿懷舊氣氛的內裝

　　熊本市電無論哪一站上下車均一車資，欲換乘路線時只能在「⑧辛島町站」轉車。

・**現金支付**：下車時跟司機說「換車」(乗り換え，發音Norikae)後會拿到一張轉乘券；於20分鐘內在⑧辛島町站轉乘，搭乘另一路線下車時連同轉乘券和車資一同投入運賃箱(投幣箱)裡。

・**IC卡支付**：後門上車時，IC卡先感應後門的機器，下車時再感應一次運賃箱上的機器；在⑧辛島町站轉車後，使用同一張卡搭乘另一路線。同樣後門上車刷卡、前門下車刷卡的動作，機器會自動將車資整合為一回收費。

熊本電氣鐵道

　　因早期名為菊池軌道株式會社，當地人將熊本電氣鐵道稱作「菊電」。營運有北熊本站為中心三條方向路線電車。其特色在於印有滿滿熊本縣吉祥物「熊本熊」彩繪列車，車廂內裝飾多種熊本熊圖樣，其俏皮可愛的模樣吸引許多遊客前來搭乘。目前有3輛不同造型的彩繪電車，輪流在熊本電氣鐵道所有路線上運行。來到北熊本站還有機會同時見到3輛並列的可愛畫面唷！

熊本電氣鐵道北熊本站是座位在郊區的粉綠小站

熊本電氣鐵道北熊本站的熊本熊專賣店

熊本熊彩繪列車3號車的車身會有豐富可愛的熊本熊圖樣

熊本市內巴士

　　熊本市運行的市內巴士由許多家公司分別營運，主要有產交巴士(產交バス)、熊本電鐵巴士(熊本電鉄)、熊本都市巴士(熊本都市バス)及熊本巴士(熊本バス)運行，要留意熊本巴士是「わくわく1dayパス」唯一不能搭乘的巴士，以上巴士車資都為¥130起跳，價格隨搭乘距離而逐漸增加。搭乘市內巴士可上車付現金、或IC卡付款，或使用1日乘車券。

於2019年翻新竣工的熊本櫻町巴士總站

熊本縣內交通

　欲從熊本市中心前往縣外區域，阿蘇、黑川溫泉地區推薦自駕較為便利省時。其他地區如山鹿、人吉等地以高速巴士或 JR 特急列車為主要方式。

鐵道

　想搭乘鐵道列車前往如阿蘇等主要觀光地區的熊本市外，可選擇搭乘觀光列車，在每台獨具設計感的列車上，感受熊本的美妙自然景致。

路線	車號
阿蘇方向	特快列車「阿蘇男孩！」（あそぼーい！）
天草方向	特快列車「坐 A 列車去吧」（A 列車で行こう）
人吉方向	SL 人吉
人吉～吉松	伊三郎號（吉松方向）、新平號（人吉方向）

製表／王彥涵

以SL人吉打造的期間限定鬼滅之刃列車

特快列車「坐A列車去吧」

高速巴士

　欲前往熊本市外，除搭乘JR電車、觀光列車外，還可利用產交巴士營運的熊本縣內高速巴士，前往阿蘇、山鹿等熊本縣較偏遠的地區。

目的地	巴士名稱	車程	車資	車資
阿蘇	九州橫斷巴士	1 小時 40 分鐘	¥1,500	¥660
山鹿		1 小時 10 分鐘	¥930	¥750

＊資料時有異動，請以官方公告為準(製表／王彥涵)

觀光案內所

熊本城周遊巴士

　車頭印有熊本城及「熊本周遊バス」的字樣，從熊本車站出發途經熊本城周邊景點後，回到熊本車站，繞行一圈約 1 小時。另推出「熊本城周遊巴士 1 日券」¥400，搭乘 3 趟就會超過票券本身價格。

💲均一價，單趟成人¥160，孩童¥80
🕐每日09:00～17:00，每20～30分鐘有一班車
✉可使用現金、熊本地域振興IC卡、わくわく1 dayパス，或SUNQPASS；熊本城周遊巴士1日券可於周遊巴士上向司機購票，或至熊本車站綜合觀光案內所、櫻之馬場城彩苑綜合觀光案內所購買

特快列車「阿蘇男孩！」

熊本高速巴士

生馬肉
戰時流傳下來的鄉土料理

日本目前仍保有吃馬肉的習慣，到熊本縣這個馬肉料理發源地，不妨體驗這道特別料理。在古時戰亂時期出現兵糧短缺的狀況時，會殺駿馬來食用，但後來流傳成為地方特色美食。由於生馬肉沒有大量脂肪、肉質細緻甘甜、顏色鮮紅，因而有「櫻肉」的美名。熊本的生馬肉遠近馳名，生馬肉刺身上桌時，會佐以紫蘇葉、蔥花和薑絲入口來去腥，特別的滋味連日本人來到熊本也會品嘗。

❶香煎蒜香馬肉口感清爽鮮甜／❷沒有腥臊味的馬肉滋味，相當特別

菅乃屋(健軍本店)
✉熊本市東區若葉1丁目35-1 ➡搭市電至健軍町步行2分鐘 🕐08:30～19:00；1/1～1/2公休 http
suganoya.comm 🔲 @suganoya834

馬櫻(下通店)
✉熊本市下通 1-12-1 光園ビル 2F ➡搭市電至辛島町站下車，從「サンロード新市街」拱廊進入步行5分鐘 🕐16:00～22:00 (最後點餐21:30)
http umasakura.com

道地美味

講到熊本王道美食就會提到麵料理「熊本拉麵」與「太平燕」，而熊本拉麵從麵、湯和配料都與博多拉麵風格不太一樣。有一說法是九州越往南的拉麵越濃郁呢！想嘗試獨特在地美食還可以試試生馬肉。

熊本拉麵
飄散濃厚焦香蒜味

熊本拉麵與博多拉麵最大差異在於前者加入炒至焦香的蒜油，後者則只有豚骨湯的醇厚風味。熊本拉麵麵條較福岡博多拉麵麵條粗，且會在豚骨湯底加入雞白湯調和，使湯頭味道多了幾分溫潤醇厚。
熊本「黑亭拉麵」店主打加入生蛋黃與焦蒜油的豚骨叉燒拉麵，上桌就可感到強烈蒜香撲鼻而來，半熟蛋黃與拉麵攪拌在一起讓整碗麵吃起來濃郁加倍，來到熊本一定要吃上一碗熊本道地的豚骨拉麵！

❶搭配黑亭自家製黑蒜油更增添風味／❷除了叉燒，還加上肉燥的重口味拉麵／❸ 豪邁打上2顆雞蛋的熊本拉麵，滋味濃郁

黑亭拉麵(本店)
✉熊本市西區二本木2丁目1-23 ➡搭市電至二本木口站下車步行5分鐘 🕐10:30～20:30；週三公休 http kokutei.co.jp

太平燕
中日合璧的人氣料理

源自中國福建的中華料理「太平燕」在傳入熊本後儼然成為不同的料理。中國的太平燕有放入燕餃,在經過多年的演變後,熊本市的太平燕已成為像是什錦冬粉的美味,湯底有著拉麵的身影,使用豚骨與雞骨熬煮,富有濃厚鮮美的風味,嘗起來卻清爽無比,吃過一次便會上癮。其中還會加入許多蔬菜配料,像是高麗菜、蔥段、木耳等,還有蟹肉、蝦仁與水煮蛋。在熊本當地相當受到歡迎,也是熊本的人氣伴手禮之一。

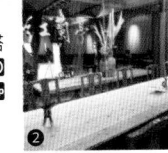

❸

紅蘭亭
🖂 熊本市中央区上通町1-15 　➡️ 搭市電至水道町下車步行3分鐘 　🄲 11:00～21:30;12/31～1/1公休　http
kourantei.com

❶吸飽鮮甜湯頭的春雨美味至極／❷熊本人氣中華料理店「紅蘭亭」,於上下通商店街各有一店鋪／❸風味濃厚鮮美,嘗起來卻清爽無比

❷

❸

熊本高森田樂
百年老屋品嘗特色鄉土料理

在熊本阿蘇地區的鄉土料理「田樂」,其名來自平安時代農村裡為了祈求作物豐收而跳的傳統舞蹈「田樂舞」。跳田樂舞時需身穿白袴在一條木棒

❶

上跳舞,畫面看起來就像是用竹籤串起豆腐景象,所以田樂料理就是用竹籤個別串起數種食材,如豆腐、魔芋、芋頭和溪鱒魚等在地生產食材,沾裹上當地獨特的多種口味味噌醬後,將竹籤插在傳統地爐周圍的木炭上燒烤。

阿蘇地區仍有幾間傳統鄉土餐廳保有古時的地爐並提供遊客體驗,保有懷舊的氛圍相當有特色。

高森田樂之里(高森田楽の里)
🖂 阿蘇郡高森町大字高森2685-2 　➡️ 南阿蘇鐵道「高森站」開車7分鐘;或從高森站步行約40分鐘　🄲 10:00～19:30,依季節有所調整請見官網　http
dengakunosato.com

❶有山椒、柚子等獨特味噌口味／❷圍繞著炙熱地爐燒烤食物,體驗古時熊本阿蘇人的生活／❸使用在地食材非常新鮮

軟糯溼潤的外皮搭配厚實
的內餡口感十足

瞬食團子
いきなり団子

傳承至今的和菓子「瞬食團子」，其名「い
きなり」在熊本方言中有「簡單、直接」之
意，使用小麥粉蒸製成麵皮，包入地瓜、小
豆等餡料，結合帶鹹味的外皮與單純微甜的
食材，有著古樸懷舊的滋味，趁熱入口扎實
口感十分美味。瞬食團子亦有如艾草、紫芋
等口味，趁熱入口，Q彈口感非常滿足，可
在「肥後屋」或熊本在地小店購買到。

— 肥後屋 本店
✉熊本市北區楡木3丁目11番51號 🕐平日09:30～
15:00，週末、國定假日公休 ➡小倉車站(お城口)出
口步行2分鐘 ☎0963487510 🕐08:00～20:00 http
higosyokuhin.com

從各種熊本物產中彷彿可品味到大自
然的風味，爽脆的芥末蓮藕與高菜、
口感獨特的瞬食團子、濃純鮮奶與美
酒。將熊本自然氣息帶回家紀念吧！

物產

芥末蓮藕 (辛子蓮根)

「**芥**末蓮藕」是種將黃芥末、辣味噌與乾煎
豆腐渣混合、塞入汆燙過的蓮藕洞中，再裹
上麵粉油炸而成的小菜，食用方式可直接切
片享用，也可沾醬油、美乃滋等醬料吃，一
口咬下能品嘗到芥末的清爽嗆辣和蓮藕獨特
的清脆口感，且芥末蓮藕富含營養。在知名
的芥末蓮藕專賣店「高見商店」或是在熊
本、博多車站等地都能買到。

— 熊本名產からし蓮根專門
店 高見商店 本店
✉熊本縣八代市大村町880-3
☎0120324753 http karasirenkon.
com

爽脆辛辣的蓮藕片

鹹中帶辛辣的高菜相當下飯

辛子高菜

九州特有的「辛子高菜」是將芥菜用辣椒、
鹽與芝麻等調味料醃製成的漬物，具獨特香
氣與非常下飯的辛辣滋味。在九州常見辛子
高菜飯團、辛子高菜炒飯，拉麵店亦常見此
漬物。重鹹香辣的辛子高菜可讓料理美味加
倍，喜歡辛子高菜可購買真空包裝帶回。

球磨燒酎
球磨燒酎

「球磨燒酎」產自熊本縣球磨川與人吉地區，自室町時代開始生產釀造，至今已逾500年歷史。獲得世界貿易組織TRIPS協定認可為指定保護產地，且「球磨燒酎」一詞被註冊為地區集體商標，限定必須使用當地的米、米麴和球磨郡與人吉市的地下水，且在當地使用單式蒸餾器蒸餾成為燒酎，才可使用該名稱。球磨燒酎的口感近似清酒，但香氣充滿濃郁果味，即使是初次品嘗的人也容易入口。

亦有設計可愛、容量較小的球磨燒酎，可以嘗鮮

使用黃麴製作的「球磨拳」曾獲2017年熊本酒類評鑑會優等賞

紅米酒
赤酒

「赤酒」如其名就是紅米酒，熊本人常用於料理中，也會作為正月初一的屠蘇酒。在熊本超市及伴手禮店都可買到，在熊本以外地區很少見到。

赤酒其實是種從古代流傳下來的灰持酒，其原型來自奈良時代作為御神酒而釀造的黑酒，因古代米酒易酸化難以保存，為防細菌滋生而加入強鹼性的灰以中和酸性提高保存度。若想做出具熊本當地風味的料理，可以試試看加入道地赤酒喔！

類似台灣米酒使用的赤酒

阿蘇產地直送的新鮮牛奶

阿蘇牛乳與牛乳布丁

來到熊本一定要品嘗看看主要產於阿部牧場的阿蘇牛乳，阿部牧場是日本唯一曾獲國際風味暨品質評鑑所「iTQi」的最高等級三星獎。此獎被喻為是飲料食品界的米其林。阿部牧場的乳牛在遼闊的阿蘇草原上生活，吃的是自栽天然牧草，喝阿蘇土地過濾的地下水，牛乳細緻又濃郁，滑過喉頭帶著天然清甜滋味。

阿蘇牛乳布丁是「道の駅阿蘇」限定發售的人氣甜點，使用阿部牧場新鮮牛乳製成。其味道濃郁滑潤，甜蜜醇厚，口感不像一般布丁的Q滑，而是偏向奶酪般綿密。

口感較似奶酪的阿蘇布丁

熊本特色

熊本城

日本三大名城之難攻不落城

素有「難攻不落城」稱號的熊本城是熊本市人氣象徵建築物，可從熊本市中心熱鬧的通町筋站見到現代城市與古城共並存的畫面。但熊本縣在2016年4月16日發生規模7.3的大地震，熊本城位居震度6級的熊本市中，坍塌毀損的非常嚴重。由於熊本城區規模龐大，官方宣布熊本城與大小城池的完全修復計畫需至2037年才能完成。不過隨著修復工程持續進行，從原本只能沿著熊本城外圍遠眺，進展到2021年4月天守閣的部分修復完工且開放內部參觀。遊客除了可進入天守閣參觀豐富的熊本城歷史

展覽，也可以走「特別見學通路」參觀修復中的城池部分。推薦登上天守閣最高層的展望台，一眺睨違多年的熊本市景與城下町風景。

熊本市中央区本丸1-1

0963525900 (熊本城総合事務所)

09:00～17:00 (最終入園16:30)；全年無休

高中生以上¥800、中小學生¥300

市電熊本站前搭乘A系統至熊本城市役所前站下車，步行約15分鐘可抵達熊本城二之丸廣場

2～3小時

castle.kumamoto-guide.jp

IG @kumamoto_castle

1.熊本城御城印／2.穿越「黑暗通路」就能進到天守閣前廣場／3.昔傾損嚴重的宇土櫓／4.離地6公尺高的特別見學通路／5.2021年6月28日開放的熊本城天守閣

熊本熊廣場 KUMAMON SQUARE

超人氣熊本部長辦公室

熊本代表吉祥物「熊本熊」是大小朋友都為之瘋狂的知名縣代表吉祥物,只要踏入熊本縣就可以看到各式各樣的熊本熊周邊產品。在熊本老牌百貨公司「鶴屋百貨」東館1樓的熊本熊廣場KUMAMON SQUARE,還可以見到熊本熊本尊現身!古靈精怪的熊本熊部長會不定時出現在他的部長辦公室,和大小朋友一起快樂地跳舞相見歡。

1.使用阿蘇火山灰製成的可愛熊本熊石鎮／2.如果部長不在,可坐在熊本熊部長的辦公桌上／3.印有部長身影的清酒木杯相當有紀念價值／4.熊本熊廣場入口處也有部長迎接／5.廣場內咖啡廳販售有可愛部長印花咖啡

✉熊本市中央区手取本町8-2 テトリアくまもとビル1階
☎0963279066
🕐10:00～19:00;全年無休
💰免費
➡搭市電至水道町下車;或搭熊本都市巴士、九州產交巴士、熊本電鐵巴士至水道町下車即抵達
⏳1～2小時
http kumamon-sq.jp

1.園區內由日本古代矮平房建築組成商場區域／2.彷彿古代城下町的民生市集

✉熊本市中央区二の丸1-1-1
☎0962885600
🕐09:00～17:30 (湧湧座最後入場17:00)；湧湧座：12/29～12/31公休
➡於JR熊本站搭市電至「熊本站前站」、「花畑町站」或「熊本城‧市役所前」站下車，步行約3分鐘；或從熊本城門口步行5分鐘抵達
⌛1～3小時
http sakuranobaba-johsaien.jp

櫻之馬場 城彩苑

桜の馬場 城彩苑

熊本城旁的江戶風情廣場

位在熊本城山麓地帶櫻花馬場的「城彩苑」是一個綜合的觀光商場，其中的櫻之小路有許多販售道地熊本美食的店家，湧湧座則是以生動的教育設施介紹著熊本城的歷史。

因為熊本城是熊本的中心所在與象徵，熊本政府希望能藉由這座觀光商場向旅者們介紹熊本當地的飲食、傳統歷史等文化，並且活絡熊本城周遭的觀光氣氛。

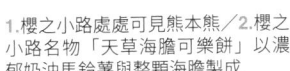

1.櫻之小路處處可見熊本熊／2.櫻之小路名物「天草海膽可樂餅」以濃郁奶油馬鈴薯與整顆海膽製成

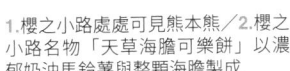

櫻之小路／桜の小路

櫻之小路是由販售著熊本縣各地美食與伴手禮的店鋪所集結而成的觀光景點，其中各種熊本名產和城彩苑限定商品的名產店、熊本茶葉專賣店，以及熊本天草海鮮、燒肉店、日式茶屋等餐廳群聚，遊客可在此輕鬆購買熊本的在地伴手禮。

名產店：09:00～19:00 (3～11月)，09:00～18:00 (12～2月)；美食天堂：11:00～22:00；公休依各店家
1小時

號稱190公分，其實有算進帽子的高度

1.湧湧座是城彩苑中唯一需要購票入場的設施／2.多達2,700人行列的細川家參勤交代的原尺寸駕籠設施，可以實際入坐，體驗古時的交通工具／3.與號稱190公分高的加藤清正公較量身高的有趣互動設施

09:00～17:30 (最後入場17:00)；12/29～12/31公休
成人¥300，國中生以下¥100
1～2小時

熊本城博物館湧湧座／熊本城ミュージアム　わくわく座

湧湧座是介紹古代肥後國（今熊本縣），約有300年的熊本歷史與文化的教育設施，館內有能了解熊本歷史的「熊本今昔物語」影片，還有許多科技互動體驗，讓眾人在遊戲中也能學習到熊本的歷史淵源；另外「變身體驗專區」有提供古代服裝租借服務，可體驗穿著日本江戶時代的服飾。旅客能在湧湧座的各項設施中深入了解熊本的古今歷史、戰爭與城市變革，相當具有教育意義。

熊本縣

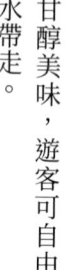

1. 熊本市民的生活中心場域／
2. 上下通天棚商店街相連長達1公里，是雨天的好備案

熊本市中心熱鬧的商店街區域就屬由上通、下通並連成長達1公里的天棚商店街，這條商店街亦為西日本最大條的天棚商店街。熊本熊廣場就位在上下通交界的鶴屋百貨內，上通、下通雖同為商店街，但商店類型卻不太相同。上通有許多書店、咖啡廳、甜點店與餐廳等等，較有美食街的感覺；而下通則是以藥妝、雜貨、電器和服飾店為主。若想逛街的人，推薦前往熱鬧的下通。

✉熊本市中央区上通町～下通町
🕐整日開放；全年無休
💲免費
➡熊本城城門步行約5分鐘；或搭熊本市電至通町筋站；或於熊本車站東口1號巴士乘車處轉乘九州產交巴士
⏳1～2小時

白川水源地處阿蘇山與南外輪山圍繞的南阿蘇村白水地區，是流經熊本市中央的一級河川「白川」總源頭。其可謂南阿蘇乾淨、上等泉水的代表，每分鐘有60噸的巨大湧水量從河床底氣勢磅礴地湧出，因其清澈乾淨的湧水可直視河床底，彷彿不存在似的透明感，讓人感到心曠神怡，其水質生飲便甘醇美味，遊客可自由取水帶走。

✉阿蘇郡南阿蘇村白川2092-1
📞0967671111
🕐08:00～17:00，依季節調整
💲高中生(含)以上¥100；其餘免費
➡於南阿蘇鐵道南阿蘇白水水源站徒步約8分鐘；或駕車自九州高速公路熊本交流道下，沿著國道577、325號行駛約1小時
⏳1～2小時
🌐svill.minamiaso.lg.jp

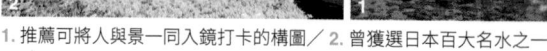

1. 推薦可將人與景一同入鏡打卡的構圖／2. 曾獲選日本百大名水之一

1.阿蘇火山周遭瀰漫著濃濃硫磺味道，需注意自身身體狀況／2.活動頻繁的阿蘇活火山近看時非常壯觀／3.阿蘇火山口開放狀況視當時火山活躍情況，建議事先上官網查詢／4.於此棟建物內搭乘往火山口的接駁巴士

阿蘇火山

九州火之國的吐息中心

熊本縣「火之國」稱號由來自日本最大活火山「阿蘇火山」，位居九州中央，橫跨熊本與大分縣，由高岳、根子岳、烏帽子岳、中岳及杵島岳5個活火山，共稱阿蘇五岳。目前開放遊客可自駕前往阿蘇火山口，從停車場步行1分鐘就可抵達展望台，展望台可遠眺草千

里、杵島岳、烏帽子岳等景觀，狀況良好時可欣賞到湧現粉綠色澤熱湧泉的中岳火山口，直衝天際的壯觀濃白煙霧與刺鼻的硫磺氣味，都讓人震懾於大自然的魄力。

壯觀的活火山口、廣闊的高原和連綿的山岳景色，讓阿蘇火山成為九州必訪的自然景點。

✉ 阿蘇市赤水1930-1 (阿蘇火山博物館)
☎ 0967342111
🕐 09:00～17:00，依季節調整
💲 國小生¥440，國中(含)以上¥800，65歲以上¥700
🚌 於JR豐肥本線阿蘇站轉乘產交巴士往阿蘇山西站至終點站下車後，轉「阿蘇山口接駁巴士」來回¥1,200至火山口；或自駕從九州自動車道的熊本IC行駛國道57號線，約1小時車程
⏱ 1～2小時
🌐 asomuse.jp
❓ 因火山氣體對呼吸器官較刺激，欲登山者請斟酌自身健康是否能夠負荷。另當日若為管制2級以上即無法至火山口區域

位於阿蘇五岳之一「烏帽子岳」北麓的「草千里之濱」，是大約3萬年前在雙火山口前形成面積約有79公里的遼闊大草原。草原上可見牛馬群在雨水積留的水池邊漫步放牧，夏季時有騎馬設施可以體驗，享受以噴煙的中岳山為背景，搭配清新的空氣和廣大翠綠草原的美麗風景。草原旁在阿蘇火山博物館後有一座天台，可將阿蘇地區全景全納入眼中。

✉ 阿蘇市草千里之濱
☎ 0967341600 (阿蘇旅客服務中心)
⏰ 整日開放；全年無休
💲 免費
➡ 於JR豐肥本線阿蘇站轉乘產交巴士往阿蘇山西站至終點站下車；或自駕從九州自動車道的熊本IC行駛國道57號線，約1小時車程
⏱ 1~2小時
🔗 aso-geopark.jp

1. 草原上有座雨水蓄積而成的湖泊，像極了天空的眼淚／2.「阿蘇草千里騎馬Club」(阿蘇草千里乘馬クラブ)騎馬場，提供3個騎馬收費路線

「米塚」有著可愛的圓錐形，其名稱由來是因頂部凹陷猶如米粒，也據說是阿蘇神社供奉的農業神祇──健磐龍命為貧苦人民用收穫的米堆疊而出。雖其為海拔僅80公尺的小山丘，但卻是貨真價實的火山，平緩坡面上覆蓋著柔軟的牧草無半棵樹，隨季節嬗遞而變換色彩的牧草讓米塚不斷換裝。

在離米塚僅1公里處還可看見「上米塚」，其成因、形狀與米塚相似而取同名，上米塚位在比米塚海拔更高的山坡之上。

✉ 阿蘇郡南阿蘇村白川2092-1
☎ 0967671111
⏰ 08:00~17:00，依季節調整
💲 高中生(含)以上¥100；其餘免費
➡ 於南阿蘇鐵道南阿蘇白川水源站徒步約8分鐘；或駕車自九州高速公路熊本交流道下，沿著國道577、325號行駛約1小時
⏱ 1~2小時
🔗 svill.minamiaso.lg.jp

右為上米塚，左為米塚

米塚

熊本熊港八代公園

くまモンポート八代

萌到心坎！踏入熊本熊的呆萌世界

位於日本熊本縣八代市的熊本熊港八代，是可接待世界上最大型郵輪入港的港口。港口內設有以熊本熊為主題的公園，園內

共有84尊熊本熊像，包括全長6公尺的超巨大熊本熊、54尊的超巨大熊本熊合唱團等。遊客在公園內可以與超巨大熊本熊合影、尋找十二生肖熊本熊、在草地上尋找巨大的熊本熊，以及在停車場都可以找到超可愛的熊本熊身影。完全被超可愛的熊本熊療癒了！

⊠ 熊本県八代市新港町1丁目25
☎ 0965628246(八代港国際旅客船拠点指定管理者 株式会社緑研 くまモンポート八代管理事務室)
🕐 09:00～17:00；週三、年末年始公休
➡ 從熊本車站自駕約70分鐘抵達
⏱ 1～2小時
🌐 kumamonport8246.com

熊本縣

1. 泡著溫泉的熊本熊／**2.** 高達6公尺高的巨大熊本熊／**3.** 共54尊表情各異的熊本熊合唱團

黑川溫泉

黑川溫泉

探訪九州人氣祕境溫泉鄉

由於黑川溫泉區較偏遠，交通較不便，隱身於深山中被大自然包圍，在十多年前的社區改造後，因保有建築歷史感與隱匿的清幽氣氛，被日本女性票選為人氣祕湯溫泉區。

黑川溫泉街是以黑川地藏尊為中心的區域，在地藏尊對面有著有趣的「顏湯」，可以利用其溫泉蒸氣來保養臉部，而黑川溫泉街如同一般商店街一樣，有各式販售土產、紀念品的店面，可在合作溫泉店家與遊客中心購買「入湯手形」，可任選三家合作溫泉享受多種泡湯體驗，體驗後可將手形掛在地藏堂旁祈願。而「い

こい旅館」有免費的足湯和平價的煮溫泉蛋體驗。

1.溫泉街上亦有付費使用足湯可享受／2.保留了傳統木造建築的懷舊溫泉老街，建築物、招牌統一使用黑、白、茶色讓溫泉街的氛圍調和一致／3.體驗看看黑川溫泉街道上的天然美顏裝置溫泉蒸臉器／4.深受日本女性喜愛的溫泉祕境鄉

✉阿蘇郡南小國町黑川
☎0967440076 (黑川溫泉觀光旅館協同組合)
🕘09:00～18:00 (黑川溫泉觀光旅館協同組合)
💲入湯手形：票價¥1,300，使用期限為購買後6個月內，可任選3間溫泉泡湯
➡於阿蘇站搭產交九州橫斷巴士往府行方向至黑川溫泉站；或自駕沿212國道、57國道行駛
⏱3～4小時
http kurokawaonsen.or.jp
❓產交九州橫斷巴士需提前預約才可搭乘；黑川溫泉區域的公共交通不太方便，建議自駕或包車前往
IG @kurokawaonsen

1.充滿神祕氛圍的深山神社／2.傳說被鬼八法師踢破山壁而成的「大風穴穿戶岩」

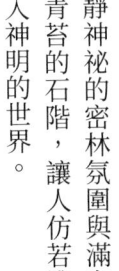

📧阿蘇郡高森町上色見2619
📞0967621111（高森町政策推進課）
🕐整日開放；全年無休
💲免費
➡於高森中央站搭高森町民巴士的色見環狀線、河原線或是尾下線至中原站下車即抵達
🕐1小時
🌐is.gd/BB2SoG
❓三條巴士路線的班次較少，運行時間也不相同，建議出發前先確認時刻表

上色見熊野座神社

縈繞異世界氛圍的神祕神社

傳說「阿蘇大明神」健磐龍命的隨從——鬼八法師，為逃避他的追趕踢穿本殿後山壁的巨洞，讓巨洞被視作無論何事、如何困難目標都能達成的象徵，可求取「合格、必勝」等好運。

上色見熊野神社是個位置隱匿的人氣景點，一踏入神社內就會發現這裡是動畫《螢火之森》和《夏目友人帳》的場景，還被日本網友喻為「通往神祕異世界的入口」，沿著高聳長階登上神社本殿，寧靜神祕的密林氛圍與滿布青苔的石階，讓人仿若進入神明的世界。

黑川溫泉特色伴手禮

黑川特色牛乳與蘇打飲料

可將溫泉手形帶回家做紀念

熊本熊造型特色面膜

濃濃日式溫泉風格的木桶

熊本縣

山鹿燈籠祭

夏日迷幻燈火與千人燈籠舞

熊本縣山鹿市大宮神社的例大祭——山鹿燈籠祭（山鹿燈籠まつり），與八代市八代神社妙見祭、熊本市藤崎八旛宮秋季例大祭同為熊本縣代表性祭典。

祭典於每年8月15～16日在山鹿市舉行，為期兩天的祭典從山鹿各町街頭到大宮神社都展示有奉納燈籠。由山鹿市民所擔綱的「山鹿燈籠舞」可在大宮神社、神社參道、祭典廣場和山鹿小學操場等地欣賞，祭典第二天晚上會迎來祭典最高潮「千人燈籠舞」。

千人燈籠舞由上千名女性頭戴金燈籠、身著夏季浴衣。在當地傳統三味線歌謠〈よへほ節〉的演奏之下，以同心圓圍繞著舞台翩然起舞。

祭典大小事

山鹿燈籠祭

✉ 山鹿市大宮神社周遭、山鹿市中心(祭典廣場)、山鹿小學操場(千人燈籠舞會場)
☎ 0968440373 (山鹿市役所)
🕐 8/15～8/16，詳情請洽官網
💲 免費
➡ 乘坐特急(特快列車)至JR鹿兒島本線玉名站下車後，轉乘往山鹿溫泉方向的九州產交巴士至山鹿溫泉站；於熊本櫻町巴士總站搭九州產交巴士，往山鹿巴士中心至豐前街道口即抵達市中心
🌐 yamaga-tanbou.jp.t.z.h.hp.transer.com
IG @yamaga.tanbou

祭典日程	主要內容
8月15日	「燈」奉納行列、流水燈籠舞、千人燈籠舞用金燈籠靜態展示
8月16日	千人燈籠舞、少女燈籠舞、兒童上燈籠、山鹿太鼓

旅遊小學堂

傳統歌謠〈よへほ節〉

「よへほ」(yoheho)據傳是「醉へ＋ほ」一詞變化而來，「よ」(yo)是肥後地區的腔音；「よへほ節」是朋友互相勸酒，一起沉醉之寓意的曲子。

山鹿燈籠祭的由來

傳說日本第12代景行天皇巡視九州時，順著菊池川乘船到在加茂浦湖(現今的山鹿市地區)時遇上濃霧迷失方向後被迫上岸。

當地居民紛紛拿起火把，將景行天皇隊伍引導至安全的大宮神社。室町時代時火把演變為和紙製金燈籠。爾後山鹿女性頭戴紙製金燈籠跳舞的「千人燈籠舞」(千人灯籠踊り)也隨之誕生，呈演出千人共舞的華麗壯闊場景。

1.頭戴金燈籠、身著夏季浴衣的女子們／2.在暗夜中如同宇宙般閃閃發光的山鹿燈籠祭典／3.每年2月的週五～六舉辦的「山鹿燈籠浪漫・百華百彩」(圖片提供／熊本市政府)

山鹿溫泉元湯 櫻湯

山鹿溫泉 さくら湯
江戶時代的藩主御用溫泉

櫻湯起源於1640年的山鹿御茶屋，坐落於模仿道後溫泉而成的山鹿溫泉街上。在距今約250年前的山鹿溫泉建有細川藩主的御前湯、御次湯、外湯等設施，1871年成為市民們的溫泉浴場，改建後的櫻湯成為九州最大規模木造溫泉，且以江戶時代的建築形式重現於世人眼前，可入內體驗充滿古代風情的溫泉。

1.建築風格充滿古代領主專屬的威嚴豪氣／2.山鹿溫泉元湯 櫻湯

✉山鹿市山鹿1
📞0968433326
🕐06:00～24:00；每月第三個週三公休
💲中學生(含)以上¥350；3歲到小學生¥150
➡️於熊本櫻町巴士總站搭九州產交巴士，往山鹿巴士中心至豐前街道口即抵達
⏱1小時
🌐yamaga-tanbou.jp(選擇公式ホームページ→山鹿溫泉 さくら湯)
📷@sakurayu1

1

1.山鹿燈籠僅使用和紙、漿糊製成，改良為內裝LED燈／2.山鹿燈籠民藝館內部陳設許多造型獨特的和紙工藝品／3.類古希臘愛奧尼柱式設計，讓建築有著典雅氣質／4.燈籠師傅現場操作燈籠製作過程／5.燈籠女子配戴之金燈籠

山鹿燈籠民藝館

山鹿灯籠民芸館

坐落在和風街道的洋式建築

山鹿燈籠民藝館前身是於大正14年（1925年）落成的「安田銀行山鹿支店」，是豐前街道首建的西洋風格建築，象徵著當時山鹿市的經濟發展。羅馬風格的建築外觀，內部保留著古銀行的建築樣式，目前展示著日本各城堡、佛寺、神社、古民宅等樣式的和紙藝術「金燈籠」。

可在館內欣賞到燈籠師傅巧製的和紙工藝品，藉由輕巧美麗的和紙工藝品感受日本傳統匠人精神；現場亦有燈籠師傅製作山鹿燈籠的活動，可以欣賞到師傅如何只用膠水就將紙張組裝成一尊尊華麗的金燈籠。

✉山鹿市山鹿1606番地2
☎0968444004
🕐09:00～18:00；12/29～1/1公休
💲一般門票¥210；燈籠民藝館＋八千代座共通入園券：¥630
➡於熊本櫻町巴士總站搭九州產交巴士，往山鹿巴士中心至豐前街道口步行約10分鐘
⏳1～2小時
🌐yamaga.site/?page_id=1550
IG @yamaga.tanbou

八千代座

日本傳統歌舞伎劇場

八千代座是建於明治時代1910年的日本歌舞伎劇場，當時的山鹿商人為發展當地經濟，決定興建歌舞伎劇場活絡當地。於1988年被指定為日本國家重要文化財，然而隨著時代與科技的發展，看戲的娛樂活動日漸衰退，八千代座也經歷一段沒落的時期。平成初年（1989年）當地居民決定展開「平成大修理」，為八千代座進行整體翻新的修復工程，修復完成後重新開放參觀與表演活動，讓世人都能在這座美麗的歌舞伎劇場，重溫日本歌藝美好與傳統建築。

踏入八千代座的人皆會被劇場的天花板給吸引，其完美的修復，重現了運用大量鮮豔色彩與手繪風格的江戶時代古早商家廣告。

1.劇場內部富有年代感的傳統木頭榻榻米座位／2.劇場內抬頭可見色彩豐富的江戶時代商家廣告／3.宏偉傳統的日式建築外觀

觀光案內所

八千代座參訪重點

看完表演後可在舞台體驗一回主角視角，與特色天花板合照；亦可到後台下方參觀以人力運作的「中央迴旋舞台」、「人力升降台」等機關。

以人力升降台推動的傳統木製舞台

✉ 山鹿市山鹿1499番地
☎ 0986444004
🕐 09:00～18:00（最後入館17:30）
💰 成人¥530；兒童¥270
➡ 於熊本櫻町巴士總站搭九州產交巴士，往山鹿巴士中心至豐前街道口步行10分鐘
⏱ 1～2小時
🌐 yachiyoza.com
⁉ 八千代座公演中時無法隨時入內參觀，需等候換場空檔方能進場

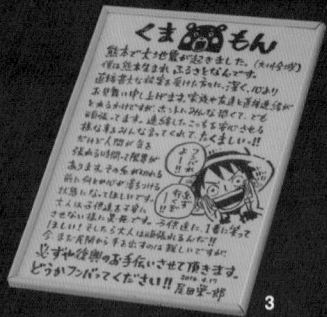

1.千陽號造型的鐵盒餅乾／2.千陽號造型的限定電車,內裝再現千陽號內部(©尾田榮一郎／集英社)／3.尾田老師的親筆信

和草帽海賊團,一起復興火之國熊本吧!

熊本必遊景點!
《航海王》銅像巡禮

熊本縣是《航海王》作者尾田榮一郎老師的故鄉。2016年地震後,當地政府與尾田老師合作推動「海賊王熊本復興計畫」,在縣內設置10座《航海王》角色銅像,成為熊本必遊景點!

第一座銅像是主角魯夫,於2018年在熊本縣廳前展示。魯夫高舉手臂,象徵著熊本能從震災中振作起來。之後各個角色銅像陸續亮相,都由尾田老師親自監修。角色銅像身高還與漫畫中一致,彷彿角色現身真實世界。

大家可以循著銅像地點遊覽熊本各區,欣賞自然風光和人文風情。每尊銅像附近都有紀念品店,販售限定版《航海王》公仔,粉絲絕對要收藏!喜歡《航海王》的你若也想熊本復興盡一份心力,快來一起在熊本展開《航海王》銅像巡禮吧!

觀光案內所

超級限定!
公仔版迷你雕像

集英社為推動熊本復興計畫,推出船長魯夫及草帽小子一夥人銅像的「迷你」公仔。期望吸引遊客並活絡當地經濟,迷你公仔部分收益將捐助熊本縣,深具意義!可在每尊銅像巡禮地點買到該尊雕像的迷你版。

©尾田榮一郎／集英社

MONKEY·D·LUFFY

3

☎096-333-2158(熊本縣觀光戰略部觀光交流政策課)
🕐 小雕像販售資訊＆店家營業時間: op-kumamoto.com/news/470
🌐 op-kumamoto.com/zhtw

索隆（戰鬥員）

☒菊池郡大津町大
字大津1156-3

騙人布（狙擊手）

☒阿蘇市黑川1444-2

香吉士（廚師）

☒上益城郡益城町木
山236

佛朗基
（船工）

☒阿蘇郡高森
町高森1537-2

魯夫（船長）

☒熊本市中央区水前
寺6丁目18-1

布魯克（音樂家）

☒上益城郡御船町大
字辺田見100

羅賓（考古學者）

☒阿蘇郡南阿蘇村河
陽5435

吉貝爾（掌舵手）

☒宇土市住吉町3162-1

喬巴（船醫）

☒熊本市東区健軍
5丁目14-2

娜美（航海士）

☒阿蘇郡西原村小森
2115-3

語言

　　九州相對於關東、關西等區域是較為鄉下的地方，外國人士也相對不多，若到大分、佐賀等縣市較無法隨處使用中、英語言來輔助，不過因為韓國旅客多，韓文倒是較發達。如果沒有基本日語能力，建議挑選連鎖飯店或是規模較大的旅館入住。如果想體驗較無觀光客氣息的料理、餐廳或景點的話，建議稍微練習基本日語會話或是善用Google翻譯、肢體語言。

簡單日語小教學

中文：我想要去_____。
日文：_____に行きたいです
發音：_____ni ikitai desu。

中文：這個多少錢？
日文：これいくらですか？
發音：kore ikura desuka？

中文：不好意思，請問_____車站在哪裡？
日文：すみません、_____駅はどこですか？
發音：sumimasen、_____eki wa doko desuka？

中文：我要結帳。
日文：お会計お願いします。
發音：okaikei onegai shimasu

中文：有什麼推薦的嗎？
日文：オススメは、何ですか？
發音：Osusume wa, nandesuka？

THANK YOU!

ありがとう
a ri ga to u
ございます
go za i ma su

緊急救難

　　如遇到護照遺失、危害生命安全之緊急事項，可向福岡駐日辦事處求救。
福岡經濟文化代表處

- ✉ 福岡市中央区桜坂3丁目12-42
- ☎ +81 927342810／092734810 (一般護照、簽證等事項，請於上班時間致電查詢)
- ☎ 緊急電話：+81 9019229740／09019229740 (專供緊急求助之用，如車禍、搶劫等有關生命安危緊急情況，切勿占線)
- ➡ 搭福岡市營地鐵七隈線到「櫻坂站」後，步行約10分鐘大約600公尺抵達
- http roc-taiwan.org/jpfuk/index.html
- @ E-MAIL：fuk@mofa.gov.tw
- 🕐 週一～五09:00～12:00、13:00～18:00；週六～日、國定假日與台灣農曆元旦和10/10國慶日公休
轄區：北九州五縣、宮崎縣、鹿兒島縣、山口縣

購物旅遊須知

日幣兌換

　　日本國內主要還是使用現金支付，在九州熱鬧的區域可使用海外信用卡，鄉下地區主要使用現金，較無法使用信用卡。建議至九州旅遊還是攜帶足夠現金較保險。

　　若現金不夠可在日本指定便利商店預借現金，7-ELEVEN ATM可用海外發行信用卡提領日圓現金(適用之信用卡請洽官網查詢，且須事先開通「國外提款」功能)或在各地換匯處換取日幣。

日本退稅規定

　　日本消費稅從8%提升到10%，但對外國旅客影響不大。

　　單次購買超過¥5,000限當日可辦理退稅，如服飾、鞋子、家電等「一般物品」與香菸、酒類、食品、藥妝等「消耗類商品」都可在提供有「Tax Free Shop」之商家合併計算退稅。

　　店家會將免稅商品購物袋封口，需注意離境前不可打開免稅購物袋封口，否則需補稅；食物部分「外帶」商品維持8%稅制，而「內用」食品則採用新制10%稅制。

順暢無礙旅遊資訊

觀光景點的無障礙設施

無障礙設施日文為「バリアフリー」(barrier free)，若想確認觀光景點之無障礙設施狀況，可查詢「景點名稱＋車椅子(指輪椅)」、「バリアフリー」等關鍵字。掃描以下QR code可查詢各地觀光地的無障礙設施。

租借無障礙汽車

　　若採租車自駕亦可選擇租借無障礙車輛(福祉車両)，讓行動不便的旅伴可輕鬆借助升降設備上下車，且車內空間亦會保留輔助用具如輪椅的空間。

大　分　縣

日　本　全　國

佐　賀　縣

長　崎　縣

福　岡　市

福　岡　縣

自駕交通須知 ✓台灣駕駛執照 ✓駕照日文譯本

自駕準備

許多旅客到九州旅遊都會選擇自駕，台灣人去日本自駕需準備「台灣正式駕照」、「駕照日文譯本」雙文件以及護照，需特別注意只持國際駕照在日本無法租車。香港、新加坡等旅客則可使用國際駕照。

申請駕照譯本需台灣駕照正本(如過期需換照，台幣200元＋6個月內的1吋照片一張＋舊駕照)、身分證正本及工本費台幣100元，申請當日請備齊資料，審核通過即會當場核發。

日本停車場收費標準

行程中有租車勢必需要找尋停車位，可入住提供免費停車位之飯店、旅館。若需自行找尋付費停車位，可依預計停車時間找尋適合的停車場。

需停過夜建議選擇晚上至隔日早上有「最大料金」(指有收費上限)的停車場；白天需停超過3小時情況，建議亦選擇有「最大料金」字眼的停車場。若無標註「最大料金」的停車場建議計算總停車費用，謹記切勿任意停駐路邊、他人住家門口或便利商店前停車場。日本法律罰款非常重。

冬季山路自駕注意事項

冬季九州山區可能下雪，若自駕需行駛於雪地，請盡量選擇有四輪傳動(4WD)之車種，保險建議保齊全險；雪季時在平地、山路等地段行駛時速建議不要超過50km/hr。

日本開車旅途順暢小要訣

日本為右駕，默記「左轉小彎，右轉大彎」。行人絕對優先，默記「遇斑馬線絕對靜止」。

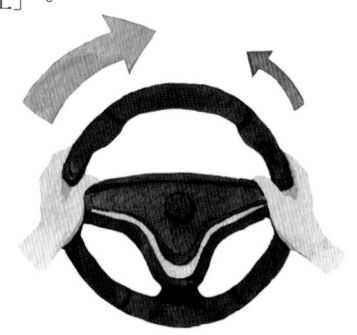

自駕發生事故怎麼處理？

Step1 確認車輛所在的位置、地址與事故發生的時間。

Step2 第一時間打日本110電話報警通知。

Step3 切記一定要通知租車公司。

Step4 等警察到場拍照寫筆錄。

Step5 租車公司會跟警察通話判斷車子能否繼續行駛。

Step6 若警察判定不可繼續行駛，則事故車合約終止，必須返回租車公司再重租一台。